JN300918

貨幣経済学の基礎

坂口明義 著
Sakaguchi Akiyoshi

ナカニシヤ出版

目　　　次

0. はじめに ───────────────────────────── 1
　　0.1　本書の性格　　1
　　0.2　本書の構成　　6

1. 国民経済のフローとストック ───────────────── 11
　　1.1　マクロ経済学と国民経済計算　　11
　　1.2　国民所得　　12
　　1.3　貨幣フローと資産ポジション　　19
　　1.4　生産資本と投資　　20

2. 貨幣経済アプローチ ─────────────────────── 23
　　2.1　貨幣前貸しと所得形成　　23
　　2.2　時間と不確実性　　28
　　2.3　貨幣の機能　　33

3. 中央銀行・銀行の行動 ────────────────────── 39
　　3.1　資産市場について　　39
　　3.2　中央銀行・貨幣・流動性　　40
　　3.3　中央銀行の行動が信用供給に及ぼす影響　　45
　　3.4　貨幣市場で資金調達するときの銀行の信用供給　　52

4. 家計・銀行の信用供給 ────────────────────── 59
　　4.1　家計の資産行動　　59
　　4.2　銀行・家計による総信用供給　　68

5. 企業の信用需要と信用市場の均衡 ——— 73
    5.1   生産資本の期待収益率   73
    5.2   企業の信用需要関数   78
    5.3   信用市場の均衡   83
    5.4   信用乗数と預金創造乗数   85

6. 財市場と数量効果 ——— 89
    6.1   本章の諸仮定   90
    6.2   数量効果を明らかにするための分析装置   90
    6.3   財市場乗数   97
    6.4   投資と貯蓄   100

7. インフレーションとデフレーション ——— 105
    7.1   物価指数について   105
    7.2   インフレ過程とデフレ過程   109
    7.3   価格 – 数量効果   118

8. 所得分配・資産行動・景気変動 ——— 123
    8.1   所得分配   123
    8.2   物価水準の変動と資産市場   127
    8.3   景気の諸局面   135

9. 貨幣経済の安定性と労働市場 ——— 143
    9.1   ハイパーインフレーションとデフレーション   143
    9.2   NAIRU   150
    9.3   労働市場   154

10. 金融政策・所得政策 ——— 161
    10.1   金融引締め政策と金融緩和政策   161
    10.2   金融緩和政策が失敗するケース   164

10.3　期待と金融政策　　165
　　10.4　金融政策の目標　　167
　　10.5　所得政策　　173

11. 財政政策 ———————————————————————— 179
　　11.1　財政政策の効果（所得税不在のケース）　　180
　　11.2　財政政策の効果（所得税を想定するケース）　　185
　　11.3　自動安定化装置と自己金融効果　　187
　　11.4　拡張的財政政策の失敗　　189
　　11.5　政府債務の問題　　192

12. 市場システムの国際的側面 ——————————————— 197
　　12.1　複数通貨と資産市場　　198
　　12.2　市場間の階層性と国際フロー　　204
　　12.3　貿易と成長　　206
　　12.4　貨幣経済の安定性と為替相場　　210
　　12.5　覇権的通貨システムと複数通貨本位　　213

参 考 文 献 ——————————————————————————— 221
あ と が き ——————————————————————————— 223
索　　　引 ——————————————————————————— 227

0 はじめに

0.1 本書の性格

　本書は，貨幣経済の基礎理論を学ぶための教科書として執筆された。最初に，基礎理論とは何か，なぜ貨幣経済の基礎理論なのか，ということを説明しておきたい。

(1) 基礎理論とは何か

　どんな分野の学問を学ぶにしても，初学者はまずその分野に特有な**基礎理論**を学ばなければならない。基礎理論とは，「暗記しておけば応用問題を解くのに使える公式」を与えるものではなく，むしろ「その分野の研究対象を眺めるときの特定の観点」を与えるものである。そうした観点を与えるために，基礎理論では**概念**や**モデル**が使用される。例えば，経済学では賃金や利潤という概念を用いるが，こうした概念を知ることによってわれわれは所得の中身をより細かく分類することができる。概念の機能は，研究対象に種々の区別を持ち込むことにある。もしも概念がなければ，研究対象は「雑然とした」もしくは「のっぺらぼうな」諸物の集合体にすぎなくなってしまう。ただし，区別を持ち込むことそれ自体が目的ではなく，要求されるのは「有用な区別」である（ただ区別をするだけの言葉は，「概念」ではなく**範疇**（カテゴリー）と呼ばれる）。つまり，区別をすることが，何かを説明するときに役立つのでなければならない。普遍妥当性や首尾一貫性がない概念を用いても，区別立てはあやふやで刹那的なものになってしまい，何の役にも立たない。同様のことは，モデルについても言える。モデルの機能は，モデルが当てはまる現実と，当てはまらない現実とを区別することにあり，やはりそこで追求されるのは有用な区別立てである。

基礎理論は，様々な**概念**やモデルを提示することを通じて，研究対象を眺めるときの一定の観点を与えようとする。ただし，「完成した永遠の基礎理論」というものはなく，基礎理論自体がまた１つの研究分野である。研究分野としての基礎理論（通常は「基礎論」と呼ばれる）とは，研究者たちが日常使用している**概念**やモデルに点検を加え，**概念**やモデルの論理的整合性を問い質したり，背後にある問題関心を明示したりしながら，できるだけ明晰かつ操作可能な仕方で概念やモデルを整理しようとする営為である。したがって，初学者が学ぶ基礎理論は，確かにその時代の基礎理論研究者による最良の成果ではあるが，時代とともにいずれは変化（時には激変）していく。

　基礎理論は時代とともに移り行くものであるが，もう１つ厄介なことは，同じ研究対象に対して１つの基礎理論が対応しているわけではなく，多様な基礎理論が存在するという事実である。どの学問分野でも，様々な学派が存在し，その各々が独特な概念・モデルを用いて研究をしている。基礎理論も含めて特定の学派や特定の研究分野で共通の前提となっている研究の手法・スタイルは，**パラダイム**と呼ばれている。パラダイムが異なれば，基礎理論もまた異なる。ただし，違いが見かけだけであることもある。その場合，各学派の用いる別々の**概念・モデル**がそのうちに一般的な基礎理論に包摂されていくであろう。逆に，同じパラダイムの中で共通の概念・モデルを用いて議論がなされているのに，研究者たちの頭の中には複数の対立し合う基礎理論が存在しているとしか思えない場合もある。

　このように事情は複雑であり，初学者が学ぶ基礎理論は，時代や学派によって異なっており，その違いが見かけだけにすぎないこともあれば根本的なものであることもある。

(2)　貨幣経済の基礎理論

　以上に述べたことは，経済学の基礎理論についてよく当てはまる。大学の経済学部のカリキュラムには，低学年向けに基礎理論の科目が設置されている。従来はその科目名は「経済原論」という名称が一般的であり，大学によってその中身は**近代経済学**の原論（近経原論）であったり**マルクス経済学**の原論（マル経原論）であったり，あるいはその両方であったりした。ところが現在では，

かつて「経済原論」の中で講義されていた内容が「社会経済学」「マクロ経済学」「ミクロ経済学」「市場経済の理論」等の様々な名称の科目の中で講義されるようになっている。大学設置基準の自由化という要因もあるだろうが、このような現状になったのはやはり、経済学の基礎理論に関するかつての共通了解が維持できなくなったことによるところが大きいであろう。そこに教員サイドの経済学観や学部カリキュラムの理念といった要因も介在することによって、様々な名称による科目区分がなされてきたものと思われる。

基礎理論が様々な名称の科目の中で教えられるようになり、次のような問題が発生した。それは、「これを学んでおけば基礎理論を一通り学んだことになる」というものが見えにくくなったことである。「全体」がある程度見えていれば（「全体」を限なく勉強していなくとも）、「自分がどこまでを勉強したことになるのか」を知ることができ、学習意欲は高まる。しかし逆の場合には学習者の意欲は低下するだろう。この点において、基礎理論の新たな整理・体系化が現在求められているように思われる。本書は、基礎理論の1つの在り方を示そうとする端緒的な試みである。ただし、本書で提示されているのは経済学の一般的な基礎理論ではなくて、表題にもあるように、あくまでも貨幣経済の基礎理論（あるいは貨幣経済学の基礎）にすぎない。このことに関連して、本書の狙いとするところを述べておきたい。

本書では、市場システム（市場を中心とする経済システム）が**貨幣経済**としての側面からとらえられ、考察されていく。市場システムにおいては、どの主体も、経済活動を営むためにはまず処分可能な（自由に使える）貨幣を入手しなければならない。つまり企業であれば、生産活動を営むために、財市場で投資財を購入し、労働市場で労働力を雇い入れねばならないし、家計であれば、消費活動を営むために、財市場で消費財を購入しなければならない。いずれにしても、処分可能な貨幣を入手していることが経済活動の前提である。逆に言えば、処分可能な貨幣をうまく調達できない経済主体は、経済活動に支障をきたすこととなる。このような条件の下で経済主体が相互作用を営む場として市場システムをとらえ、その安定性・調和性の諸条件を分析しようとするのが**貨幣経済学**ないし**貨幣経済アプローチ**である（詳しくは第2章参照）。

本書では、貨幣経済アプローチの立場から、市場システムがどのように機能

表 0.1 経済学のパラダイム

パラダイム	市場システムへの視角	代表的経済学者	経済活動の制約	均衡の理解
新古典派	交換経済	L. ワルラス	実物的生産要素	諸市場の需給均衡
古典派	資本主義経済	K. マルクス	所得分配（賃金／利潤）	諸資本の利潤率均等
ケインズ派	貨幣経済	J. M. ケインズ	生産への貨幣前貸し	諸資産の収益率均等

するのかを体系的に説明していく。執筆に当たっての理論的な拠り所として利用した主要な参考文献は，ミヒャエル・ハイネとハンスイェルク・ヘルの共著になるドイツ語の経済学テキスト『国民経済学』（Heine/Herr［2003］）である。同書によると，ドイツにおける議論の状況から，経済学の3つのパラダイムを区別することができるという（この見方を筆者なりにまとめたものが表0.1である）。すなわち，市場システムのどの側面に注目しているかによって，交換経済を問題にする**新古典派**，資本主義経済を問題にする**古典派**，貨幣経済を問題にする**ケインズ派**という3つのパラダイムが区別され，それら相互の間で論争が繰り広げられているというのである。『国民経済学』は，これら3つのパラダイムすべての基礎理論を対比的に学ばせようとするテキストである。本書にいう「貨幣経済アプローチ」とは，『国民経済学』にいう「ケインズ派のパラダイム」に対応するものである。本書が狙いとしているのは，明確に区別される3つのパラダイムのうち，読者にはケインズ派のパラダイムに立ってもらい，その立場から市場システムの機能様式を見渡してもらおうということである。このように，明確なパラダイム区分の下で，それぞれのパラダイムの特徴を順次学んでいくという方法（『国民経済学』でとられている方法）は，「全体」を見渡しながら学ぶことができる点において，経済学の基礎理論を学習する上での1つの有効な方法であると思われる。

(3) 政治経済学としての貨幣経済アプローチ

経済学においては，経済がどのような状態にあることが望ましいか，また望ましい状態を実現するためにはどうしたらよいかが探究される。その場合，望ましい状態やそれを実現するための手段は，通常，物理的・技術的に定義でき

るものではない。なぜなら，どんな制度やルールをどのように確立するかという問題が必ず関わってくるからである。ところが，制度やルールの有効性は，それらが存在し作用することに関して，人々が普遍的な利益（誰にとってもの利益）を見いだしうるかどうかに左右される。特定の個人または集団の利益に偏った制度やルールは受け入れられないだろう。この点において，経済学の議論は，政治的な含意を必ずともなうことになる。「守るべきもの」あるいは「実現すべきこと」に関する人々の考え方は多様であるから，制度やルールの改変・維持に関しては，政治的な対立が起こり易い。経済学の1つの役割は，制度やルールの改変・維持に関して，それがどのような普遍的な利益（または不利益）を実現するものなのかを論証的に解明することにある。

　しかし，厳密な意味における「普遍的な利益」などというものは，実際には理論の世界においてしか存在しない。そこで，経済学者の中には，「普遍的な利益」として示されるものを「幻想」と見なし，それについての議論を避ける人が出てくる。その場合，特に市場システムの機能がもたらす「普遍的な利益」を「幻想であるがゆえに取るに足らないもの」と見なす理論または人々は，「異端」と呼ばれる。この考え方の欠点は，「幻想が力をもちうる」ことを無視していることにある。「普遍的な利益」であると人々が信じて選択した制度やルールが，理論的に見てその信念が疑わしいものであったとしても，結果として普遍的な利益をもたらすことはありうる。おそらくこの点において，経済学は重要な役割を果たさなければならないだろう。それは，ある種の「普遍的な利益」が定義される理論的な必然性を明示したり，「普遍的な利益」として提示されるものの内容を議論可能な定式へと変換するという役割である。

　前項で挙げた3つのパラダイムからは，それぞれの観点に従って，市場システムにおいて追求される普遍的な利益が様々に定義される。まず市場システムを交換経済と見る立場（新古典派）からすれば，「効率的な交換を実現する市場の働き」に普遍的な利益が見いだされる。次に，市場システムを資本主義経済と見る立場（古典派）からすれば，「生産性上昇と需要増加の調和的推移を実現する所得分配の在り方」に普遍的な利益が見いだされる。最後に，市場システムを貨幣経済と見る立場（ケインズ派，すなわち本書にいう貨幣経済アプローチ）からすれば，「生産過程および所得形成過程の基礎となる安定した貨幣システム」

に普遍的な利益が見いだされる。このように，市場システムの「普遍的な利益」は多様な側面から定義される。現実の社会においては，政治的諸集団が，こうした「普遍的な利益」の多様な諸定義を道具として用いながら，自らの要求・主張への同意を調達しようとする。この意味で，「普遍的な利益」の多様な定義を提示する経済学の諸理論は「政治経済学」とならざるをえない。本書で扱う貨幣経済学は，貨幣経済アプローチによる政治経済学であると言える。本書の読者には，市場システムを眺める他の視角として交換経済アプローチ・資本主義経済アプローチがあることを常に意識の片隅に置いてもらうことが望ましい。

0.2　本書の構成

本書の大まかな性格を述べたので，次にもう少し詳しく本書の特徴について説明しておきたい。本書の提示内容がどのようなニーズに対応しているか，そして本書の構成がどのような特徴をもつのか，以下順に述べていくことにする。

(1)　本書のニーズ

既に述べたように，本書は，市場システムがどのように機能しているのかを，貨幣経済アプローチの立場から解説しようとしている。経済活動を制約する要因として貨幣の入手可能性を重視するのが貨幣経済アプローチの特徴だが，その際貨幣の供給者としては，中央銀行制度の下での銀行システム（銀行と中央銀行からなる全体）の果たす役割が重視される。したがって，本書においては，銀行システムの働きを重視しながら，諸市場の均衡条件や市場システムのマクロ経済的作用を明らかにしていくことになる。そこで，本書はまず，金融論や国際金融論を学ぼうとする人に対して，一定の役に立つ基礎知識を提供することができるだろうと思われる。また，日本における資産バブルとその崩壊に見られるように，現代経済の動向は貨幣的・金融的な諸要因に大きく左右されることが知られている。現代経済に関心をもつ人に対しても，市場システムに関する本書の考察は有用な知識を提供するだろう。

貨幣経済学やケインズ経済学のテキストは，わが国において既に多数出版さ

れている。それらとの比較で言うと，本書の特徴は，以下の諸点に求めることができる。第1に，本書においては，諸市場の中での資産市場の階層的優位性に注目した上で，資産市場における銀行システムの働き（銀行の信用創造や中央銀行の金融政策）を一貫して重視している。銀行システムを組み込んだ市場システムの理論を提示している点に，本書の1つの特徴がある。第2に，家計が選択の対象とする資産の種類として貨幣と対企業信用の他に預金と有形資産を考慮して，家計の資産行動を扱っている。これは，家計の行動を銀行システムやインフレの問題と関連づけようとしているためである。第3に，本書における財市場の考察は，需給不均衡の数量効果だけでなく価格効果も詳しく扱っている。この背後には，ケインズの著作のうち『一般理論』（1936年）からだけでなく『貨幣論』（1930年）からも有用な知見を引き出そうという意図がある。第4に，本書では，銀行システムにおける一連の信用関係に基づいて貨幣が供給されることに注目するので，外生的な貨幣供給（民間の貨幣に対する需要から独立に貨幣の供給がなされるとする見方）を前提とする「貨幣市場」は扱われない。したがってまた，本書では，経済安定の基準として財市場の均衡（IS 均衡）と貨幣市場の均衡（LM 均衡）の同時達成を重視するいわゆる IS‐LM のアプローチはとられていない（本書では IS‐LM のアプローチの解説・批判は行っていない。この問題に関連しては，伊東［2006］第4章参照）。

　こうした本書の特徴は，本書がドイツにおけるケインズ派の議論から強い影響を受けていることと密接に関連している。ベルリン学派と呼ばれるドイツのケインズ派（第2章参照）は，市場システムの安定性条件に関する代替理論の構築，『一般理論』と『貨幣論』の統合的解釈，非 IS‐LM 的なマクロ経済学研究の伝統，によって特色づけられる。したがって，本書の最大の特徴は「ドイツ流」ということかもしれない。日本の経済学はアメリカからの影響が強いから，本書のようなテキストにも存在価値があるのではないだろうか。少し掘り下げて経済理論を学んだことがある人で，もしも以上に述べたような本書の特徴に興味を感じるようであれば，ぜひ中身を読んでもらいたいと思う。

(2) 本書の構成

　本書の詳しい構成は目次を見ていただくこととし，ここでは章の配置につい

て概要を述べておきたい。

　第1・2章は，予備的説明である。本書においてはマクロ経済学的視点から市場システムが考察されるので，まず第1章においてマクロ経済変数とはどういうものかが説明される。第2章では，市場経済のシステムを貨幣経済として考察するときの前提となる考え方が説明される。この考え方は，「貨幣経済アプローチ」または「ケインズ派パラダイム」と呼ばれる。

　第3〜9章は，本書の核となる部分であり，市場システムが貨幣経済アプローチの立場から考察されていく。市場間の階層性（ヒエラルキー）を重視する観点から，資産市場，財市場，労働市場の順に市場の働きが考察される。重点は，各市場がどのようなとき安定状態（均衡）にあるのかを説明することに置かれる。その際の分析手法は，比較静学分析（1つの均衡における条件を記述したり，いくつかの均衡を提示して違いを考察したりする）を主とし，静学的考察の理解を容易にするのに役立つ限りにおいて所々で動学分析（均衡から均衡への移動の過程を開示する）がなされる。ただしこのことは，貨幣経済の累積的な不安定性を無視するものではなく，むしろ逆に均衡を基準に据えることによりそこからの一方的な乖離過程として累積過程を描くことができるようになる。第3〜5章は資産市場の考察であるが，ここではマクロ経済学的に重要な資産市場として信用市場の需給とその均衡が考察される。いわゆる貨幣市場の裏面として信用市場をとらえるのではなく，信用市場の主導性が示される点に説明の特色がある。第6・7章は，需要変動が財市場に及ぼす数量効果と価格効果を，順に考察する。数量効果だけでなく価格効果も詳しく扱っている点が，この部分の特色である。第8章では，貨幣経済アプローチから見たときの所得分配が説明されるとともに，物価変動の下での経済諸主体の資産行動の性質が考察され，その後に第6章以降のまとめとして景気変動の概念的な局面区分がなされる。第9章では，市場システムの極限的な不安定ケースであるハイパーインフレとデフレ，安定性指標としての NAIRU（インフレを加速させない失業率）を考察した上で，貨幣経済アプローチの立場から労働市場の意義づけを行う。このように市場間の階層性に従って資産市場→財市場→労働市場の順に考察されるが，資産市場の考察がやや詳しいこと，通常マクロ経済学の核心部分をなしている財市場の考察にはそれなりのスペースが割かれていること，労働市場の考

察はごく簡単なものにとどまることが本書の特色である。

　第10〜12章では，第3〜8章で説明したマクロ経済学的知識を応用して，経済政策と対外経済関係について考察がなされる。第10章では金融政策と所得政策，第11章では財政政策が扱われる。このとき説明の1つの主眼は，市場システムの安定性の要素として経済政策を位置づけ，市場安定化の政策が市場内生的な機能を果たすことを示すことにある。併せて，景気刺激的な経済政策の限界が指摘される。第12章では，対外経済関係が貨幣経済アプローチの立場から考察される。この箇所の目的は，本格的な国際経済・国際金融の理論展開を行うことでなく，対外経済関係のいくつかの重要な側面に関して本書の諸概念が考察の手がかりとなりうることを示すことにある。

1 国民経済のフローとストック

1.1 マクロ経済学と国民経済計算

　経済システムは，生産・消費・交換・分配といった契機からなる。だが，これら諸契機を取り上げて分析したものがすべて「経済学」と言えるかというと，それは違う。経営学やマーケティング論といった学問分野もまた，これら諸契機を取り扱っている。むしろ，他分野と異なる経済学の特徴は，すぐれて政治的統治に関わる問題としての経済問題に目を向け，それを解明しようとする点にあるだろう。例えば，生産に関わる成長・雇用の問題を経済学が取り上げるのは，そうした問題が統治の安定・不安定に大きく影響するからにほかならない。このような経済学の特徴からして，経済学が日本経済，アメリカ経済，ＥＵ（欧州連合）経済といったように，国や国家連合を単位として見た経済の姿に関心を寄せるのは当然である。以下では，国および国家連合を単に**国**と呼び，国や国家連合を単位とする経済を**国民経済**と呼ぶことにする。

　通常，経済学の理論的な枠組みには，ミクロ経済学とマクロ経済学の2つがあるとされる。**ミクロ経済学**は，個々の企業・家計といったミクロ単位の行動に着目し，市場におけるそれらの相互作用と，その帰結としてのマクロ経済的な市場成果（1国の生産・所得・雇用・物価等）を分析していく。ミクロ経済学は，ミクロ単位の相互作用が国民経済に及ぼす影響を明らかにしようとする（したがって，ミクロ単位が効率的であるための基準を提供すること自体を目的にするものではない）。これに対して**マクロ経済学**は，国民経済の姿を示す1国の生産・所得・雇用・物価等のいわゆる**集計変数**を取り上げ，直接的にそれら集計変数間の相互作用を研究する。言わば，マクロ経済学は国民経済を上から見下ろそうとする。このようなマクロ経済学の大局的な視点は，「ミクロ単位にとって合

理的な行動が国民経済的に望ましい結果を導くとは限らない」という事実に照らすとき，特に重要性をもつ．

本書では，マクロ経済学の枠組みに基づき，市場経済を「貨幣経済」としてとらえる経済の見方を提示していく．立ち入った説明に入るのは第 3 章からとし，その前に本章と次章では予備的説明をしておくことにする．本章で説明しておきたいのは，国民経済計算において提示される集計変数間の関係である．**国民経済計算**とは，ある年に 1 国で行われた経済活動の結果を集約した統計数字であり，以下のような性格をもつ．①多様な経済活動の結果が集計されるためには，ある貨幣単位（例えば円）に換算されていなければならない．これは，経済活動の結果が市場で評価されることによって可能になる．②国民経済計算の数字は事後的な数字であって，事前的または理論的に望ましい数字とどれだけ乖離しているか等を表すものではない．③国民経済計算上の集計変数間の関係は一連の恒等式によって示され，因果関係を含意しない．④国民経済計算はフローとストックの 2 種類の概念によって提示される．**フロー**は，一定期間（例えば 1 年間）における経済活動を集約した数字であり，売上高，賃金支払い，生産量等である．**ストック**は，ある一時点（例えば 12 月 31 日）における残高であり，貨幣ストック，在庫ストック，債務残高等である．以下，まずフローの概念から説明していく．

1.2　国民所得

以下では，国民経済は，企業・家計・政府の 3 つの部門からなるものとする．外国の影響は考慮に入れるが，外国部門それ自体を考察対象とはしない．単純化のために，生産は企業と政府が行うものとする（家計における家事労働は生産に含まれないものとする）．政府は公共サービスを販売しないけれども，生産費用（政府による賃金の支払い，政府による財の購入）から算出される価値を創造すると考える．生産とは，通常は「財・サービスの生産」を意味するが，マクロ経済学においてはしばしば「所得の生産」を意味する．これは，生産活動がなされる結果として，各生産要素に分配される所得が生み出されることによる．以下では，所得を生産・分配・支出のそれぞれの側面から計算する仕方を説明

することによって，生産と所得の関係をはじめとする様々な集計変数の間の関係を明らかにしていきたい。

(1) 生産からの計算

市場価格ベースの GDP

政府部門による生産は，定義によって確定している。問題は，企業部門による生産である。企業は市場で財・サービスを販売するから，企業部門の価値創造は市場によって直接に評価される。よって，一定期間における購買ないし販売の総額をもって，生産の価値を定義することができる。この生産の価値から前払い額を差し引くことによって求められるのが，**市場価格ベースの国内総生産（GDP）**すなわち GDP_M である：

$$GDP_M ＝販売総額－前払い額$$

前払い額の中身は，原材料（原料，補助素材，動力エネルギー等）ならびに対企業サービス（税務顧問，情報伝達，オフィス賃貸等）の費用である。この部分を差し引くのは二重計算を避けるためである。例えば，原材料の価値は原材料生産者の販売額に含まれるだけでなく，原材料を使用して生産される最終製品の販売額の一部をなす。販売総額から前払い額（この場合は原材料費用）を差し引くことにより，二重計算は避けられる。

市場価格ベースの NDP

素材の面から見ると，市場価格ベースの GDP は，すべての消費財・投資財・輸出財および政府財（政府が購入する財）からなっている。このうち投資財には，新規投資すなわち**純投資**に使用されるもののほかに，**更新投資**に使用されるものが含まれる。

ここで注意すべきは，更新投資に使用される投資財の価値が，新たに創造された価値として計算されないことである。国民経済には固定資本が存在し，常にその一部が使用されている。よって，前払い額のほかに，固定資本の価値も生産に入り込む。固定資本は複数年にわたる耐用年数をもつから，国民経済計算の区切りとなる期間（通常は1年）においては，少しずつ価値が減耗する。

例えば，耐用年数10年の機械の場合，1年に10分の1ずつ価値が低下すると見なされる。この価値低下が**減価償却**である。更新投資に使用される投資財は，実はこの減価償却に対応している。例えば，耐用年数10年の同一の機械を使用する企業が10社あり，毎年1社ずつ更新の時期を迎えるとする。このようにして，平均的に見れば，毎年の減価償却総額と更新投資は一致する。

以上のことから，当該期間における1国の新価値創造を求めるには，市場価格ベースのGDPから減価償却を差し引かなければならない。こうして求められるのが，**市場価格ベースの国内純生産（NDP）** すなわち NDP_M である：

$$NDP_M = GDP_M - 減価償却$$

種々の生産要素（労働および資本）に分配される原資となるのは，NDP_M である。なお，当該期間に使用されるすべての投資財から更新投資に対応する部分を差し引くと，純投資（I）の価値が求められる。固定資本ストックが増加するのは，純投資がなされるとき（I>0）に限られる。

要素費用ベースのNDP

政府財政を考慮に入れると，市場価格ベースのNDPは，生産要素が受け取る所得と一致しなくなる。企業部門の所得は，補助金（SUB）の受け取り分だけ NDP_M より多くなり，間接税（T_I）の支払い分だけ NDP_M より少なくなる。なお直接税は家計部門が所得から支払うものとし，ここでは考慮しない。NDP_M から間接税を差し引き，補助金を加えたものが，**要素費用ベースのNDP（NDP_F）** である：

$$NDP_F = NDP_M - T_I + SUB$$

これは，一定期間内に生産に要する貨幣費用，すなわち生産要素が得る所得を表す。NDP_F は素材的には市場価格ベースのNDPと同じものであり，間接税と補助金はもっぱら価格（金額）の変化をもたらすだけである。

国民所得

以上の説明はすべて「国内」概念によっている。「国内」とは，国籍のいか

んに関係なく国内に居住している人，および国内に本拠をもつ組織を意味する。したがって例えば，NDP_F には，海外に出稼ぎしている労働者の自国への送金や，外国債券所有者の利子収入は含まれない。これは，出稼ぎ労働や海外投資が，自国の国内生産には寄与していないことを意味する。しかし出稼ぎ労働や海外投資は，自国民が処分しうる所得の大きさには影響を与える。こうした理由から NDP_F に海外からの純所得（自国居住者によって外国から国内へ移転される所得－外国居住者によって国内から外国へ移転される所得）を加えて求められるのが，国民純所得あるいは単に**国民所得**である。海外純所得を Y_A とするとき，国民所得（Y）は次のように表される。

$$Y = NDP_F + Y_A \tag{1.1}$$

外国を考慮しないときには生産と所得とは完全に一致する（$NDP_F = Y$）。

なお市場価格ベースの GDP に海外純所得を加えれば，属人（国籍）的概念である**国民総生産（GNP）**が求められる。しかし今日 GNP が用いられることは少ない。

(2) 分配からの計算

第 1 次分配

政府を通じた再分配の影響を捨象するとき，国民所得（Y）は賃金総額（W）と利潤総額（Q）とに分割される：

$$Y = W + Q \tag{1.2}$$

W は，労働の支出によって獲得される所得部分である。総不労所得である Q には多様な所得が含まれるが，以下ではそのうち利子所得と企業利潤のみを考える（ここでは土地という生産要素は捨象する）。政府を通じた所得再分配を**第 2 次分配**と呼ぶのに対して，所得を W と Q に分割することを**第 1 次分配**と呼ぶ。第 1 次分配は，生産過程において経済主体が果たす機能の違いに対応するので，「機能間の所得分配」とも呼ばれる。

第2次分配

　政府の所得分配への介入は，移転支払い（TR），補助金（SUB），租税（T）を通じて行われる。移転支払いは，直接の対価なしに政府から家計になされる金銭的援助であり，生活保護や児童手当などが含まれる。社会保険も政府部門の一部と考えるならば，移転支払いには失業手当・医療給付なども含まれる。税は間接税（T_I）と直接税（T_D）からなる。なお，直接税には社会保険料の拠出も含まれるものとする。ここで，T_{Dw} と T_{Dq} を賃金取得者と利潤取得者がそれぞれ支払う直接税とすれば，第2次分配を経た労働所得を $W+TR-T_{Dw}$，利潤所得を $Q+SUB-T_I-T_{Dq}$ と表すことができる。

国民所得

　第1次分配においても第2次分配においても，価値創造の際の経済的機能（賃金労働を行うか否か）が重要な役割を果たす。ただし，家計は賃金のほかに，預金利子や株式配当という異種の所得も受け取る。家計が異種の所得を受け取ることに対応して，利潤は，家計に移転される部分（Q_H）と企業に残る部分（Q_q）に分割される。このとき，家計が受け取る所得（Y_H）は，$Y_H = W + Q_H$ と表される。これに移転支払いを加え直接税を差し引いたものが，いわゆる家計の**可処分所得**である。企業の所得は利潤の未分配部分（Q_q）であるから，国民所得は次のように表される。

$$Y = Y_H + Q_q \tag{1.3}$$

　本書においては，財市場が均衡しているとき，すべての利潤が家計に支払われると想定される。したがって，Q_q がゼロでないことは，財市場の不均衡を表す。$Q_q > 0$ のとき，企業は一時的な市況利得を獲得している。$Q_q < 0$ のとき，企業は一時的な市況損失を被っている。

(3)　支出からの計算

投資 − 貯蓄の均等

　最初は，政府と外国が存在しないものとする。財市場が均衡しているとすれば，1.3式より，家計所得（Y_H）は国民所得（Y）と一致する。家計は支出

計画を立て，自らの所得を消費財の購入に充てる部分（C）と，貯蓄に回す部分（S_H）に分割する：

$$Y = C + S_H \tag{1.4}$$

他方，国民所得（それゆえ要素所得ベースのGDP）に対応する需要は消費需要（C）と純投資需要（I）であるから，国民所得は次のようにしても求められる。

$$Y = C + I \tag{1.5}$$

1.4式と1.5式より：

$$I = S_H \tag{1.6}$$

つまり，純投資と家計貯蓄は一致する。

　企業が計画する純投資と，家計が計画する貯蓄とが対応する必然性はないのに，どうしてこのような一致が可能なのか。計画投資が計画貯蓄を下回るケースについて考えてみよう。この場合，売れ残りが生じ，在庫ストックの意図せざる増加が発生する。国民経済計算の上ではこれを新規の「在庫投資」として扱うので，純投資と家計貯蓄の均等は事後的に維持されるのである。計画投資が計画貯蓄を上回る逆のケースでも結論は同じだが，このケースの考察は5.4で行うこととする。

国民所得

　政府と外国の存在を考慮することにより，支出面からの国民経済計算をもう少し細かく見てみよう。市場価格ベースの国内純生産（NDP_M）においては，既に前払い額と更新投資額が差し引かれている。したがって，NDP_M に含まれるのは，国内産の財のすべてではなく，国内産の財のうち消費財・純投資財・政府購入財・輸出財だけである。これは，消費支出（C）・純投資支出（I）・政府支出（Z）の和から，輸入総額（IM）を差し引き，輸出総額（EX）を加えたものに等しい。よって，NDP_M は次のようにして計算される。

$$\mathrm{NDP_M = C + I + Z + EX - IM} \qquad (1.7)$$

これに補助金（SUB）を加え間接税（T_I）を差し引くことによって，要素費用ベースの国内純生産が計算される：

$$\mathrm{NDP_F = C + I + Z + EX - IM + SUB - T_I} \qquad (1.8)$$

次に，$\mathrm{NDP_F}$ に海外純所得（Y_A）を加える（または差し引く）ことによって，国民所得（Y）が求められる：

$$\mathrm{Y = NDP_F + Y_A} \qquad (1.9)$$

つまり，国民所得は，消費財・純投資財・政府財に支出される。輸出は外国へ流出する財であるから，輸出が増加するとき，他の条件を一定とすれば，国内部門の支出対象となる財数量は少なくなる。輸入が増加するときには，国内の経済主体である家計・企業・政府の全体または少なくとも一部がより多くの財に支出できるようになる。なお補助金・間接税・海外純所得は，代表する財をもたない貨幣フローである。

(4)　3面等価の原則

(1.1)(1.3)(1.8)(1.9)の各式を組み合わせると，以下のようになる。

$$\mathrm{Y = \underbrace{NDP_F + Y_A}_{生産} = \underbrace{Y_H + Q_q}_{分配} = \underbrace{C + I + Z + EX - IM + SUB - T_I + Y_A}_{支出}}$$

つまり，生産・分配・支出のどの側面から計算しても，国民所得を求めることができる。これを**3面等価の原則**という。

上の式から政府と外国を捨象すれば：

$$\mathrm{Y = NDP = W + Q = C + I}$$

これは，マクロ経済学の基礎となる最も単純な恒等式である。

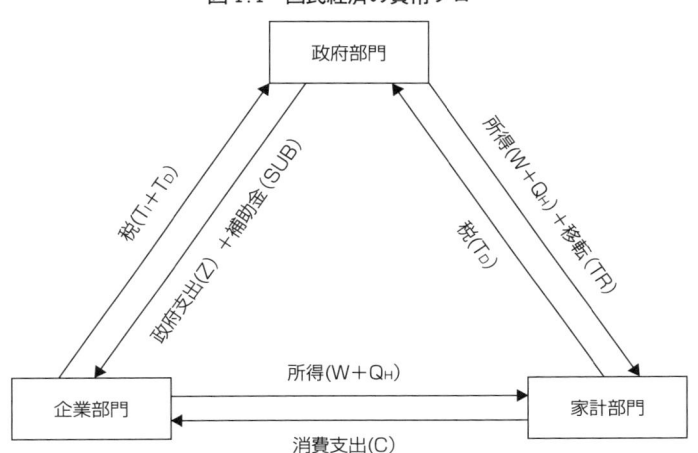

図 1.1 国民経済の貨幣フロー

政府部門 — 税(T_I+T_D)、政府支出(Z)＋補助金(SUB)（企業部門へ）
政府部門 — 所得($W+Q_H$)＋移転(TR)、税(T_D)（家計部門へ）
企業部門 — 所得($W+Q_H$)（家計部門へ）
家計部門 — 消費支出(C)（企業部門へ）

1.3 貨幣フローと資産ポジション

(1) 国民経済の貨幣フロー

前節の説明において登場した貨幣フローのうち，企業・家計・政府という3つの部門の間におけるフローに着目することによって，図1.1のような国民経済の貨幣フロー図を描くことができる。

3つの部門それぞれに流出と流入が存在するが，それぞれの部門において流出と流入の額が一致することは稀であり，程度の差はあれ流出超か流入超となるのが普通である。例えば，家計が合計12兆円の所得を政府と企業から受け取り，7兆円の消費支出と3兆円の税支払いを行っているとしよう。この場合，2兆円の受取り超過，すなわち貯蓄が形成される。

(2) 資産ポジション

図1.1の各部門において，流出と流入に差があるとき，収支の黒字または赤字が発生する。流出＜流入のときが黒字，流出＞流入のときが赤字である。こ

の黒字・赤字は，それぞれの部門において**資産ポジション**の変化をもたらす。資産ポジションとは，資産ストックや債権債務の保有状態のことであり，支払い能力の状態または支払い猶予の状態を示す。例えば，流出が流入より大きければ，純債務の増加（または純債権の減少）がもたらされるか，資産ストックが取り崩されるか，またはその両者が生じる。これらは，資産ポジションの悪化を意味する。しばしば政府部門は，財政赤字を続けた結果として，資産ポジションを悪化させ，純債務者に転じることがある。逆に，概して家計部門は収支の黒字により純債権ポジションを形成する。

1.4　生産資本と投資

(1)　生産資本

前節では，ある部門で流入＞流出のときに生じる受取り超過を，黒字と呼んだ。黒字によって稼がれる支払い能力は，**純資産**（net worth）と呼ばれる（流出＞流入のときの支払い超過は「負の純資産」である）。純資産は流入と流出の差による残高を意味するにすぎず，またその蓄積であるストックとしての純資産もそれ自体としては経済取引の内容を表すものではない。これに対して，**資産**（assets）という用語は，経済活動の内容を積極的に示すものである。資産の対象となるものには，例えば，土地や美術品などの再生産不可能財がある。生産要素である労働も「人的資本」と呼ばれて，資産と見なされることがある。

本節で説明しておきたいのは，資産の中でも特に，生産的な資産すなわち**生産資本**である。生産資本は，固定資本ストック（1.2参照）と在庫ストック（原料在庫，中間在庫，最終製品在庫）からなる。家計部門はこの意味の生産的な資産をもたない。

(2)　投資と生産資本ストック

固定資本への投資の総額を粗固定資本投資といい，これは更新投資と純固定資本投資からなる。また1国の**粗投資**とは，粗固定資本投資に在庫投資（在庫ストックの変化）を加えたものであり，1国の**純投資**とは，純固定資本投資に

在庫投資を加えたものをいう。

　純投資がゼロ（I＝0）のとき，すなわち粗投資と更新投資が等しいとき，国民経済における生産資本ストックは変化しない。生産性が不変の場合，この条件が満たされるには，現在の消費水準が維持されていかねばならない。その場合，1人当たり消費が減少しないためには，人口が不変でなければならない。他方，生産性が上昇する場合には，I＝0かつ人口一定の下で，1人当たり消費の増加が可能になる。

　このような状態（I＝0）は，**定常状態**または**単純再生産**と呼ばれる。これに対して，成長する経済においては，純投資はプラス（I＞0）であり，それに対応する貯蓄が形成される（ここでは，生産性の変化による影響は考えない）。ある期間において純投資がプラスであるとすれば，次期以降，国民経済における生産資本ストックおよび潜在的消費能力が拡大する。逆に，収縮する経済においては，国民所得を上回る消費がなされること（C＞Y）により，純投資は負となる（政府と外国を捨象するときY＝C＋Iであるから，I＜0）。この場合，負の貯蓄がなされ，生産資本ストックは縮小する。

2 貨幣経済アプローチ

　前章に引き続き，本章でもまた，本書全体の予備的な説明を行う。市場システムを貨幣経済学の立場から考察することは，次章以降の課題である。本章では，それに先立って，「貨幣経済学」という言葉に含意される経済観の特徴を提示しておきたい。

　以下では，貨幣経済の概念 (2.1)，不確実性に関連して定義される諸概念 (2.2) を明らかにした後，貨幣の諸機能についての考え方 (2.3) を述べていく。これらの説明にあたっては，ドイツのベルリン学派によって提示されている貨幣的ケインズ主義 (Monetär‐Keynesianismus) の理論に多くを負っている (Herr [1992]，坂口 [2001] 第 7～9 章参照)。彼らは，本章で提示されるような一連のアイデアを「ケインズ派パラダイム」と呼んでいる。しかし，本書ではケインズ解釈の問題には立ち入らないので，むしろ，このパラダイムの内容を表す「貨幣経済アプローチ」という表現を用いることにする。

2.1　貨幣前貸しと所得形成

(1)　貨幣資本循環の一般的定式

　市場システムを交換経済として見る立場（以下，**交換経済アプローチ**）においては，最初に財の与えられたストック（初期ストックないし初期賦存）があるとされ，そこからどのような交換がなされるのが最適かということに関心が向けられる。これに対して，市場システムを貨幣経済としてとらえる立場（以下，**貨幣経済アプローチ**）からは，財の生産・再生産がなされるためにはどんな条件を満たさねばならないかが重要な問題になってくる。この問題を考える上で，K. マルクスの**資本循環の一般的定式**が役に立つ。

図2.1 貨幣資本循環の一般的定式

$$M-C\begin{cases} L \\ MP \end{cases} \cdots P \cdots C'-M'$$

資本循環の一般的定式のうち，貨幣資本循環の一般的定式は，貨幣に始まり貨幣に終わるサイクルとして描かれる。Mを貨幣前貸し，Cを商品，M′を貨幣還流（M′>M）とするとき，資本の運動を，最も一般的にM−C−M′と表すことができる。これに加えて生産過程（P），労働力（L），生産手段（MP）を考慮することによって，図2.1のような貨幣資本循環の一般的定式が得られる。ここで「−」は市場の取引（売買）を，また「…」は市場過程の中断を表す。なお，以上の記号法は本章の説明に限って適用されるものとする。

第1段階では，商品（C）すなわち労働力と生産手段を手に入れるために，貨幣（M）が前貸しされる。商品を販売した後で賃金支払いがなされる場合には，企業家は賃金支払いのための貨幣を前貸しする必要がない。経済モデルではしばしばこの賃金後払いの想定がとられるが，本書でも単純化のためにこの想定に従う。第2段階では，生産がなされる。生産の結果は商品（C′）である。最後の第3段階では，販売によって商品が貨幣（M′）に転化される。以上より明らかなように，**生産過程への貨幣前貸し**の結果としてのみ，生産と所得形成は行われる。貨幣前貸しが減少するならば，所得形成過程は収縮し，雇用は減少する。逆の場合，所得と雇用は増加する。

次に，企業家が借りた貨幣で生産過程を遂行すると想定しよう。このとき，図2.2のような定式が得られる。ここでは，生産過程は債権債務関係すなわち信用関係に包摂されている。貨幣経済において企業部門は純債務ポジションをとるのが常態であるから，この定式は典型的な貨幣経済を表すと言える。実際には，企業部門が行う資金調達の一部は自己資本調達によるものだが，ここでは，自己資本もまた家計（または企業自身）から企業への信用に含めて考えている。家計（または企業自身）は，少なくとも市場の利子率に等しい価値増殖（利

図 2.2　信用関係を考慮に入れた一般的定式

$$M-M-C \begin{cases} L \\ MP \end{cases} \cdots P \cdots C'-M'-M'$$

殖）が見込めなければ，企業に貨幣を委ねることはない。その場合，家計（または企業自身）は別の方面へ貨幣を投じるだろう。したがって個別企業または企業部門は，潜在的に可能な利子収益と少なくとも同じ水準の価値増殖を行うよう強制される。

　図 2.2 の定式には，二重の貨幣前貸し（M－M）と二重の貨幣還流（M′－M′）が付け加えられている。前者は，債権者が企業家に対して，生産的に投資される貨幣を貸し付けることを示し，後者は，企業家が売上げから借入貨幣＋利子を債権者に還流させることを示す。こうした信用関係は，生産過程への貨幣前貸しに対する制約となる。信用関係においては，企業が信用享受者として登場するだけでなく，新たに**信用供与者**の存在が考慮される。本書で想定される信用供与者は，商業銀行（以下では単に「銀行」と呼ぶ）および家計である。銀行の背後には，貨幣の源泉である中央銀行が控えている。よって，企業部門への信用供給は，中央銀行・銀行・家計の間の相互作用によって決定される。

(2)　貨幣経済アプローチの特徴

　以上の定式に従って市場システムをとらえようというのが，貨幣経済アプローチである。これは，第 1 に，経済過程の支配的目的についてのとらえ方において，交換経済アプローチとは異なる。新古典派的（ここではワルラス的）な交換経済は，物々交換（C－C），すなわち商品（初期ストック）を商品（消費財の最終ストック）と交換することを特徴としており，その支配的な目的は貨幣の入手ではなく，交換による欲望充足である。生産は，最初の C と最後の C との間の迂回として位置づけられる。交換経済アプローチにおいては，物々交換（C－C）から間接交換（C－M－C）への展開もなされるが，貨幣は財交換を容易

化するための手段と見なされ，二次的な要素でしかない。これに対して，貨幣経済アプローチにおいては，貨幣増殖または価値増殖を支配的目的とする資本の運動がまずあって，その一環として所得形成過程が，それゆえまた交換による欲望充足がなされるとされる。

　第2に，市場システムのマクロ経済的予算制約に関する考え方において，交換経済アプローチと貨幣経済アプローチとは相異なっている。マクロ経済的予算制約は，貨幣経済アプローチにおいては貨幣（正確には，生産過程への貨幣前貸し）に見いだされるのに対して，交換経済アプローチにおいては外生的に与えられた財の初期ストックに見いだされる。企業の目的を利潤最大化に見る点ではいずれのアプローチも同じであるが，交換経済アプローチが企業を家計に対置させるのに対して，貨幣経済アプローチは企業を，貨幣を処分する経済主体に対置させる。

　第3に，マクロ経済的予算制約をめぐる考え方の差異の背後には，希少性についての理解の差異がある。交換経済アプローチにおいては，財の外生的な初期ストックにおける希少性が最終的欲望に対置される。これに対して貨幣経済アプローチは，前貸し貨幣の希少性，つまり貨幣的理由による希少性を重視する。この希少性が，資源の完全利用（ないし完全雇用）が実現されない原因になるとされる。この**貨幣的希少性**は，すべての社会形態に見られるものではなく，近代的な市場経済に特殊なものである。

(3) 市場間の階層性

　資本循環の一般的定式に関する考察から，直ちに，市場間における階層性（ヒエラルキー）の存在が明らかになる。**市場階層（市場ヒエラルキー）**の頂点に位置するのは資産市場であり，資産市場で決まる貨幣前貸しの水準が生産の規模を決定する。この意味で，財市場は資産市場によって支配されている。生産の規模が決まると，それに必要となる労働力の需要の大きさが決定される。よって労働市場は市場階層の底辺に位置する。マクロ経済的に見たすべての市場は貨幣によって支配されるから，「貨幣なしの実物部面」と「実物部面のヴェールとしての貨幣部面」とを切り離すこと（**貨幣ヴェール観**）は意味をなさない。政府と外国を捨象したときの市場間の相互作用は図2.3のように描かれる。市

2 貨幣経済アプローチ

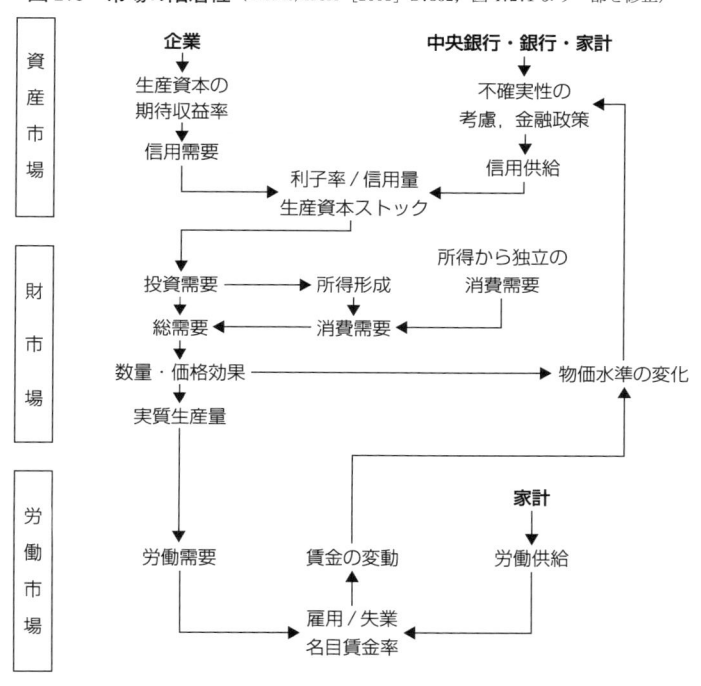

図 2.3 市場の階層性（Heine/Herr［2003］S.332, 図 4.2.1 より一部を修正）

```
資産市場:
  企業                          中央銀行・銀行・家計
  生産資本の                     不確実性の
  期待収益率                     考慮，金融政策
     ↓                              ↓
  信用需要    → 利子率/信用量 ←  信用供給
               生産資本ストック

財市場:
  投資需要 → 所得形成      所得から独立の
                          消費需要
  総需要 ← 消費需要
  数量・価格効果 ──────→ 物価水準の変化
  実質生産量

労働市場:
                         家計
  労働需要   賃金の変動   労働供給
             雇用/失業
             名目賃金率
```

場ごとに説明を加えておこう。

資産市場（詳しくは第 3・4・5 章）：信用市場・貨幣市場・預金市場からなり，このうち信用市場において，銀行と家計の総信用供給と企業部門の総信用需要とが突き合わされる。総信用供給は，中央銀行・銀行・家計の相互作用によって決まる。債権者（銀行と家計）の信用供与に対して影響を与える要因には，利子率，そして借り手の支払い能力・支払い意欲についての不確実性がある。利子率はさらに，中央銀行の金融政策によって影響される。企業の側の信用需要は，生産資本の期待収益率と利子率の関係によって決まる。信用市場の均衡は，利子率，信用量，生産資本ストック量を決定する。

財市場（詳しくは第 6・7 章）：所望の（望まれる）生産資本ストックが現在のそれを超えるとき，純投資がなされる。逆に，投資が減少して更新投資を下回るとき，生産資本ストックは減少する。純投資がなされるときには，その分だ

け財市場の需要が増加する。これが投資需要であり，投資需要は資産市場と財市場を結びつける連結点となっている。投資がなされ生産と所得形成が開始されると，消費需要が刺激される。消費需要が増加すると，消費財生産が刺激され，それゆえ所得形成も促進される。消費需要と投資需要の合計が，財市場の総需要である。総需要の変化は，そのときの財市場の状況（特に，生産能力の利用度）に応じて，数量効果または価格効果をもたらす。数量効果が作用するとき，総需要の変化は実質生産量の変化をもたらす。

労働市場（詳しくは第9章）：技術を不変とするとき，実質生産量が増加すれば，労働需要も増加する（逆の場合は逆）。労働供給は，労働力人口と賃金水準によって決まる。労働の能力と意欲をもつ人口を雇用するのに十分なだけの生産量が確保されるかどうかは不確定であり，そこから非自発的失業の可能性が出てくる。ここでは，労働市場が賃金変動を通じて雇用の変化をもたらすメカニズムを備えているとは考えていない。雇用水準は，実質生産量によって，したがって資産市場・財市場によって決定されると考える。

以上の3市場の間には，様々なフィードバックが存在する。図2.3に示される上向きの矢印がそれである。まず，名目賃金率は，経済全体の費用水準を，それゆえまた物価水準を決定する重要な要因である。また，財市場において物価が不安定になることは，資産市場に影響を及ぼす。なぜなら，一方で，インフレ期待を形成する経済諸主体は，インフレ耐性を考慮した資産選択を行おうとするし，他方で，中央銀行は金融引締め政策によってインフレと闘おうとするからである。

本書の次章以降では，ここで概観した市場間の階層性に従い，資産市場・財市場・労働市場の順に考察を行っていく。

2.2 時間と不確実性

(1) 歴史的時間と不確実性

資本循環の一般的定式が示すように，生産過程への貨幣の前貸しと還流との間には一定の時間経過が介在している。大規模な固定資本が建設される場合な

ど，前貸しから還流までには数年（しばしば数十年）を要する。このとき，貨幣を前貸しする経済主体（債権者と企業家）は**不確実性**の問題に直面する。確かに，不確実性を低下させる働きをするものとして，法的・慣習的な規制，長期的な契約，保険，信頼の安定に基づく協力などがある。しかし，こうした諸手段を動員したとしても，将来に関する確実な知識を得ることはできない。なぜなら，環境条件は歴史的な変化を遂げ，その変化はその都度新しいものであるし，またそもそも人間の知識は有限であるからである。

貨幣を前貸しする主体は，このように不確実性の問題に直面しながら投資の決定を行わなければならない。しかも，いったん決定がなされ投資が実行段階に入ると，変化した主体的・外的な諸条件を元に戻すことは不可能になるし，再スタートするには巨額の損失を覚悟しなければならない。この意味で，投資の決定は，短期的なルーティン的意思決定との比較において，**重大な意思決定**（クリティカル）であると言われる。重大な意思決定は，過去に行ったどんな意思決定とも異なる意思決定である。重大な意思決定を行う際には，変化している環境条件を，その都度1回限りのものと見なした上で評価することが必要である。この意味で投資は「将来への賭け」である。

投資を「重大な意思決定」と見なす考え方の背後には，**歴史的時間**の概念が前提されている。歴史的時間とは不可逆的な時間のことであり，そこでは，同じ環境条件は繰り返し出現することがない（反対に時間を可逆的なものと見るのが，**論理的時間**の概念）。歴史的時間の下では，将来は常に新たに創造されるものであり，将来について確実な知識を得ることは不可能である。過去と現在の経験は，せいぜい将来予想の助けとなるにすぎない。

(2) リスクと不確実性

ここで考慮している不確実性の性質を明確にするために，将来の不確実性に関する新古典派経済学の考え方を引き合いに出すことにしよう。

第1に，いわゆるワルラス均衡の説明において，すべての財，すべての将来期間について**先物市場**の存在が仮定されるとき，将来市場の均衡価格および需給は現在時点（第1期）で決定されるとされる。このとき，将来は現在に還元され，不確実性は存在しなくなる。しかし，あらゆる財について遠い将来にわ

たる先物市場が存在するとする仮定は非現実的である。また，確かに，先物市場を利用することにより，利用者は個別的に不確実性を縮減することができる。しかし，これにより不確実性が廃棄されるわけではなく，むしろ不確実性が市場化されているだけである。

第2に，**新古典派的な合理的期待**の考え方においては，ある経済主体にとって不確実性が存在するのは，事象が生起する**客観的確率**を知らないからにすぎないとされる。客観的確率が支配する決定論的・確率論的な世界が想定されるので，基本的には客観的確率の知識に基づいて将来は予想可能とされる。しかし，客観的確率による予想が可能なのは**大数の法則**を適用できる場合に限られる。例えば，サイコロを数百回ないし数千回振る場合には，「1」の目が出る割合は客観的確率である6分の1に限りなく近づくだろう。ところが，投資のような「重大な意思決定」においては，同じ投資プロジェクトが繰り返し実行されることはあまりないし，あってもせいぜい数回にすぎない。現実の世界では，たとえ客観的確率が計算されたとしても，大数の法則を適用する条件がほとんど存在しない。

このように，不確実性のうちには，先物市場や客観的確率計算によっても回避されない種類のものがある。この点を明確にしたのはF.ナイトである。ナイトは，不確実性のうち，経済諸主体が客観的確率に依拠することによって確実性に転化できるものを**リスク**と呼んだ。例えば，保険会社は，客観的確率の計算に基づいて各種の保険商品（生命保険，火災保険等）を提供している。保険とはリスクに対する保証である。不確実性をすべてリスクに還元させられるのであれば，あたかも将来が既知のものであるかのように経済は機能するだろう。しかし，経済の世界は客観的確率が成立する世界ではない。ケインズは，リスクに還元不可能な不確実性を**根本的な不確実性**と呼んでいた。

(3) ケインズ主義的な合理的期待

ケインズ主義的な合理的期待の概念は，ベルリン学派に独特のものであるが，不確実性の下での経済主体の行動を性格づけるのに役立つ。この用語は次の2つの意味を兼ね備えている。1つの意味は，民間の経済諸主体が意思決定を行うに際して，市場動向すなわち他の民間主体の行動を予想するだけでなく，政

府の経済政策の動向も予想するということである。もう1つの意味は，**主観的確率**に基づく期待を形成するときに，当の経済主体が自らの限界を知っているということである。歴史的時間の中での経済諸主体は，客観的確率を計算できない場合でも，頭の中に主観的な確率論的世界を作り上げ，それを基にして期待形成を行う。この行為が「合理的」と言えるのは，経済諸主体自身が，「最も入念に期待形成をしたとしても，誤った予想をする可能性がある」ことを承知している場合である。予想が誤りうるのは，未知の想定範囲外の事象が現れること，そしてその結果として環境が根底から変化することがあるからである。

客観的確率の世界では，経済諸主体の期待が1つに収斂すると想定してもよい。しかし，主観的確率に関してはこの想定は不当である。それは，たとえ同じ情報を受け取ったとしても，情報の評価は各主体によって異なるためである。

ただし，将来を主観的確率によってとらえることが，常に可能であるとは限らない。なぜなら，入手しうる情報が少なければ，将来に起きる事象について少しのことしか知ることができず，それらに主観的確率を割り振ることができないからである。むしろ，多くの領域においては無知が支配する。無知の支配する領域においては，確率的計算を適用することは不可能であり，個々の経済諸主体が旺盛な行動意欲をもつかどうかとか，強気か弱気かといったことが経済諸主体の行動を左右する重要な変数になる。ケインズはこのような変数を考慮して，人間の積極的な活動は大部分が「不活動よりもむしろ活動を欲する自生的衝動」(Keynes [1936] 邦訳 p.159) すなわち**アニマル・スピリッツ**（血気）に基づいているとし，企業家の投資決意に際してもこのような要因が重要な役割を果たすとしていた。

以上を要約すると，経済主体が将来の不確実性に対処する方法には，客観的確率，主観的確率，アニマル・スピリッツの3つがあると言える。このうち，社会的に収斂するのは客観的確率だけであり，主観的確率とアニマル・スピリッツは個別的レベルのものにとどまる。他方，合理・非合理という区分で言うと，客観的確率と主観的確率は合理的な方法，アニマル・スピリッツは非合理的な方法という分け方になる。ケインズ主義的な合理的期待の概念は，「個別的／合理的」という主観的確率の性格を表そうとするものである。このような性格をもつ主観的期待も含めて考えるとき，経済主体の期待形成は，「経済」

表 2.1 主観的期待を表現する諸カテゴリー

	評価の主体	評価の内容
流動性プレミアム	貨幣保有者	支払手段として即時に使用できる貨幣を保有することによって得られる将来利益
資産保全プレミアム	資産保有者	耐久財を保有するときに耐久財の確実性機能から得られる将来利益
不確実性プレミアム	銀行その他の債権者	貸付先の支払可能性(支払い能力・支払い意欲)
生産資本の期待収益率	企業家	将来において生産資本が生み出す金銭的利益

という社会の部分システムによってだけでなく,広く政治的・社会経済的・文化的・制度的要因によっても規定されると言える。

(4) 主観的期待を表現する諸カテゴリー

不確実性が重要であるということは,経済諸主体が不確実性回避の努力を強いられること,つまり経済諸主体の行動の在り方が不確実性の存在によって規定されることを意味する。貨幣経済アプローチでは,不確実性の下での様々な行動を分析するために,表 2.1 のような,経済諸主体の主観的期待を反映する一連の金銭的比率および非金銭的比率が考慮に入れられる。以下,順に説明を加えておきたい。

流動性プレミアム:ケインズは,資産保有の利益を説明する際に,主観的に決定される非金銭的な価値増殖率である**流動性プレミアム**という概念を導入した。本書においては,この用語をもっぱら貨幣保有の利益を表すのに用いる。貨幣を保有しておけば,いつでもそれを支払手段(2.3 参照)として使用できる。この利益を主観的に評価したものが流動性プレミアムである。資産市場との関係では,将来の不確実性を免れることが貨幣保有の利益として評価され,また財市場との関係では,利便性の提供(貨幣のサービス機能)が貨幣保有の利益として評価される。これらの評価が,流動性プレミアムに織り込まれる。

資産保全プレミアム:家計は,有形資産として(土地を含む)耐久財を保有する。特にインフレの進行により貨幣保有が確実性要求を満たさなくなるとき,

価値保全機能が財に移行し，金・不動産・美術品などの耐久財への逃避が生じる。確実性要求を満たすこうした財は，主観的に決定される非金銭的な**資産保全プレミアム**を獲得する。

不確実性プレミアム：銀行は，貸出先の返済可能性について主観的な評価を行う。この評価を表現するのが**不確実性プレミアム**である。本書では，不確実性プレミアムをリスクプレミアムとは異なる用語として用いる。**リスクプレミアム**とは，例えば，一定数の中小企業に対する貸倒れ損失を客観的確率によって把握しようとするときの評価である。これに対して不確実性プレミアムは，貸出先の支払い能力に影響を与えるであろう将来の経済動向（景気循環，利子率，貨幣価値の安定等）についての，信用供与者の主観的評価である。

生産資本の期待収益率：**生産資本の期待収益率**（ケインズにおける**資本の限界効率**）は，企業家が生産資本を購入する際にどれだけの金銭的な価値増殖を見込んでいるのかを表現している。企業家はこれを算出するために，何よりもまず売上げと費用について予想を立てなければならない。このときの期待形成においては，投資がなされる時点からかなり遠い将来（10年先とか20年先）までを見通さなければならないのが普通である。

2.3 貨幣の機能

(1) 貨幣機能の分類

本書においては，価値標準・支払手段・価値貯蔵手段の3つの機能を包括的に果たす貨幣が考慮される。3つの機能（表2.2）のそれぞれについて説明しておこう。

価値標準の機能は，貨幣の物理的な存在を必要としない。しかし，信用契約（金銭貸借の契約）を定義し，商品の価格を表示し，資産（企業資産等）を評価・比較するためには，この機能は不可欠である。この意味で，分析の上では，価値標準としての貨幣は，他の諸機能に先立って考慮されていなければならない。価値標準なしには，売買契約も信用契約も定義することができない。つまり，価値標準の機能は，計算と取引を容易にするだけではなく，それらの前提にも

表 2.2　貨幣の諸機能

価値標準	支払手段	価値貯蔵手段
・信用契約の価値標準 ・売買契約の価値標準 ・資産会計（バランスシート等）の価値標準	・信用契約履行のための支払手段 ・売買契約履行のための支払手段 ・義務的支払い（納税等）履行のための支払手段	・予備目的の価値貯蔵手段（予備現金） ・保蔵目的の価値貯蔵手段（保蔵現金） ・投機目的の価値貯蔵手段（投機現金） ・取引目的の価値貯蔵手段（取引現金）

なっている。

支払手段の機能においては，貨幣は物理的にも姿を現さなければならない。信用契約においては，支払手段としての貨幣は，債権者が信用供与を行うときの**貸付手段**として，また債務者が債務を支払うときの**債務返済手段**として機能する。売買契約においては，支払手段としての貨幣は，買い手にとっての**購買手段**として役立つ。要するに，支払手段機能においては，貨幣は契約（信用契約・売買契約）を履行する手段となっている。付け加えておけば，支払手段としての貨幣は，納税等の支払義務を遂行する働きもする。

価値貯蔵手段の機能は，貨幣保有が果たす機能である。貨幣が保有されるのは，支払手段として多様な機能を果たすからである。財を保有するということは，種々の具体的・素材的な形態において資産を保有することを意味するが，貨幣を保有するということは，抽象的・社会的な資産を直接にもつことを意味する。貨幣保有は以下のように分類される。すなわち，①非流動性の危険に備える**予備現金**，②現在から将来へ確実な形態で富を移転させる**保蔵現金**，③最良の利得機会をとらえるための**投機現金**，④日常の取引を遂行する上で十分な購買力をもっておくための**取引現金**。①〜④の各種現金は分析的にのみ区別されるのであって，どれも貨幣保有としては同じ姿をしている。④は，先ほど言及した利便性提供の機能（サービス機能）を果たす。

経済学のパラダイムの違いによって，強調される貨幣の機能も異なる。交換経済アプローチをとる新古典派の理論においては，貨幣の果たす役割自体が副次的な取り扱いしか受けないが，基本的に貨幣の機能は商品交換を容易化することに求められる。よって，商品のための価値標準，購買手段，取引現金とし

ての貨幣の機能が重視される。貨幣保有は財市場に関連するもののみが考慮され，実質現金残高に対する経済諸主体の需要は安定的と見なされる。これに対して，貨幣経済アプローチにおいては，信用契約の価値標準としての貨幣の機能が最も基礎的な位置を占める。中央銀行による貨幣創造は信用関係を基礎としている（次項参照）が，信用契約を取り結ぶためにはまず，債権者の貨幣前貸しおよび債務者の債務支払いの額を表す標準が定められていなければならない。貨幣が信用に基づいて創出され流通において使用されるとき，貸付手段は自動的に商品の価値標準および購買手段にもなっていく。なぜなら，借り手主体は，信用に基づいて創出された貨幣を商品の購入に使用するからである。

(2) 貨幣市場説

貨幣論の諸立場

貨幣は受領されなければ，ただの商品あるいはただの印刷物である。ハイパーインフレに陥った経済において観察されたように（9.1参照），貨幣が購買手段機能を果たさなくなるに至るとき，貨幣の**受領性**（acceptability）は完全に消滅する。貨幣の受領性は，何よりもまず，将来にわたってその価値すなわち購買力が維持されることへの期待にかかっている。よって，希少である貨幣，しかも希少であることが期待されている貨幣のみが，個々の経済主体によって自発的・選択的に受領され，保有される。逆に，希少性および希少性期待が疑わしい場合，経済諸主体は，信用を落とした貨幣の受領を拒否する。このように，貨幣の受領性が希少性および希少性期待にかかっていると見なす立場を，**貨幣市場説**（Market Theory of Money）と言う。

これに対して，「どの媒体が貨幣として機能するかは，政府が最終的に法律でこれを決める」とする立場は，**貨幣法制説**と呼ばれる。貨幣法制説は貨幣市場説によって否定される。なぜなら，政府発行の貨幣であっても，脱希少化して安定性を失うならば，受領性を喪失してしまい，代わりに外国の貨幣もしくは他の媒体が貨幣の機能を引き受けるようになるからである。このような**並行通貨**現象が生じる国においては，しばしばその国の貨幣が，小口取引と納税のための支払手段としてしか機能しなくなる。

貨幣論の代表的な立場の1つに**貨幣商品説**があるが，これは貨幣市場説に対

立するというより，貨幣市場説のうちの特定の立場である。貨幣商品説は，「ある媒体が貨幣として機能するためには，その媒体は商品としても価値をもつのでなければならない」という考え方をとる。つまり，貨幣の希少性および希少性期待が，もっぱら商品の自然的（現物的）希少性および希少性期待によってのみ確保されるという考え方である。しかし，貨幣の希少性には自然的希少性だけしかない，と見なすのは狭い見方である。現代の貨幣経済においては，貨幣の希少性は中央銀行によって「人為的に」維持されている。

中央銀行の役割

　現代の貨幣経済においては，中央銀行が信用関係に基づいて貨幣を創出している。中央銀行が他の経済主体（たいていは銀行すなわち商業銀行）に信用を供与することによって，貨幣（ここでは預金通貨はまだ考慮していない）が民間部門に投入される。中央銀行の任務は，貨幣供給のこのようなルートを前提とした上で，包括的な機能を果たす貨幣を提供することにある。中央銀行は，貨幣の受領性を防衛するために，**貨幣価値**（貨幣の購買力）を維持しようとする。対内的には，物価水準の安定を維持することが，対外的には，安定的な為替相場を維持することがそれぞれ目指される。このとき，物価水準の安定はたいてい為替相場安定の前提であり，為替相場は国内物価水準の安定性指標として機能する。よって中央銀行は何よりもまず，インフレ過程（7.2参照）が一定点を超えて進行するときには，それを阻止しようとする。

　インフレ過程が発生したとき，中央銀行が貨幣価値を維持するために通常用いる手段は，金利水準の引上げである。金利引上げは，供給される貨幣の希少性および希少性期待を高めるのに寄与し，それゆえ貨幣の受領性をも促進する。ただし，その半面，金利引上げは投資活動の抑制と経済成長の低下をもたらし，雇用水準と所得動向に負の影響を与える。貨幣の受領性促進は経済発展の基礎を構築するという長期的な意義をもっているが，政治家や有権者にとってはむしろ，短期的な雇用・所得の安定が当面の（生活上，政治上の）死活問題である。中央銀行が金利引上げを実施できずインフレ過程を阻止できなかったとしても，その結果は，発行貨幣の受領性が低下すること「だけにすぎず」，少なくとも当面は中央銀行が責任追及されることはない。これと同様のことは，中央銀行

の行動全般に見られる。例えば，国によっては，国家財政が中央銀行からの直接的な信用供給（発券銀行信用）を要求するとき，中央銀行は要求に応えてしまえば貨幣の受領性の阻害につながることを知っていながら，要求に従わざるをえないことがある。

貨幣市場説の利点

　貨幣市場説の1つの意義は，**貨幣機能の分散**を説明できることにある。貨幣市場説に立つとき，貨幣の異なる諸機能は異なる媒体によって担われうることが明らかである。例えば，信用契約の価値標準機能と，貸付手段・債務返済手段の機能とは別の媒体によって担われうる。現実にも，受領性の低い通貨をもつ国において，前者がドル（米国ドル）によって，後者が自国通貨によって担われることが見られる。この場合，信用供与‐返済に際しての自国通貨の支払総額は，自国通貨とドルとの間の為替相場によって決まるのであり，ドルが信用契約のインデクセーション手段となる。これに対して，安定した貨幣経済においては，1つの媒体がすべての貨幣機能を担っている。異なる媒体が貨幣機能を引き受けるということがあれば，それは，貨幣システムの侵食もしくは未発展の表れである。発展した安定的な貨幣経済においては，中央銀行が発行する貨幣が，すべての貨幣機能を担う媒体となっている。中央銀行発行の貨幣は，銀行に対する中央銀行の信用供与によって発生し，その際に中央銀行は一切の引当て（例えば，金，外貨等）なしに貨幣を創造することができる。

　貨幣機能の分散とは性質の異なる現象として，**貨幣機能の代替**がある。紛らわしいので，ここで説明しておこう。貨幣機能の代替とは，貨幣機能の一部が貨幣以外の資産諸形態によって果たされることである。例えば，現金保有の一部は，短期の銀行預金によって代替されることが可能である。銀行預金が普遍的に支払手段として受領されれば，家計・企業の現金保有がない「キャッシュレス」の貨幣システムも可能である。ただし，どんな場合でも価値標準としての貨幣は代替されない。価値標準が交替するとき（例えばドイツマルクからユーロへ）は，貨幣システムも交替するときである。

3 中央銀行・銀行の行動

3.1 資産市場について

資産市場とは，債券・貸付債権・株式・有形資産等の資産が売買される市場である。経済諸主体は，保有しようと望む資産を，資産市場において購入する。また，これらの資産を保有する経済主体は，貨幣を入手しようと望むとき，資産市場で保有資産を売却して貨幣を入手する。支払手段として一般に通用する貨幣（支払手段貨幣）への資産の転換し易さは資産の**流動性**と呼ばれ，資産市場の確立は，資産の流動性を高める最も重要な要因である。この意味で，資産市場は資産に流動性を提供する市場，すなわち**流動性市場**でもある。貨幣を含めた諸資産のストックを，以下では**資産ストック**と呼ぶ。資産市場とは，資産ストックの持ち手が相互に入れ替わる場所であると言える。

国民経済に積み上がっている資産ストックの総量は，過去の投資や貯蓄が蓄積された結果を表している。ある期間内（例えば1年）における資産ストックの実質的な変化は，資産ストックの残高に比べればごく僅かであることが普通である。ただし，資産バブルが発生するときなどには，資産ストックの名目的価値が大きく変化する。

以下では，資産市場における民間の取引主体としては，銀行（商業銀行），家計（資産保有家計），企業を考慮に入れる。単純化のために，それぞれ以下のような活動を行うとする。銀行は，信用供与を行うが，自らも貨幣を借り入れる。家計は，純資産をどんな形態で投資するかについて選択を行う。企業は，生産的資産のみを保有するものとし，そのために信用によって資金調達する。以下では，これら以外に，公的な経済主体である中央銀行を考慮に入れる。中央銀行は金融政策を実施することによって，資産市場に重要な影響を与える。

資産市場の考察には，本章（第3章）から第5章までを当てている。既に説明したように（2.1），資産市場は市場階層の最上位に位置し，資産市場と財市場の連結点となるのは投資需要である。第3〜5章の主要な考察課題は，総投資量がどのように決定されるかである。本章では，予備的な説明を行った後，中央銀行と銀行の間の信用関係について説明し，最後に，家計を考慮しないときの銀行の信用供給行動を考察する。続く第4章では，家計を考慮に入れた上で，総信用供給関数を導出する。第5章では，総信用需要関数を導出し，第4章で提示された総信用供給関数と組み合わせることによって，信用市場の均衡を導き，その性質を明らかにする。

なお，第3〜5章では物価水準の安定が仮定される。物価水準の変化は，第6章においてインフレ・デフレの考察を行う際に考慮に入れられる。また，第3〜10章では，政府と外国を考慮に入れないものとする。政府は第11章で，外国は第12章で考慮される。

3.2 中央銀行・貨幣・流動性

(1) 中央銀行と貨幣の創造

政府と外国を考慮に入れないとき，中央銀行のバランスシート（貸借対照表）を単純な形で示したものが表3.1である。中央銀行は，自らが発行する貨幣を用いて，銀行に対する貸出しを行う。よって，中央銀行のバランスシートには，資産方に対銀行債権が，負債方に中央銀行貨幣量が記される。**中央銀行貨幣**は，(1)民間部門が保有する中央銀行券（以下，**銀行券**）と，(2)銀行が中央銀行に保有する要求払い預金（以下，**中央銀行預け金**）からなる。中央銀行預け金のうちの一定部分は，銀行が中央銀行に保有しなければならない法定の最低準備である。

ここでは，もっぱら中央銀行と銀行の間の信用関係に基づいて中央銀行貨幣が発生するものとする。銀行側から信用需要があるときに，中央銀行は信用供給を行う。信用供給者としての中央銀行は，資産市場（貨幣市場）への参加者であるが，中央銀行は自らの貨幣によって信用を供給する点において，民間主

表 3.1 中央銀行のバランスシート

中央銀行
○対銀行債権	○銀行券
	○対銀行債務

体とは異なる。つまり，銀行の信用需要に応えて中央銀行が信用供給を行うときには，中央銀行貨幣が創造される。以下では，中央銀行貨幣の発行量を**貨幣量**と呼ぶことにする。中央銀行の債権ストックが増加（減少）するとき，それに対応して貨幣量が増加（減少）する。

中央銀行は，国家保証による貨幣創造の独占権をもつ。現代の貨幣経済においては，中央銀行が中央銀行貨幣を創造する能力は，形式的には無限である。歴史上は，必ずしも常に中央銀行がそのような無限の能力をもってきたわけではない。例えば，第1次世界大戦までは，多くの国で金本位制がとられ，中央銀行が保有する金の量に対して一定割合の貨幣創造しか認められなかった。このような金カバーの規則がなくなって初めて，中央銀行は裁量によって貨幣を発行できるようになった。もちろん，インフレ過程が進行する場合のように，現実には，中央銀行の行動には制約が課されている（10.1参照）。

(2) 貨幣と流動性

貨幣量よりも包括的なカテゴリーに**通貨集計量**がある。通貨集計量は，高い流動性をもつ資産種類からなっている。**流動性**とは，支払手段貨幣を入手する資産の能力であり（前節参照），**流動性の度合い**は，資産の種類によって異なる。速やかに支払手段を入手できる資産は流動性が高く，支払手段の入手に時間がかかる資産は流動性が低い。安定した貨幣システムの下では，中央銀行貨幣は流動性が最高の資産であるが，それに比べて，例えば土地は低い度合いの流動性しかもたない。国民経済においては，流動性の異なる様々な資産種類が保有されている。

通貨集計量は，種々の集計量を流動性の高いものから順に並べておき，そのどこで線引きするかによって，様々に定義される。国によって様々な通貨の集計量が定義されているが，日本における定義は表3.2の通りである（詳しくは，滝川［2004］第7章参照）。日本では，預け入れ期間に定めがあるかないかで預

表 3.2　種々の通貨集計量

```
現金流通残高＋流動性預金 ………… M1 ┐
                                    ├ M2 ┐
定期性預金 ……………………………………     │
                                         ├ M2＋CD ┐
CD …………………………………………………………         │         │
                                                  ├ M3＋CD
郵便貯金＋農漁協・信用組合・労働金庫の預貯金＋金銭信託・貸付信託 ┘
```

金が大別され，預け入れ期間に定めがないのが流動性預金，定め（1ヵ月から10年まで様々）があるのが定期性預金と呼ばれている。**M1**と呼ばれる最も狭義の集計量は，民間部門が保有する銀行券（**現金通貨**）と流動性預金からなる。預貯金には元本保証があり，それに加えて流動性預金はいつでも自由に預け入れ・払い戻しができるので，流動性が極めて高い。ただし，流動性預金の中でも払い戻しの期間や支払い機能の有無などで流動性の度合いには差がある。流動性預金の中でも普通預金・当座預金は，支払い当事者間での合意を前提としてであるが，現金通貨と同じく支払手段の機能を果たし，**預金通貨**と呼ばれる。すなわち普通預金は，家計によるクレジットカードや公共料金の支払いに，当座預金は，企業による小切手や手形の支払いに用いられる。M1に定期性預金を加えたものが**M2**である。定期性預金は，取引現金としてではなく価値の保蔵を目的として保有され，原則として満期前に解約することはできないが，中途解約は可能であるし（その場合，中途解約利率が適用される），総合口座における自動融資の担保として用いることができる。このため，金融政策に際しては，M2や，さらにこれに譲渡性預金証書（CD）を加えた「M2＋CD」が**貨幣供給量**（マネーサプライ）の指標としてよく用いられる。CDは，中途解約や発行機関による買い取りはできないものの，第三者への譲渡が可能である。流通市場（CD市場）が発達しており，預け入れ期間中に資金が必要になれば，売却が可能である。

　通貨集計量を構成する資産の中で，貨幣（ここでは現金通貨）は際立った特殊性をもっている。第1に，貨幣量は通貨集計量よりも定義が明確である。第2に，貨幣は**法定支払手段**として機能する。法定支払手段とは，販売者・債権

表3.3 銀行・企業・家計のバランスシート

銀行

○対企業債権	○対中央銀行債務
○貨幣	○対家計債務
○対中央銀行債権	

企業

○生産資本	○対銀行債務
	○対家計債務

家計

○対企業債権	○純資産
○預金債権	
○貨幣	
○有形資産	

者・政府等が必ず受領しなければならない支払い義務履行の手段のことである。これに対して，例えば預金通貨は受領を強制することができない。第3に，通貨集計量を構成する資産の中で，貨幣は最も高い資産保全性をもつ。例えば，流動性預金は銀行破綻時に減価する可能性がある。経済諸主体は，貨幣を含む諸資産に関して，それぞれの特性を考慮して保有の選択を行う。例えば，支払いの利便性に関して現金通貨よりも預金通貨の方が高く評価される場合，またその逆の場合がある。あるいは，支払い取引の利便性と利子取得の可能性を勘案しながら，定期性預金の保有割合が決定される。

(3) 銀行・企業・家計

銀行・企業・家計の3部門のバランスシートを単純な形で示したものが表3.3である。

銀行も，企業と同様に，資産を保有するために借入れを行う。ただし，企業の資産が生産資本であるのに対して，銀行の資産は信用（貸出し）債権である。銀行は，貸出しのために貨幣を借り入れるので，債権者でもあり債務者でもある。信用を供与する経済主体が自らも借入れを行うことは，**リファイナンス**（再融資）と呼ばれる。銀行部門のリファイナンス源泉には，家計の預金と，中央銀行の信用供与とがある。バランスシートの資産方では，銀行は企業に対する債権をもつとともに，予備現金（いわゆる流動性在庫）として中央銀行貨幣も

保有しなければならない。これは，銀行が**期間変換**の機能を担っていることによる。すなわち，銀行は，公衆からの預金という形で短期の資金を集め，これに基づいて，企業が必要とする長期の資金を貸し出すという役割を果たしている。期間変換を行う銀行のバランスシートは**短期借り長期貸し**の構造をもつので，貸出金の回収による貨幣の流入フローが預金払い戻しによる貨幣の流出フローを下回る可能性が生じる。このことにより預金払い戻しができない恐れが銀行の**流動性リスク**であり，流動性リスクを回避するために，予備現金として中央銀行貨幣を保有することが必要となる。

企業のバランスシートには，資産方に生産資本が記されている。バランスシート上の生産資本は，生産資本の評価ストックである。負債方には，生産資本のための資金調達が記されている。以下の説明においては，企業は生産資本をもっぱら他人資本（借入れ）によって調達するものとし，また企業は債券も貨幣ももたないものとする。

家計のバランスシートにおいては，資産方に，対企業債権，銀行預金，有形資産，貨幣が記される。対企業債権＋預金＋貨幣は家計の**貨幣資産**を構成している。**有形資産**は，住宅・土地，あるいは家計が資産保全のために保有する貴金属等からなる。ただし，資産市場を分析するときには，家庭電化製品のような耐久消費財は有形資産に含めない。これは，耐久消費財は資産保全のためにではなく，消費のために購入・使用されるからである。他方，家計バランスシートの負債方には「純資産」と記されているが，これは資産項目に対する会計上の対照項目である。個々の家計は債務を負うことがあるが，家計部門としてはむしろ，部門全体の債権と債務を相殺した結果として純債権者になるのが普通である。以下では，個々の家計の債務は無視することとする。

(4) 利子率と利潤率

企業の行動については第5章で詳しく説明するが，貨幣的希少性（2.2参照）の下での企業の行動の特色について，ここで簡単に説明しておきたい。

企業における売上げと費用の差を**利潤**と言い，企業は実現された利潤から債権者に利子を支払わなければならない。利潤から利子を引いた残りの金額が**企業者利得**である。企業は企業者利得を得るために，利潤を最大化しようとする。

国民経済のレベルにおいては，ある期間の国民所得から賃金総額を差し引くことによって，利潤総額が求められる（1.2参照）。いま利子総額をR，利潤総額をQで表すとき，R＜Qであれば企業者利得が，R＞Qであれば企業者損失が発生している。企業が生産資本の全額を他人資本の形態で調達するという想定の下で，このような利得（損失）の存在は，利子率を上回る（下回る）生産資本の収益率をもたらす。ここで利子率とは借入金に対する利子の比率，生産資本の収益率とは生産資本の価値に対する利潤の比率であり，また生産資本の価値は借入金の金額で表される（全額借入れを想定）から，利潤が利子を上回れば（下回れば），当然にも生産資本の収益率は利子率を上回る（下回る）ことになる。この状況は，正（負）の純投資が誘発されるという意味において，経済の不均衡を表現していると言える。この不均衡は，純投資による生産資本ストックの増加（減少）とともに生産資本の期待収益率が低下（上昇）することによって解消する（5.1参照）。

こうしてもたらされる均衡においては利潤率と利子率が一致し，したがってまた利潤総額と利子総額が一致し，利得および損失はゼロになる。このとき企業は，すべての利潤を利子の形態で資金提供者に手渡さなければならず，企業の担い手としての企業家はもっぱら**企業者賃金**を獲得するにとどまることになる。しかし，不均衡の均衡化という運動にもかかわらず，常に企業家は，たとえ一時的なものであれ利得機会を追い求める。

3.3 中央銀行の行動が信用供給に及ぼす影響

(1) 貨幣経済を構成する資産市場

企業の投資にとって重要な長期の金利（以下，「利子率」の代わりに「金利」の語を用いる）を決定し，また対企業の総信用供給を決定するのは，直接には，企業と銀行・家計との間の**信用市場**である。しかし，信用市場における決定に対しては，以下の諸市場が重要な影響を及ぼす。

貨幣市場は，銀行が中央銀行貨幣を入手する市場である。これは，個別銀行同士の，そして全銀行と中央銀行との間の信用市場である。つまり貨幣市場に

表3.3 修正された中央銀行のバランスシート

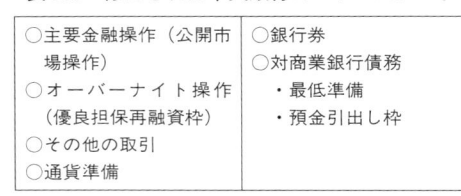

○主要金融操作（公開市場操作） ○オーバーナイト操作（優良担保再融資枠） ○その他の取引 ○通貨準備	○銀行券 ○対商業銀行債務 ・最低準備 ・預金引出し枠

おいては，中央銀行貨幣を需要する銀行に対して，中央銀行貨幣を過剰にもつ銀行または中央銀行が貸付けを行う。中央銀行は，市場の流動性および貨幣市場金利を管理しており，貨幣市場における支配的な参加者である。なお貨幣市場における信用は，満期が非常に短期であるという特色がある。**預金市場**は，銀行と家計との間の信用市場である（ここでは短期の市場とする）。銀行が期間変換（前節参照）を行う結果として，家計は（対企業）長期信用の供与と短期の預金保有との間で選択を行える。なお，以下では，単純化のために，生産資本の耐用期間は，銀行および家計による対企業信用の満期と等しいものとする。

本章の以下では，まず本節で，中央銀行の行動が総信用供給に及ぼす影響を説明した後，次節で，貨幣市場でもっぱら資金調達する銀行の信用供給行動を考察していく。したがって本章では預金市場は無視される。

(2) 金融政策の諸手段

中央銀行は銀行との相互作用を通じて，総信用供給に影響を与える。本節(3)で説明する危機時の場合を除いては，中央銀行の行動は金融政策の実施という形態をとる。そこでまず金融政策の諸手段について説明しておきたい。表3.1を修正した表3.3には，中央銀行貨幣の種々の発生原因が，中央銀行のバランスシートにおける資産項目として明示されている。資産方の項目で増加（減少）があれば，負債方で中央銀行貨幣量が増加（減少）する。

公開市場操作：現代の中央銀行が行う金融政策において，中心となる手法は**公開市場操作**である。これは，操作対象となる有価証券の種類（優良手形や国債等）を決めておき，中央銀行がそれを金融機関（ここでは銀行のみを考える）との間で売買することによって，中央銀行貨幣の供給を調節するものである。中央銀行が証券を買い上げる取引を**買いオペ**，売却する取引を**売りオペ**と呼ぶ。

【コラム1】 金利調節の2つの方法

金利調節を実施する仕方には，以下の2種類がある。

オランダ方式：この方式においては，一様な金利に従って貨幣の配分がなされる。例えば，証券の買い上げに際して，買い上げ量が計画された買い上げ量と一致するときの最低金利が，すべての銀行に対して適用される。

アメリカ方式：最高金利での貨幣配分をまず実行した上で，次高の金利での貨幣配分を次々に実行していき，最終的に目標貨幣量の配分が実現される。

単なる証券の売買（買い切りまたは売り切り）による公開市場操作は，中央銀行にとって必ずしも有利な取引とは言えない。例えば，買いオペ（証券購入）によって貨幣が創造されるとき，いつ貨幣が償却（破壊）されるのかは確定していない。また，中央銀行は後で証券を売り戻すが，売り戻し時点における証券の価格（相場）は現時点では未知であるし，売却が可能かどうかは民間の買い手の選択にかかっている。このような難点を避けるために用いられるようになった手法が，**有価証券レポ取引**（現先取引）である。これは例えば，銀行が証券を決められた期間の後に決められた価格で買い戻すことを約束した上で，中央銀行が証券を購入するという取引（買い戻し条件付き取引；逆の場合は売り戻し条件付き取引）である。このときの買い値と売り値との差によって，中央銀行が要求するレポ金利が提示される。

主要金融操作：公開市場操作において特に重要なのが，**主要金融操作**（主要調節）である。大部分の貨幣（中央銀行貨幣）はこれを通じて発行され，金融政策の方向性のシグナルとなる指導金利はこれによって決定される。実施の仕方には2つの方法がある。第1の方法は**数量調節**である。中央銀行が貨幣入手のための金利を伝達し，銀行はその金利で所望（入手希望）する貨幣量を伝達する。銀行の所望貨幣量が中央銀行の目標割当て額を上回る場合には，銀行の要求は割当て額だけが満たされる。第2の方法は**金利調節**である（コラム1参照）。金利調節の場合，銀行は，所望貨幣量だけでなく，貨幣を取り入れる際に支払う用意のある金利も伝達する。高い金利を申し出た銀行に対して，優先的に貨幣が配分される。中央銀行の側は，受け入れ可能な最低の金利を決定し，これが指導金利として機能する。以上の主要金融操作は数週間の期間にわたる

取引であり，この他に規模は劣るが，より長い期間（数ヵ月）にわたる金融操作も存在する。

　常設ファシリティ：銀行から要求がある場合には，通常の方法のほかに，中央銀行貨幣を供給する補完的な方法が用いられる。この仕組みが**常設ファシリティ**（融資枠または預金枠）であり，**優良担保再融資ファシリティ**と**預金ファシリティ**がある。まず前者の例として，日本で2001年3月に開始された「ロンバード型貸出制度」という補完貸付制度がある。この制度では，銀行は，優良な担保さえあれば無制限に中央銀行から短期的に貨幣を借り入れることができる。このときの金利が**公定歩合**であるが，従来の公定歩合による貸出しが貨幣需要の内容によって貸出額を調整していた（窓口指導）のに対して，ロンバード型貸出制度では，貨幣需要の内容を問わず日本銀行が受動的に貸し応じる。公定歩合は，貨幣市場の金利上限を画する機能をもつ。これは，貨幣市場で流動性が逼迫したときに，優良な証券を保有する銀行が他の銀行から，公定歩合を上回る利子を払ってまでも借り入れようとはしないことによる。次に預金ファシリティとは，銀行が翌営業日までにとどめ置く過剰な流動性に対して利子が支払われる制度であり，欧州中央銀行（ECB）の下で行われている。この制度においてECBが決める預金金利は，貨幣市場金利の下限を画する。夕方に過剰な流動性をもつ銀行は，流動性在庫が不足している他の銀行に貨幣を貸し出すか，ECBに一晩だけ貨幣を置いておくかを選択する。このとき，貨幣を貸し出そうとする銀行は，ECBが支払う金利よりも低い金利を受け入れることはないと考えられる。以上のように，常設ファシリティにおいては，中央銀行は，貨幣市場の金利に限界を与える機能をもつ諸金利を変更することによって，中央銀行貨幣の供給を調節する。

　最低準備率政策：銀行は，公衆の預金預け入れの一定割合（％）を中央銀行に預けるよう強制される。中央銀行がこの最低準備率を引き上げる（引き下げる）とき，銀行システムにおける流動性は削減される（増加する）。そうなると，銀行は公開市場取引への依存を強める（弱める）ようになる。実際に最低準備率を満たす方法は，銀行が，その月の預金の平均残高に最低準備率をかけた金額（所要準備額）を，積み期間（日本では，当該月の16日から翌月の15日まで）を通じての平均で満たしていればよい，というものである。よって銀行は，一時

的に流動性が不足したときには，中央銀行預け金を最低準備以下にすることができる。この仕組みのおかげで銀行はまた，優良担保再融資ファシリティの利用頻度を抑えることができる。例えば，積み期間の第1週には銀行は準備の積み上げを意図的に減速させる。これは，期末に中央銀行が十分な流動性を供与するだろうことを銀行が確信しているからである。銀行は中央銀行による貨幣創造を事実上強制することができる。

(3) 流動性の保証者および最後の貸し手としての中央銀行

貨幣市場は，中央銀行貨幣が取引される市場であり，よって個々の銀行にとっては流動性のための市場であると言える。貨幣市場の参加者である中央銀行は，中央銀行貨幣創造の独占権をもつ半面で，銀行が必要とする流動性を供給する義務を負っている。このことは，中央銀行が中央銀行貨幣の創造に対して任意に数量的な制約を課すことができないことを意味する。例えば公開市場操作に際して，中央銀行は買い上げ対象となる証券を特定する権限をもつので，貨幣の希少性を高めることを目的として，この権限を行使し，創造される中央銀行貨幣の数量に制約を課すことが可能である。しかしこの可能性は，あくまで銀行の流動性不足が発生しない限りでのことにすぎない。中央銀行貨幣の創造に数量的な制約を課す結果として銀行の流動性不足が発生するようであれば，そのような中央銀行の行動は，**流動性の保証者**としての義務に反することになる。流動性需要が具体的にどれだけの大きさかは，経済過程によって内生的に（つまり民間サイドの事情によって）決まってくる。したがって，銀行の流動性要求が中央銀行の予想を上回る局面もあれば，逆に銀行の流動性要求が中央銀行の予想を下回る局面もある。

流動性の保証者としての中央銀行の機能が特に重要になるのは，危機状況においてである。19世紀前半のイギリスで観察された典型的な経済恐慌においては，危機は以下のようにして広がっていった。まず個別の企業（債務者）が支払い困難に陥ると，その債権者もまた危機に引きずり込まれ，第三者への債務を返済できなくなる。こうして信用の連鎖に沿って，流動性問題による企業の連鎖倒産が起きた。次に流動性危機は企業部門から銀行部門へ波及した。つまり銀行の支払い能力に対する預金者の信頼が動揺し，大量の預金引出しがな

【コラム2】 貨幣供給の外生説と内生説

　マネーサプライの決定に関する相対立する学説として，内生説と外生説がある。ここでの「内」と「外」とは，民間部面の内と外の意味である。市場参加者でありながらも公的当局として金融政策を実行する中央銀行は，「外」に位置する。そのことから，中央銀行が随意にマネーサプライを決定できるとする見解は，**外生説**と呼ばれる。それに対して，中央銀行にはマネーサプライを決定するそのような能力はなく，むしろ民間主導でマネーサプライは決定されるとする見解が**内生説**である。

　外生説においては，ヘリコプター・マネーの想定が持ち出される（中央銀行がヘリコプターから管轄域に貨幣をばらまいたことを仮定して議論を進める）ことに示されるように，貨幣供給過程に関する説明がかなり単純である。そのため，銀行システムを通じた貨幣供給過程のダイナミックな特性を重視する論者にとっては，このような議論は勘所を押さえていないことになる。銀行システムの下では，企業の信用需要なしにはマネーサプライは形成されないし，また銀行の準備需要なしには中央銀行貨幣は創造されない。特に景気拡張期には，マネーサプライは民間主導で拡大していく。現代の市場システムの下では，やはり貨幣供給は基本的に内生的な性格をもつ。ただし，インフレ過程が進み貨幣の受領性低下が懸念される「異常な時期」となると話は別

され（預金取り付け），銀行も窓口閉鎖に追い込まれた。こうして銀行システムの機能が麻痺すると，企業の流動性問題はますます悪化した。このように両部門の危機が相互に強め合う悪循環が，貨幣経済の調和を破壊した。

　このような問題を避けるためには，中央銀行が**最後の貸し手**（LLR；lender of last resort）としての機能を果たすことが要求される。中央銀行は，（自国通貨に関する限り）支払い不能になることがなく，随意に流動性を創出することができる唯一の経済単位である。中央銀行はこのような権限を利用して，経済の不安定化に歯止めをかけるべく，銀行に対して「割引窓口」を開く措置をとる。これにより銀行は，貨幣市場でいつでも中央銀行貨幣を調達できるので，預金の大量引出しに対処することができる。こうして上記の悪循環を断つことが可能になる。注意すべきは，このとき追求されているのが，個別銀行・個別企業を支援することではなく，貨幣経済（としての市場システム）の機能条件を保証することだということである。

である．中央銀行が断固とした金融引締め政策を実施すれば，確実にマネーサプライは収縮し，インフレは鎮圧されていく．少なくともこの局面では外生説が妥当するように見えるし，中央銀行もこの局面では外生説的な言説を正統化の後ろ盾として利用することがある．

　このように考えていくと，貨幣供給過程の説明に関しては内生説が優れていて外生説は取るに足らないということになるが，現実の金融政策を支える正統化の教義としては外生説と内生説のどちらかに軍配を上げることはできない．本書全体の流れの中で押さえておきたいのはむしろ，外生説と内生説の対立の背後にある経済学パラダイムの相違である．本書では一貫して内生説の立場をとっているが，これは，経済の制約条件として生産過程への貨幣前貸しを重視する貨幣経済アプローチをとっているためである．信用市場において「外」からのでなく「内」からのイニシアチブ（発意）で貸付‐返済の手段としての貨幣が供給されるという論点は，景気循環やインフレの問題を説明する上で重要になる．これに対して，経済の制約条件として実物的生産要素を重視する交換経済アプローチからは，外生説が成り立つことが望ましい．既にある資源を効率的に配分するという市場の機能を確保するには，ヘリコプター・マネーのように，外生的で中立的な貨幣供給がなされるべきだからである．

(4)　中央銀行の能力限界

　中央銀行は，中央銀行貨幣発行の独占権をもち，諸種の金融政策手段を行使できるが，その能力には以下のような限界がある．

　第1に，貨幣創造に関する中央銀行の決定能力には限界がある．中央銀行は，民間経済で利用される貨幣量（中央銀行貨幣量）を外生的に決定することはできない．つまり，貨幣創造の過程とは，外生的に与えられた貨幣量がまずあって，それを中央銀行が毎年ヘリコプターで管轄域にばらまき，ばらまかれた貨幣を国民が蓄積・保有する，というものではない．実際にはむしろ，中央銀行は**リファイナンス金利**を外生的に決定するだけであり，所与のリファイナンス金利の下でどれだけの貨幣量が創造されるかということは，銀行や企業がどのような選択を行うかにかかっている．つまり中央銀行は，市場参加者の意思に逆らって貨幣量を増やすことはできない．例えば，リファイナンス金利の引下げに

よって景気を刺激しようとしても，市場の流動性需要が増加するとは限らない。逆に流動性が逼迫するとき，銀行は否応なく中央銀行からのリファイナンスを利用しなければならない。このような意味において，中央銀行は市場外で行動する機関ではなく，市場の参加者である。貨幣創造に対して，中央銀行はリファイナンス金利の変更を通じて「間接的に」影響を及ぼしうるにすぎない。

第2に，中央銀行は貨幣供給（預金通貨＋現金通貨）の量すなわちマネーサプライを直接に管理できるわけではない。中央銀行は銀行のリファイナンス費用を決定することはできても，銀行による信用創造に対しては直接的な管理権限をもたない。マネーサプライの変化は，直接には，銀行と企業との間の相互作用によって決定され，またそのときの銀行の行動は中央銀行と銀行との間の相互作用によって条件づけられる。マネーサプライの決定は，中央銀行・銀行・企業が同時に影響を及ぼす複雑な過程であり，中央銀行はリファイナンス条件の決定によって間接的にのみマネーサプライに影響を及ぼしうるにすぎない。このように公的機関である中央銀行が随意にマネーサプライを決定することができず，マネーサプライの供給過程は民間主導であるとする見方は，**内生的貨幣供給説**と呼ばれている（コラム2参照）。

次節の説明では，金融政策手段の多様性を無視し，中央銀行の行動については次のように単純化して考える。すなわち，中央銀行は銀行のリファイナンス金利を決定し，これに基づいて銀行が中央銀行借入れの水準を決定するものとする。つまり中央銀行は，既定の金利の下で，銀行が所望する額のリファイナンスに応じるものとする。貨幣市場の金利はリファイナンス金利に連動するから，リファイナンス金利のコントロールは，そのまま貨幣市場金利のコントロールでもある（以下では両金利の水準は等しいものと想定する）。

3.4 貨幣市場で資金調達するときの銀行の信用供給

(1) 不確実性プレミアム

本節では預金市場を捨象し，銀行のリファイナンス源泉はもっぱら貨幣市場であると想定する。貨幣市場金利と銀行の貸出金利との間には，格差（利鞘）

が存在しなければならない。この金利差によって，第1に，銀行営業の費用（建物・賃金等）をカバーし，第2に，**不確実性プレミアム**（2.2参照）を獲得しなければならないからである。ここで関心を寄せるのは後者の側面である。貸出し貨幣の返済は銀行にとって確実ではない。不確実性プレミアムが表すのは，返済可能性に関して銀行が主観的に形成する期待である。

不確実性プレミアムは，その都度の経済状況の下で主観的期待の変化を反映して（時には急激に）上下する。概して不確実性プレミアムは，安定した経済発展の局面よりも，経済発展の不確実性が強まる局面においていっそう高くなる。なお，既に触れたように，銀行が対企業信用に際して織り込む不確実性プレミアムは，個別的な金利の上乗せ（考慮されるのは個別の借り手の個別的状況）ではなく，一般的な率（考慮されるのは，景気・政策その他の歴史的与件）である。個々の借り手に対して異なる金利をもたらす個別的なリスク評価は，ここでは単純化のために捨象される。

(2) 個別銀行の信用供給関数

不確実性プレミアムは，短期金利（ここでは貨幣市場金利）と長期金利（ここでは貸出金利）の差をもたらすものと解釈される。不確実性プレミアムが高いことは，企業に長期信用を供与する性向が小さいことの表現である。個別の銀行が行う選択を定式化してみよう。銀行 b（b番目の銀行）にとっての個別的リファイナンス金利を i_{Mb}，個別的不確実性プレミアム（単純化のために銀行営業の費用と銀行利潤を含める）を u_b，銀行 b の貸出金利を i_b とすると：

$$i_b = i_{Mb} + u_b \tag{3.1}$$

個別銀行のリファイナンス関数（REF_{Mb}）と**個別銀行の信用供給関数**（L_{Sb}）を図示したものが，図3.1である。銀行 b のリファイナンス関数は，最初のうち中央銀行のリファイナンス金利（i_{CB}^1）のところで水平である。これは，中央銀行が外生的に決定したリファイナンス金利において，銀行がリファイナンスしているためである。個別銀行は，この金利で無制限に中央銀行からリファイナンスすることはできない。なぜなら，個々の銀行が保有する有価証券ストックの量によって中央銀行からのリファイナンス額は制限されるからで

図 3.1 個別銀行のリファイナンスおよび信用供給関数
（貨幣市場のみでリファイナンスするケース）

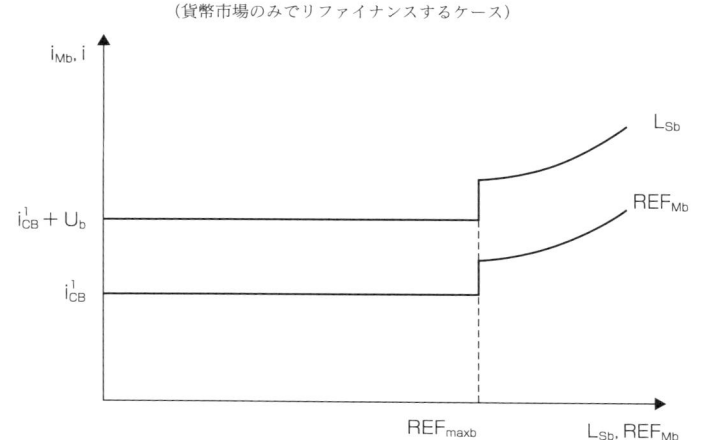

ある。保有証券の量によって決まる最大限のリファイナンスは REF_{maxb} で与えられる。リファイナンス関数は，この点までは横軸に平行である。ただし，個々の銀行はリファイナンス可能証券のストックを大量に保有するのが普通であり，そのためなかなか限界には突き当たらない。

　銀行間の貨幣市場が存在するとき，銀行は，中央銀行からの資金調達可能性を超えて，他銀行からもリファイナンスを行うことができる。銀行は他銀行への貸出しからも利鞘を稼ごうとするが，銀行が他銀行に供与する信用は，中央銀行信用よりも高価なものとなる。図 3.1 ではこのことは，リファイナンス量が REF_{maxb} に至ったところで，銀行のリファイナンス関数がジャンプすることによって表されている。この点を超えるリファイナンスはリスクをともなうものと見なされ，貨幣市場金利は上昇するものと考えられる。他銀行からの個別的な金利上乗せを Δi_{Mb} とするとき，貨幣市場における銀行のリファイナンス関数（h_1）を，次のように記すことができる：

$$REF_{Mb} = h_1(i_{CB}, REF_{maxb}, \Delta i_{Mb}) \qquad (3.2)$$

　次に，リファイナンス関数に不確実性プレミアム（u_b）を加えることにより，個別的な信用供給関数 L_{Sb} を得ることができる。単純化のために不確実性プレ

ミアムは信用量に左右されないとすると、個別銀行の信用供給関数は、不確実性プレミアムの分だけリファイナンス関数を上方に移動させたものとなる。式で表すと次のようになる。すなわち、貨幣市場の影響（i_{CB}，REF_{maxb}，Δi_{Mb}）と不確実性プレミアムを決定する個別銀行の主観的期待（Θ_b）をパラメータにもち、貸出金利（i_b）を独立変数とする関数：

$$L_{Sb} = f_1(i_b) \quad \{パラメータ：i_{CB}, REF_{maxb}, \Delta i_{Mb}, \Theta_b\} \quad (3.3)$$

によって、個別銀行の信用供給関数は記される。

パラメータの変化による関数の形の変化は、次の通りである。中央銀行のリファイナンス金利が上昇するとき、または不確実性が強まるとき、信用供給関数は上方にシフトする。リファイナンス条件が緩和されるときには、関数の水平部分が長くなる。個別銀行間で支払われる貨幣市場金利が上昇するときには、関数の右上がり部分の傾きが大きくなる。

(3) 銀行の総信用供給関数

銀行（個別銀行）によって不確実性プレミアムの評価は異なり、したがってまた同じ信用供給量において要求する利鞘も異なる。最初に、要求利鞘が最も小さい銀行だけが信用供給を行うとしよう。一定の信用量を超えると、リファイナンス費用の増加によって、この銀行の要求貸出金利は上昇するだろう。これにより、次に、要求利鞘が2番目に小さい銀行がビジネスに加わることができるようになる。以下同様にして次々に個別の銀行が登場するものと考えていくことによって、総信用供給関数に表される銀行部門の行動を考えることができるだろう。**銀行の総信用供給関数**（L_{SB}）は、個別的信用供給関数を足し合わせた形、つまり貸出金利とともに増加する関数となる（図3.2）。諸銀行の間での利鞘の格差が僅かであるとすれば、信用量がかなり増加するまで、関数はほぼ水平であるだろう。

預金を考慮しないときの銀行の総信用供給関数は、中央銀行のリファイナンス金利（i_{CB}）と経済事象に関する銀行部門の主観的評価（Θ_B）をパラメータ、貸出金利（i）を独立変数とする関数：

図3.2 銀行の総信用供給関数 (貨幣市場のみでリファイナンスするケース)

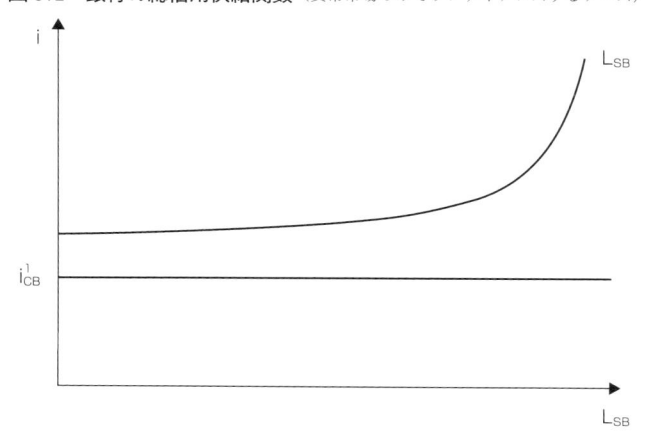

[図：縦軸 i、横軸 L_{SB}。水平線 i_{CB}^1 と右上がりに急上昇する曲線 L_{SB} が描かれている]

$$L_{SB} = f_2(i) \quad \{パラメータ：i_{CB}, \Theta_B\} \tag{3.4}$$

として記される。個別銀行の信用供給関数 (3.3式) と比べてパラメータが減っているのは、次の理由による。まず、個別的な金利上乗せは、他の銀行の不確実性プレミアムに還元され、したがって銀行部門の主観的評価 (Θ_B) に解消されている。なお、ここでの Θ_B は集計変数ではなく、すべての銀行の個別的評価の寄せ集め (束) である。次に、最大リファイナンス量 (REF_{maxb}) が無視される理由は以下の通りである。①全体としての銀行部門は、リファイナンス可能な有価証券ストックを通常は大量にもつので、有価証券のストックが中央銀行からのリファイナンスの限界にはなることはない。②中央銀行は、LLR機能を通じて銀行システムに常に十分に中央銀行貨幣を供給する。

パラメータの変化による関数の形の変化は、次の通りである。まず、不確実性水準が変化することによって、銀行の総信用供給関数がシフトする。将来への信頼が悪化 (改善) するならば、不確実性プレミアムが上昇 (低下) し、したがってまた銀行の利鞘が拡大 (縮小) する。このとき他の条件を一定とすれば、銀行の貸出金利は上昇 (低下) する。次に、中央銀行のリファイナンス金利が変化することによって、銀行の総信用供給関数がシフトする。中央銀行がリファイナンス金利を引き上げる (引き下げる) とき、他の条件を一定とすれ

ば銀行の貸出金利は上昇（低下）する。

　中央銀行が銀行のリファイナンス費用を決定するが，それでもなお銀行の行動は「市場的」である。これは不確実性プレミアムの存在による。例えば，中央銀行のリファイナンス金利が低下しても，その効果は不確実性プレミアムの上昇によって打ち消されるかもしれない。この場合，中央銀行‐銀行間の貨幣市場における金利低下は，銀行‐企業間の信用市場へと波及しない。また，不確実性プレミアムは，銀行の最低貸出金利に必ず織り込まれる。よってリファイナンス金利がゼロのときでも，銀行の貸出金利はゼロにはならない。貸出金利がゼロであるためには，銀行営業の全費用と銀行の不確実性がすべて除去されること，そして銀行部門で投下される資本の価値増殖が完全に断念されることが必要である（金利の体制的意義）。

4 家計・銀行の信用供給

　この章では，まず家計の行動を考察することによって家計の総信用供給関数を導き出し（4.1），次に預金市場を考慮に入れたときの銀行の総信用供給関数を導き出す（4.2）。最後の部分で，前章からの考察のまとめとして，最終的な総信用供給関数を提示する。

4.1　家計の資産行動

(1)　不確実性と収益

　個別家計（h番目の家計）が保有する資産の種類は，対企業信用（L_{Sh}），銀行預金（G_h），有形資産（TV_h），貨幣（M_h）であるとする（表3.3参照）。家計の純資産（NV_h）はこれらのどれかで運用されるので，以下の式が成り立つ：

$$NV_h = L_{Sh} + G_h + TV_h + M_h \tag{4.1}$$

　家計は，自らの**ポートフォリオ**（保有資産のことであり，通常は複数種類の資産からなる）が適切な構造になるよう選択を行う。ただし，一口に「適切な構造」と言っても，その内容は家計によって異なる。一方の極には，いわゆる「リスク選好」が強い家計があり，そのポートフォリオには，不確実性も高いが収益率も高い（ハイリスク・ハイリターンの）資産が比較的多く含まれているだろう。これに対して，他方の極には，「リスク回避的」な家計があり，そのポートフォリオには，不確実性も収益率も相対的に低い資産が多く含まれているだろう。リスク選好的な家計の優先的目的は金銭的な資産増殖，リスク回避的な家計の優先的目的は資産保全である。両極端の家計の選好の間には，不確実性の最小

化と金銭的収益の最大化についての無数の選択方法が存在している。

　上記の4種類の資産に関して言えば，貨幣保有や銀行預金は，高い確実性をもたらす代価として，価値増殖は全く行われないか僅かしか行われない。リスク回避的な家計は，資産のうち比較的多くを貨幣や預金で保有する。逆に，リスク選好的な家計は，対企業信用（社債の他に株式も含むものとする）を積極的にポートフォリオに組み入れるだろう。

　ポートフォリオの確実性を高める方法には，確実性の高い資産を組み入れること（上記）のほかに，**資産の多様化**（つまり多様な資産種類への投資分散）がある。実際，家計のポートフォリオは，1種類の資産からなるのではなく，多様な資産種類の組み合わせである。これは，家計が資産損失の蓋然性を低下させようとするためである。資産を単一種類に集中させるならば，そのコミットメントが失敗であったときに，大規模な損失が発生する。それゆえに，通常は，経済諸主体は，将来の予見不可能性から自らを守る手段として資産の多様化に努める。

　資産の多様化によってポートフォリオの確実性を高めることができるためには，以下のような条件が必要である。第1に，資産対象の不確実性が完全な正の相関をもたないことが必要である。2種類の資産AとBがあり，AとBの収益率が完全に連動し，かつAの回収不可能が必ずBの回収不可能を随伴するとしよう。このような2種類の資産を組み合わせても，多様化の効果は得られない。これに対して，完全な負の相関をもつ資産を組み合わせることは，明らかに有効である。現実に見られるのは，完全な正の相関や完全な負の相関ではなく，むしろその中間であろう。中間的な相関の場合でも，資産対象の不確実性が完全に正の相関をもつのでなければ，うまく資産種類を組み合わせることによってポートフォリオの不確実性を低下させることができる。第2に，資産の多様化が行われるためには，相対的に不確実性が高い（低い）と評価される資産の方が，相対的に高い（低い）金銭的収益をもたらすのでなければならない。さもなければ，確実性が高い資産ばかりが常に選択され，不確実性が相対的に高い資産は保有されなくなろう。例えば，家計が企業の支払い能力よりも銀行の支払い能力を高く評価している場合，対企業信用が預金預け入れと同じ規模で行われるためには，対企業信用金利が預金金利よりも高くなければならない。

第3に，極端に不確実性が高いと評価される資産は，多様化の手段とならない。そのような資産の保有割合は，金銭的価値増殖の多寡にかかわらず，極小またはゼロになるだろう。

以上のように，家計の資産選択においては，資産増殖と資産保全という二重の目的が追求される。したがって，各種資産に対する家計の評価もまた，①「当該の資産を保有することによって利子を獲得できる」ことの利益と，②「当該の資産を保有することによって，不確実性によるポートフォリオ価値への影響を低減させることができる」ことの利益とを総合してなされることになる。このうち①の利益から見ての資産の評価は，期待金利という金銭的な価値増殖率によって表される。これに対して②の利益から見ての資産の評価は，直接に金銭比率によって表されるものではない。しかし，資産保全に関する②の利益も利子率と同様に毎期獲得されるものであり，単位期間（例えば1年）当たりの価値増殖率（％）の形で評価される。このような資産保全の効率から見た当該資産の主観的評価を，以下では**非金銭的価値増殖率**と呼ぶ。家計は，資産の各種類について金銭的価値増殖率と非金銭的価値増殖率の和すなわち**総価値増殖率**を算出し，これに基づいてポートフォリオの組み替えを行う。すなわち，家計は，総価値増殖率の相対的に低い資産を手放し，その代わりに，相対的に高い資産を購入しようとする（なお，本書の「総価値増殖率」とはケインズの「自己利子率」にあたるものだが，本書では持越費用の要因は捨象されている。自己利子率の概念を重視してケインズ経済学を再構築しようとする試みとして，原［1994］参照）。

さて，他の条件を一定とすれば，ある資産種類の保有が増加するとともに，その資産種類の**限界的な非金銭的価値増殖率**は低下する。これは，資産の集中によりポートフォリオの確実性が低下するためである。また，限界的な非金銭的価値増殖率は，正または負どちらの値もとりうる。ある資産種類の保有が相対的に少ないとき，この率は正の値をとるだろう。その資産種類は資産の多様化に寄与し，ポートフォリオの確実性を高める。逆に，保有が集中している資産種類においては，限界的な非金銭的価値増殖率は負になりうる。

図 4.1　対企業信用の個別的評価

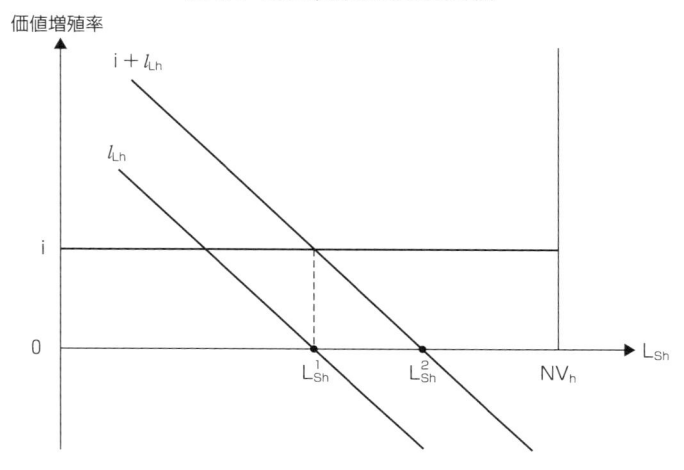

(2)　各種資産の性質

　本書では，家計ポートフォリオの構成要素として 4 種類の資産（対企業信用，預金，貨幣，有形資産）を考慮するが，その 4 種類の資産いずれもが固有の非金銭的価値増殖率をもつ。また，対企業信用と預金の 2 種類の資産に限っては，非金銭的価値増殖率の他に金銭的価値増殖率も併せもつ。本項では，家計の総信用供給関数を導き出すに当たっての予備知識として，各資産の特性について順に説明しておきたい。

　対企業信用：以下では，家計は銀行と同じ金利（ i ）で企業に信用を供与するものとする。また各家計は，対企業信用債権のストックに，主観的に評価された限界的な非金銭的価値増殖率を割り当てるものとする。家計 h における限界的な非金銭的価値増殖率（％）を $l_{\text{L.h}}$ で表す。他の条件を一定とすれば，信用債権ストックが増加するにつれてポートフォリオ全体の不確実性が高まるため，非金銭的価値増殖率（$l_{\text{L.h}}$）したがってまた総価値増殖率（$i + l_{\text{L.h}}$）は低下していく。この様子を表したものが図 4.1 である。図では，信用量が L_{Sh}^{1} のところまでは非金銭的価値増殖率は正であるが，それを超えると負になっている。その結果として，総価値増殖率は信用量 L_{Sh}^{2} のところでゼロになる。

預金：預金にも，限界的な非金銭的価値増殖率（l_{Gh}）が存在し，これも預金保有が一定点を超えると低下する。ところがそれ以外に預金は，預金金利（i_g）による金銭的価値増殖ももたらす。よって預金の総価値増殖率は $i_g + l_{Gh}$ となる。この関係を図示すれば，対企業信用の場合と同様のものになるだろう（図示は省略）。単純化のために，ここでは有利子預金のみを考慮し，無利子預金を無視する。通常，預金における非金銭的価値増殖率の水準は，対企業信用のそれよりも高いと考えられる。これは，①預金の流動性度合いは相対的に高い，②銀行は信用供与活動を専門にしているので，預金は相対的に確実性が高い，③預金保険機構などによって銀行預金には保証が付いている，などの理由による。

貨幣：貨幣は，金銭的価値増殖をもたらさないけれども，1つの資産形態として保有される。これは，貨幣の保有が，ケインズの言う**流動性プレミアム**（l_{Mh}）をもたらすからである。流動性プレミアムは，貨幣保有の利便性および確実性に関する家計の評価である（2.2参照）。まず，貨幣保有の**利便性**とは，貨幣を保有していれば，取引の支払いの際にかかる費用が少なく，欲しい財が迅速に支障なく手に入ることである（取引現金が果たすサービス機能）。次に，貨幣保有の**確実性**とは，家計のポートフォリオを貨幣にシフトさせることによりポートフォリオ全体の確実性が高まることである。

以下で流動性プレミアムを問題にするときには，利便性よりもむしろ確実性の側面の方が重視される。確実性の機能は，予備現金・保蔵現金・投機現金という諸現金によって果たされる。資産投資の不確実性が増すときには，資産の一部をより確実な資産対象で保有すれば，ポートフォリオ全体の確実性を高めることができる。貨幣は，まさにそのような確実な資産対象である。安定した銀行システムが存在している場合，上記の諸現金はしばしば銀行預金に転化されるが，そうでない場合，貨幣保有への依存が重要になる。

他の資産種類と同様，貨幣においても限界的な非金銭的価値増殖率（流動性プレミアム）は，貨幣保有の増加とともに低下していく。ただし，次の意味で貨幣は特殊な資産である。第1に，物価水準が安定している限り，貨幣保有には満足の限界が存在しない。貨幣を多く処分できることは，貨幣を少なく処分できることよりも利益がある。第2に，貨幣保有には，資産還流の不確実性が

存在しない。したがって，ポートフォリオの中で貨幣の保有割合が増えていっても，限界的な金銭的価値増殖率はゼロにはならない。

　貨幣という資産がこのような特殊な性質をもっていることから，貨幣保有の総価値増殖率（＝流動性プレミアムという非金銭的価値増殖率）は，他の種類の資産における価値増殖に最低基準を課すことになる。なぜか。まず，物価が安定している限り，貨幣の非金銭的価値増殖率は正であり，かつ諸資産の中で最高である。次に，家計が貨幣を手放して他の資産を購入しようとするのは，他の資産の総価値増殖率が貨幣のそれを上回る（または，少なくとも等しい）場合に限られる。よって，家計が各資産種類の総価値増殖率に基づくポートフォリオ選択を行っている限り，貨幣以外の保有資産の総価値増殖率がゼロになることはなく，その最低限は，正の値をとる貨幣の総価値増殖率によって画される。

　有形資産：ここでは，家計は，もっぱら確実性の要求を満足させる目的で有形資産（金・不動産・美術品等。2.2参照）を保有するものとする。インフレ過程（7.2参照）が進行するとき，債権や貨幣が減価を被るのに対して，有形資産にはそのような減価は生じない。つまり，インフレ過程の下では，有形資産は，債権や貨幣と比較して高い資産保全性を示すだろう。有形資産に関して家計が評価する非金銭的価値増殖率は，**資産保全プレミアム**（l_{Th}）と呼ばれる。インフレ過程が生じる危険が高く評価されるほど，有形資産の資産保全プレミアム水準は高くなる。また，貨幣と同様，有形資産においても資産還流の不確実性は存在しない。以上の諸性質をもつことから，有形資産は，インフレ過程の進行が予想されるときに，貨幣に代わって確実性の機能を果たすことができる。したがって，インフレ率が高いときには，有形資産への逃避が起きる。

(3)　個別家計の信用供給関数

　家計のポートフォリオが以上のような4種類の資産からなるとき，**個別家計のポートフォリオ均衡**を，以下の式によって与えることができる：

$$i + l_{Lh} = i_g + l_{Gh} = l_{Mh} = l_{Th} \tag{4.2}$$

　この式は，個別家計の主観的評価において，対企業信用の総価値増殖率（$i + l_{Lh}$），預金の総価値増殖率（$i_g + l_{Gh}$），貨幣の総価値増殖率（流動性プレミア

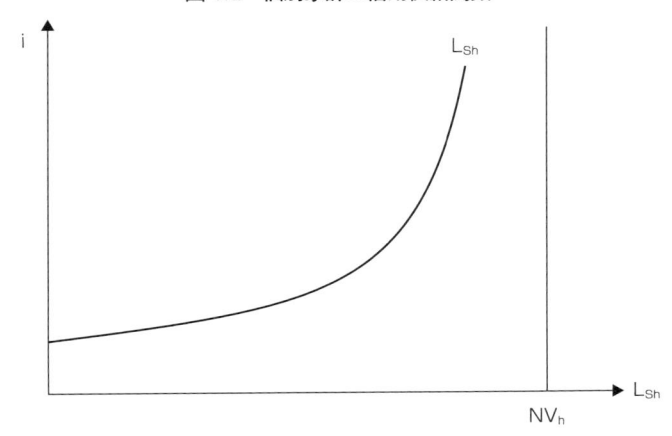

図 4.2　個別家計の信用供給関数

(縦軸: i、曲線: L_{Sh}、横軸: L_{Sh}、横軸上の点: NV_h)

ム l_{Mh} のみからなる），有形資産の総価値増殖率（資産保全プレミアム l_{Th} のみからなる）がすべて等しい値をとっている状態を表している。個々の家計は，この式が成り立つまで，つまり各資産の限界総価値増殖率が等しい値をとるまで，ポートフォリオを組み替えていく。この過程の中で，一定の主観的な評価・選好の下での，ポートフォリオの価値増殖最大化が達成されていく。

　期待が変化すると，それとともに均衡ポートフォリオは変化する。例えば，将来の経済状況に関する期待が悪化するとき，一方で，貨幣保有の魅力が増し，限界流動性プレミアムは上昇する。他方で，対企業信用の非金銭的価値増殖率はどの保有水準においても低下する（図 4.1 における l_{Lh} 線の左シフト）。こうして，対企業信用から貨幣への資産シフトが起き，ポートフォリオは大幅に組み替えられる。ケインズが強調していたように，家計のポートフォリオ行動が短期投資から長期投資へ（ここでは貨幣から対企業信用へ）と指向を転換するためには，将来期待の改善が必要である。

　均衡条件（4.2 式）から，対企業信用の金利（金銭的価値増殖率）が変化したときの家計の反応を導き出すことができる。均衡から出発して，金利（ i ）が上昇するとしよう。他の条件を一定とすれば，このとき，預金・貨幣・有形資産から対企業信用への資産シフトが起きるだろう。その結果，対企業信用のストック増加によりその非金銭的価値増殖率（ l_{Lh} ）は低下し，他の資産種類のス

トック増加により一連の非金銭的価値増殖率（l_{Gh}, l_{Mh}, l_{Th}）は上昇する。こうして，新しい均衡条件を満たすまで，ポートフォリオの組み替えがなされていく。

家計のこのような行動を考慮することにより，**個別家計の信用供給関数**を描き出すことができる（図4.2）。対企業信用供給は，ゼロより大きい金利から出発する。出発点の金利の値は，貨幣および有形資産の総価値増殖率（ゼロより大きい非金銭的価値増殖率）によって与えられる。金利が上昇するにつれて，個別家計の信用供給は増加していく。ただし，同じ額の信用供給が増加するために必要な金利上昇は徐々に急激になっていく。これは，家計のポートフォリオに占める対企業信用の割合が増えることによって，ポートフォリオ全体の不確実性が強まることによる。さらに対企業信用の割合が増え，ある水準を超えるならば，家計の信用供給は金利非弾力的になる。

個別家計の信用供給関数を式の形で，次のように表しておこう：

$$L_{Sh} = f_3(i) \quad \{パラメータ：i_g, NV_h, \Theta_h\} \qquad (4.3)$$

一連の非金銭的価値増殖率（l_{Lh}, l_{Gh}, l_{Mh}, l_{Th}）の水準と傾きは，家計の主観的評価によって決まる。よって，関数のパラメータは，預金金利（i_g），純資産の量（NV_h），家計の主観的期待（Θ_h）の3つである。預金金利が低下するか，純資産の量が増加するか，対企業信用への選好を強める期待の変化があるとき，信用供給関数は右へシフトする。

(4) 家計の総信用供給関数

個別家計の信用供給関数を集計することによって，**家計部門の総信用供給関数**（L_{SH}）を得ることができる（図4.3）。図には，最初の家計を信用供与に誘導する金利が i_{min} として記されている。

家計部門の総信用供給関数を式の形で，次のように表しておこう：

$$L_{SH} = f_4(i) \quad \{パラメータ：i_g, NV, \Theta_H\} \qquad (4.4)$$

パラメータは，預金金利（i_g），家計部門における純資産の水準および分配（NV），家計部門の非集計的な期待（Θ_H）の3つである。預金金利の低下と純

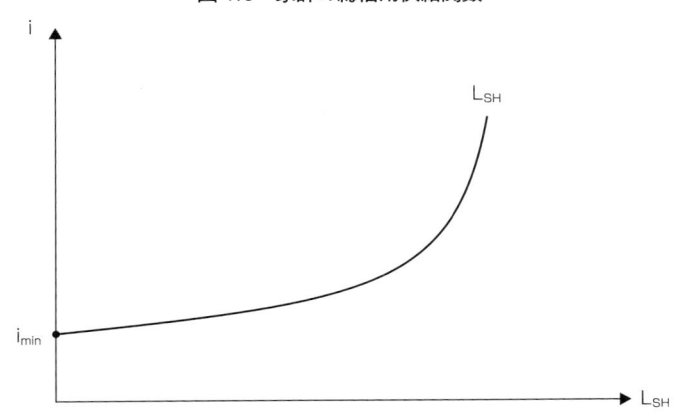

図 4.3 家計の総信用供給関数

資産の増加は、関数を右にシフトさせる。将来期待が改善するとき、最低金利は低下し、貨幣および有形資産の保有減少によって関数は右にシフトする。純資産の分配が変化するとき、その影響は一様ではないが、何らかの仕方で関数の形状は変化するだろう。

対企業信用と同じように、預金保有・貨幣・有形資産についても集計的な観点から考察することが可能である。しかし、われわれの考察の焦点は総投資量の決定にあるので、これらの資産についての詳しい考察は省略する。ただし、預金保有の決定は銀行と企業との相互作用に間接的に影響を与えるので、簡単に触れておこう。

預金の総供給関数（**総預金供給関数**）は、預金金利の逓減的な増加関数であり、代替資産である貨幣および有形資産の非金銭的価値増殖率（流動性プレミアムと不確実性プレミアム）が正であることから、預金金利は必ず正の値をとる。グラフの形状は総信用供給関数と類似のものとなる。関数のパラメータは対企業信用の金利、純資産の量、家計部門の非集計的な期待の3つである。例えば、対企業信用の金利の低下、純資産の増加、預金保有を増加させる方向への期待変化は、総預金供給関数を右にシフトさせる。

4.2　銀行・家計による総信用供給

(1)　預金のリファイナンス金利

　もっぱら貨幣市場にリファイナンスを依存するときの銀行の信用供給については，既に説明した（3.4参照）。以下では，預金市場でリファイナンスするときの銀行の信用供給行動を考察する。

　家計が預金の供給者であるのに対して，銀行は預金の需要者であり，預金を第2のリファイナンス源泉として利用する。銀行は，貨幣市場と預金市場との間で，有利なリファイナンス源泉を選択する。貨幣市場での中央銀行貨幣の借入れと比べて，預金市場での借入れには次のような短所がある。それは，家計が預金を引き出したり，他銀行に移し替えたりする可能性について確実な予想ができない点である。そのため，銀行は流動性問題を回避すべく，中央銀行貨幣（銀行券＋中央銀行預金）の形態で準備を保有しなければならない。貨幣市場を利用すれば常に貨幣は調達可能であるが，預金引出しに備えての準備が不要になることはない。その理由としては，①引出しがなされるたびに中央銀行や他の銀行から貨幣を借り入れると，高い取引費用がかかること，②顧客がいつどれだけの預金を下ろすかを常時知るには，情報費用がかかることが挙げられる。準備保有の理由には，法定の最低準備義務も挙げられ，したがって準備には経済的動機だけでなく制度的動機による部分もある。しかし，以下では，単純化のために，動機による準備の区別は捨象し，準備は一様なものとして考える。

　準備保有が必要であることにより，預金によるリファイナンスの費用は，預金金利よりも高くなる。預金によるリファイナンスの費用を，ここでは**預金のリファイナンス金利**と呼ぶことにする。銀行 b の個別的なリファイナンス金利（i_{Gb}）は，次の式によって計算される：

$$i_{Gb} = \frac{i_g}{1-\alpha_b} \qquad (4.5)$$

ここで，i_g は預金金利，α_b はある一定の個別的準備率である。準備率（α_b）は，預金に対する準備の割合（％）として定義される。例えば，預金金利が8％，準備率が20％のとき，銀行のリファイナンス金利は10％となる。この場合，準備の費用として2％を要している。したがって，例えば貨幣市場の金利が10％のとき，預金金利が8％以上ならば，貨幣市場でのリファイナンスが有利となる。預金金利とリファイナンス金利の差は，準備率が高くなるにつれ，拡大する。これは，準備保有にかかる費用が膨らむからである。

(2) 預金を利用するときの個別銀行の信用供給関数

個々の銀行は，自行の預金金利を変更する権限をもっているものとしよう。このとき銀行は，預金金利の引上げによって追加的に預金を集めることができる。どれだけ預金を集められるかは，個別家計の預金供給関数にかかっている。家計が個々の銀行に対して選好をもつとすれば，家計は，特定銀行への預金の集中を，ポートフォリオの確実性を低下させる要因と見なすだろう。このことを考慮するならば，預金金利の引上げによる追加的な預金獲得には一定の限界があると言える。また，他銀行も預金金利を引き上げるならば，個別銀行の預金金利引上げは効果を打ち消される。このような状況から，預金を利用するときの個別銀行のリファイナンス関数（REF_{Gb}）は，図4.4のように描かれる。横軸は，調達される処分可能貨幣の量を示しており，実際に集められる預金量は，準備の分だけ処分可能貨幣の量よりも多くなる。

図に示されるように，預金によるリファイナンスは，貨幣市場における個別銀行のリファイナンス金利（i_{Mb}）によって限界を画される。これは，預金利用のリファイナンス金利が貨幣市場のそれを上回るとき，銀行は貨幣市場でのリファイナンスを選択することによる。これに対応して，預金によるリファイナンスの最大値（REF_{Gb}^l）が存在する。また4.5式に示されていたように，準備率が一定のとき，預金金利の最大値も貨幣市場金利によって制約される。貨幣市場における銀行のリファイナンス制約は中央銀行の金融政策によって管理されているから，金融政策は預金市場にも間接的に影響を与えることになる。中央銀行のリファイナンス金利（i_{CB}）の上昇（低下）は預金金利の上昇（低下）を導く。

図 4.4　個別銀行のリファイナンスおよび信用供給関数
(預金市場でリファイナンスする場合)

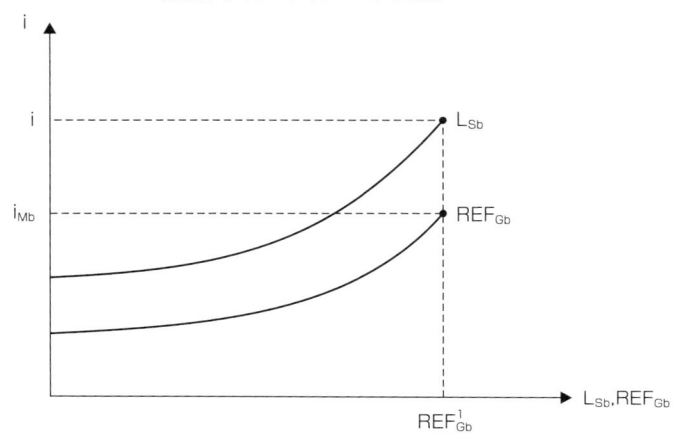

銀行 b が預金市場を利用するときのリファイナンス関数 (h_2) は，個別的準備率 ($α_b$)，貨幣市場金利 (i_{Mb})，公衆の預金供給関数 (G_S) に従属する関数として，次のように定式化することができる：

$$REF_{Gb} = h_2 \ (α_b, \ i_{Mb}, \ G_S) \tag{4.6}$$

この個別的なリファイナンス関数に不確実性プレミアム (u_b) を加えることによって，**個別銀行の信用供給関数**を導き出すことができる。図 4.4 の L_{Sb} がそれである。式の形ではこれを次のように表しておく：

$$L_{Sb} = f_5 \ (i) \quad \{パラメータ：α_b, \ i_{Mb}, \ G_S, \ Θ_b\} \tag{4.7}$$

パラメータは，個別的準備率 ($α_b$)，貨幣市場金利 (i_{Mb})，預金供給関数 (G_S)，個別銀行の主観的期待 ($Θ_b$) の 4 個である。例えば，個別的準備率の低下，同一預金金利でより多く預金が集まる方向への預金供給関数のシフトは，リファイナンス関数を右にシフトさせることを通じて信用供給関数を右にシフトさせる。貨幣市場金利の上昇は，リファイナンス量の最大値を引き上げることを通じて，信用供給の最大値を引き上げる。期待の改善は，リファイナンス関数が変わらないままで，信用供給曲線を下にシフトさせる。

(3) 銀行の総信用供給関数

4.7式の個別的信用供給関数を集計すると，預金市場を利用するときの銀行の総信用供給関数が得られる。グラフの形は個別的信用供給関数（図4.4のL_{Sb}）と同様のものとなり（図示は省略），式では次のように表しておく：

$$L_{SB} = f_6(i) \quad \{パラメータ：\alpha, i_M, G_S, \Theta_B\} \tag{4.8}$$

パラメータは，準備率（α），貨幣市場金利（i_M），家計の預金供給関数（G_S），銀行部門の非集計的な主観的期待（Θ_B）の4個である。

預金によってリファイナンスを行うときの総信用供給（4.8式）と貨幣市場によってリファイナンスを行うときの集計的信用供給（3.4式）を加えると，**銀行部門の最終的な総信用供給関数**が得られる。銀行は，預金のリファイナンス金利が貨幣市場の金利よりも低い間は，預金でリファイナンスを行う。預金のリファイナンス金利が貨幣市場の金利に達する時点で，銀行は調達源を切り替える。以上を考慮するとき，金利上昇とともに増加する銀行の信用供給関数が得られる。これも，グラフの形は個別的信用供給関数（図4.4のL_{Sb}）と同様のものとなるので，図示は省略する。式では次のように表しておく：

$$L_{SB} = f_7(i) \quad \{パラメータ：i_{CB}, \alpha, G_S, \Theta_B\} \tag{4.9}$$

パラメータは，中央銀行のリファイナンス金利（i_{CB}），準備率（α），家計の預金供給関数（G_S），銀行部門の非集計的な主観的期待（Θ_B）の4個である。例えば，中央銀行のリファイナンス金利引下げ，準備率の低下，銀行に有利な預金供給関数のシフトは，信用供給関数を右にシフトさせる。期待の改善は信用供給関数を下にシフトさせる。

(4) 最終的な総信用供給関数

銀行の信用供給関数（L_{SB}）を，先に提示した家計の対企業信用供給関数（図4.3のL_{SH}）と足し合わせることによって，企業部門に対する**最終的な総信用供給関数**（$L_S = L_{SB} + L_{SH}$）が得られる。図4.5に見られるように，この関数は，金利の増加関数であり，逓減的な傾向をもつ。これは，家計の信用供給と

図 4.5　銀行・家計の総信用供給関数

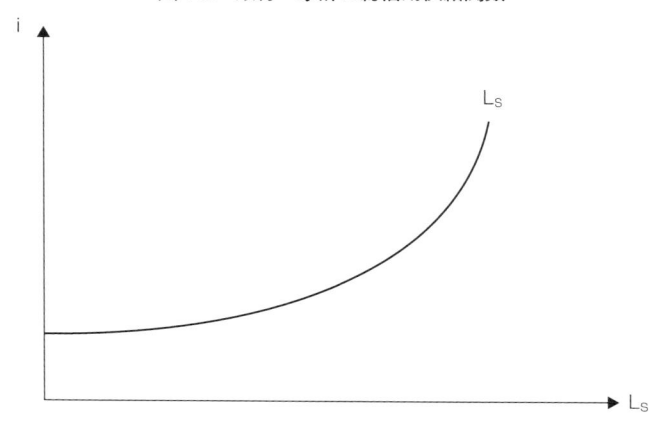

[図: 縦軸 i、横軸 L_S、右上がりに湾曲する曲線 L_S]

銀行のそれとがともに金利と正の相関をもつことによる。

最終的な総信用供給関数の式は，4.4式と4.9式とを組み合わせたものとなる：

$$L_S = f_8(i) \quad \{パラメータ：i_{CB},\ \alpha,\ NV,\ \Theta_B,\ \Theta_H\} \quad (4.10)$$

預金金利（i_g）は中央銀行のリファイナンス金利によって決まると考えられるので，パラメータは中央銀行のリファイナンス金利（i_{CB}），準備率（α），家計の純資産の量（NV），銀行の主観的期待（Θ_B），家計の主観的期待（Θ_H）の5個となる。例えば，中央銀行のリファイナンス金利引上げ，準備率の上昇，家計純資産の減少は，信用供給関数の左シフトをもたらす。期待構造（Θ_B および Θ_H）の悪化は，関数の上シフトをもたらす。

5 企業の信用需要と信用市場の均衡

　第3・4章においては，信用供給者である銀行・中央銀行・家計の行動が考察された。本章においては，まず信用需要者である企業の行動を考察し (5.1-2)，次に第3章からの考察のまとめとして信用市場の需給均衡を提示する (5.3)。最後に，銀行の信用供与・預金と中央銀行貨幣との間の量的関係を示す乗数について説明する (5.4)。

5.1 生産資本の期待収益率

　資産市場において，企業は信用需要者として現れる。企業の信用需要は，企業家がどれだけの生産資本ストックを所望するかによって決まる。企業家が生産資本という資産（生産的資産）を保有する目的は，もっぱら金銭的な収益を獲得することにある。企業家は，生産資本を動かして生産活動を行い，その所産である生産物を販売して，最終的に，生産資本への貨幣前貸しの金額を上回る貨幣還流（すなわち正の純貨幣還流）を実現しようとする。そこで企業家は，生産資本を保有するに際して，主観的な評価に基づいて生産資本の金銭的な価値増殖率を算出する。ところで，本書では一貫して企業家は生産資本の購入資金を信用によって調達するものと仮定しているから，企業家が生産資本の保有を決意するには，それがもたらす金銭的な期待収益がゼロを上回るだけでは不十分である。つまり，生産資本の金銭的な期待価値増殖率が借入金利を上回ることが，生産資本保有の前提条件である。

　以下では，企業家が生産資本を購入することを投資と呼ぶ。特に景気変動を議論するときに，「投資」という用語は設備投資・在庫投資・住宅投資の総称として用いられるが，以下で問題にするのはそのうちの設備投資である。さて，企業家は投資決定に際して，生産資本の期待価値増殖率と借入金利を比較する。

もしも生産資本の耐用期間が1年であるとすれば，この比較計算は容易である。年率（％）で計算される金利と，生産資本の1年間の期待利潤率とを比べて，後者が前者を上回れば，利潤額と利子額の差を企業者利得として獲得できる見込みがあるということである。この場合，企業家は投資を決意し，借入れを行おうとする。これが企業の信用需要となる。

生産資本の耐用期間は1年を超えるのが普通であるから，企業家の選択はこれより複雑になる。つまり，企業家は生産資本の期待価値増殖率を，複利による利回りの形で算出しなければならない。本書では，このようにして企業家が生産資本に割り当てる期待価値増殖率を「生産資本の期待収益率」と呼ぶことにする。

(1) 現在価値の計算

生産資本の期待収益率について説明するに当たっては，それに先立って現在価値の考え方を説明しておく必要がある。

まず，貸出しがなされたときの還流貨幣（元本＋貸出利子）について考えてみよう。最初の年の貸出貨幣額を L_t，i を現行の金利とするとき，1年後の**貨幣還流**は $L_{t+1}=L_t(1+i)$ となる。次に，還流した貨幣を毎年再投資していくとすると，n年後の貨幣還流は，$L_{t+n}=L_t(1+i)^n$ となる。

ところが，経済活動を営む上ではしばしば，これとは逆方向の計算が求められる。つまり，「n年後に貨幣還流X円をもたらす資産は，現時点でどれだけの価値をもつのか」が問われる。これを計算するためには，上の式を次のように変形すればよい：

$$L_t = \frac{L_{t+n}}{(1+i)^n} \qquad (5.1)$$

ここでは，n年後の貨幣還流（L_{t+n}）が $(1+i)^n$ で割られている。こうして求められる L_t は，n年後の還流貨幣フローの**現在価値**と呼ばれる。

次に，毎年収益をもたらす資産の現在価値について説明する。例として，額面価値（FV）1万円，残存期間3年の固定利付債券について考えてみよう。債券の額面金利（i_A＝年々の利払い÷額面価値）が10％であるのに対して，現在

の金利（i）は5％であるとしよう。契約により，債務者は毎年利払いを行い，満期に元本を返済するものとする。このとき，固定利付債券の現在価値（相場）は，毎年の（将来）受取額の現在価値を足し合わせたものになる：

$$債券の現在価値 = \frac{i_A \cdot FV}{(1+i)} + \frac{i_A \cdot FV}{(1+i)^2} + \frac{i_A \cdot FV + FV}{(1+i)^3} \quad (5.2)$$

これに上の数字を代入すれば：

$$\begin{aligned}債券の現在価値 &= \frac{0.1 \times 1万円}{(1+0.05)} + \frac{0.1 \times 1万円}{(1+0.05)^2} + \frac{0.1 \times 1万円 + 1万円}{(1+0.05)^3} \\ &= 952円 + 907円 + 9502円 \\ &= 11361円\end{aligned}$$

債券の現在価値は額面価値より高くなるが，これは，現在の金利が10％（額面金利）ではなく5％になっているためである。つまり，3年後に同じ貨幣還流を獲得するためには，金利10％時よりも，金利5％時の方がより多くの貨幣が必要となる。また，例えば現在金利が20％に上昇する場合，債券の現在価値は7893円に低下する。債券市場ではこの価格が相場となる。この価格まで値が下がらなければ，買い手は現れない（買い手には新発債という代替投資先がある）。最後に，金利が発行時からずっと不変であれば，相場は額面から乖離しない。このように，固定利付債券の相場は，既発債券の購入者が新発債券の購入者と同じ利回りを得るように調整される。金利の上昇は相場の下落を，金利の低下は相場の上昇をもたらす。このようなことは債券市場において日常的に観察される。

(2) 生産資本の期待収益率

すぐ上で固定利付債券について見たように，①同額の貨幣フローであっても，異なる時点に置かれれば異なる大きさの価値をもつし，②複利の効果が働くために，後の年にいくにつれ貨幣フローの現在価値は急速に低下する。生産資本においても貨幣前貸しが長く固定されるので，それが年々もたらすであろう利潤を正確に評価することが必要である。そのため，異時点の貨幣フローを1時

点での評価額に集約し，比較するという現在価値の考え方は，企業家にとっても重要になってくる。

しかし，生産資本への投資と（上で見た）債券の場合とでは，問題になることの性質が異なってくる。企業家は，財市場の価格から，生産手段の購入に必要な貨幣前貸しの額を知っている。例えば，企業家が機械の購入希望を業者に伝えて，機械の価格が10億3100万円であることを知るとしよう。またこの企業家は，機械の耐用年数を3年と推定し，毎年6億円の売上げを期待しているとしよう。売上げは，①機械に投じた貨幣前貸しを還流させるとともに，②経常費用もカバーしていなければならない。そこでさらに，企業家が，生産資本の耐用期間中に要する毎年の経常費用を2億円と見積もっている（つまり毎年4億円の純貨幣還流を期待する）としよう。このとき，次の式から，企業家は機械の期待収益率（r）を約8％と算出する：

$$10億3100万 ≒ \frac{6億-2億}{(1+r)} + \frac{6億-2億}{(1+r)^2} + \frac{6億-2億}{(1+r)^3}$$

この式は，左辺の機械の価格を求めようとするものではなく，期待収益率（右辺の分母）を求めようとするものである。したがって，先の債券の場合とは，問題になっているものが違っている。生産的投資に際して重要になるのは，将来の純貨幣還流（将来売上げ－経常費用）と今日の貨幣前貸しとを関係づける率である。これを**生産資本の期待収益率**（ケインズはこれを**資本の限界効率**と呼んだ）と言う。生産資本の（財市場）価格をp_{PC}，t期における期待売上げをE_t，t期における期待経常費用（減価償却を除く）をCOS_t，生産資本の期待耐用期間をnとするとき，生産資本の期待収益率（r）は以下の式によって定義される：

$$p_{PC} = \frac{E_1 - COS_1}{(1+r)} + \frac{E_2 - COS_2}{(1+r)^2} + \cdots + \frac{E_n - COS_n}{(1+r)^n} \qquad (5.3)$$

(3) 生産資本の期待収益率と主観的期待

5.3式から明らかなように，他の条件を一定とするとき，生産資本の期待収益率が上昇するのは，現在の生産資本の価格が低下するとき，将来の経常費用

表5.1 生産資本の期待収益率を左右する主観的期待

期待売上げ	・企業が行う,販売量と供給価格に関する予想。 ・例えば,安く高品質な代替品が現れる可能性が考慮される。
期待経常費用	・企業家は,何よりもまず賃金動向および原財料価格を予想する(部門によって価格と費用の関係は異なる)。 ・例えば,競争相手企業による改良技術の導入可能性が考慮される。
生産資本の耐用期間	・生産資本の耐用期間を確定することは困難である。これは,物理的な摩損に加えて経済的な摩損も評価しなければならないためである(「技術革新,消費者の選好変化,新消費財の出現等により,投資の価値が低下するのでは?」等)。

が低下するとき,将来の売上げが増加するとき,そして生産資本の耐用期間が延びるときである。つまり,生産資本の期待収益率を規定する変数はほとんどが将来変数である。貨幣経済アプローチにおいては,不確実性のゆえに,生産資本の期待収益率を算出するための客観的確率は存在せず,期待収益率はむしろ主観的確率計算によって求められるとされる(2.2参照)。ケインズは,この点を強調するために,**確信の状態**という語を用いた。「いわゆる確信の状態は実際家たちがつねに最も綿密かつ熱心な注意を払っていることがらである。しかし,経済学者たちはそれを注意深く分析せず,通常,それについては概括的に議論することで満足していた。とりわけ,それが経済問題に関連をもってくるのは,資本の限界効率表に及ぼす重要な影響を通じてであるということは明らかにされなかった」(Keynes [1936] 邦訳 pp. 146-147)。

表5.1は,生産資本の期待収益率を左右する主観的期待の内容を特徴づけたものである。これら主観的期待は,経済環境の変化に対して敏感に反応する。例えば,将来の期待が悪化する場合,企業家は,①将来の純貨幣還流に関する評価を低下させ,投資プロジェクトの実行を控えるようになり,また②不確実性水準の高まりから,立案する投資プロジェクトの時間的見通し(horizon)を短縮させる。これに対して,例えばバブル景気のときのように「押せ押せ」の投資ムードが支配的になるとき,当面の好景気の下で将来売上げは非常に高く評価され,生産資本の期待収益率が急上昇することがある。企業家は,生産資本の期待収益率を評価する際には,経済全体のそして社会の動向を考慮する。そのため,投資環境を改善しようとする経済政策は必ずしも容易ではない。

5.2 企業の信用需要関数

(1) 投資プロジェクトの期待収益率

　企業家は特殊な投資対象のそれぞれ（旋盤等の特殊な生産機械，部品倉庫等の特殊な生産設備）についても期待収益率を計算するが，以下ではむしろ，投資プロジェクトごとに計算される期待収益率を問題にする。企業家は投資を行うとき，多数の投資プロジェクトの中からどれを実行するか選択する。そのためには，企業家は，プロジェクトごとに期待収益率を計算しなければならない。これは主観的な評価であり，同じプロジェクトであったとしても，割り当てられる期待収益率は企業家によって多様である。したがって，どの歴史的時点においても，多数の潜在的に実行可能な投資プロジェクトが存在し，各企業はそれらの各々に対して一定の期待収益率を割り当てている。おそらく少数のプロジェクトだけが期待収益率を高位や中位と評価され，多数のプロジェクトは低位またはゼロ以下と評価されているだろう。

　企業は，生産資本ストックを過去から持ち越している。この部分は毎年減価していくだけであり，企業が保有するか否かを決めることは通常できない（中古生産設備市場が発達している業種であれば一定程度は可能だろう）。ただし，企業家は更新投資の決定を自由に行えるから，粗投資の決定に際しては，既存の生産資本ストックについても期待収益率を評価することが重要になる。

　国民経済に存在するすべての投資プロジェクトを，期待収益率の高さによって序列づけることによって，マクロ経済的な投資可能性の一覧表を得ることが（少なくとも理論上は）できる。国民経済の資本ストック量をKとし，プロジェクトごとに計算される期待収益率 r との関係を表したものが図5.1である。曲線 K_{cum} は，潜在的に可能な投資プロジェクトのうち正の収益率を期待させるものがどのような分布になるかを，累積的な形で表している。図の読み方は次の通りである。

　①考察期間の当初は，過去から受け継いだ生産資本ストックが K_{old} ある。
　　粗投資がゼロであれば，資本ストックは年末までに K_{old-1} に減少するも

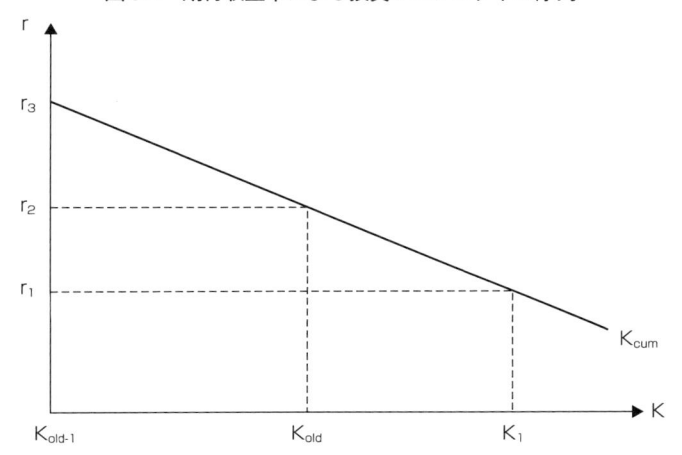

図5.1 期待収益率による投資プロジェクトの序列

のとする。つまり（$K_{old} - K_{old-1}$）は，期間中の生産資本の減価にあたる。企業が少しでも粗投資を行うならば，その分だけ資本ストックがK_{old-1}を超えて増加する。

② 企業は，期待収益率がr_3を超える投資プロジェクトをもっていない（r_3よりも低い期待収益率のプロジェクトしか見いださない）。期待収益率がr_2のとき，（$K_{old} - K_{old-1}$）だけの規模の粗投資の対象が見いだされる。このとき，可能な投資計画は生産資本の減価と一致している。一方，r_1では，企業は（$K_1 - K_{old-1}$）の規模の粗投資を行い，純投資は（$K_1 - K_{old}$）の規模となる。

③ 図では，生産資本ストックの増加とともに生産資本の期待収益率が低下しているが，これは物理的理由（例えば，資本要素の限界生産性の低下）によるものではなく，むしろ企業が期待収益率の比較的高いプロジェクトから優先的に投資を実行していくと想定していることによる。

④ 曲線はシフトしうる。一般に，企業家の将来期待が改善（悪化）するとき，曲線は右（左）にシフトする。

(2) 企業の投資ルール

投資プロジェクトの期待収益率が正であることは，投資実行の必要条件では

あるが十分条件ではない。企業家は投資実行のために信用を必要とするから、投資決定に際して、投資プロジェクトの期待収益率（r）と借入金利（i）の2つの率を比較しなければならない。企業家の目的は企業者利得の最大化にあるから、期待収益率よりも高い借入金利を負担するのでは意味がなく、期待収益率が借入金利を上回るか少なくとも等しいのでなければ投資決意には至らない。よって企業の**投資ルール**は、「r≧iであれば投資を実行し、r＜iであれば投資を実行しない」というものである。

しかし、期待収益率と借入金利の比較は必ずしも容易ではない。なぜなら、生産資本の期待収益率を複数年にわたって計算することは、決して容易ではないからである。より簡単な方法は、投資の資産価値（K）と投資対象の財市場価格（p_{PC}）を比較するというものである。投資の資産価値は、5.3式にならって、企業の毎年の純貨幣還流を現在価値化したものの総和として次のように求められる：

$$K = \frac{E_1 - COS_1}{1+i} + \frac{E_2 - COS_2}{(1+i)^2} + \cdots + \frac{E_n - COS_n}{(1+i)^n}$$

このとき企業の投資ルールは「K≧p_{PC}であれば投資を実行し、K＜p_{PC}であれば投資を実行しない」というものになる。例えば、3年で回収される投資の場合、期待純貨幣還流を第1期末に500万円、第2期末に400万円、第3期末に300万円、現行金利を5％として計算すると、投資の資産価値は1098万1535円になる。財市場での投資財価格（p_{PC}）がこれを下回るのであれば、投資は実行される。このルールは、K/p_{PC}という分数を作り、これをqとするとき、「q≧1であれば投資を実行し、q＜1であれば投資を実行しない」と言い換えることができる（**トービンのq**）。

(3) 所望資本ストックと投資需要

図5.1に従って、企業の投資決定について考えてみよう。個々の企業家にとって借入金利は所与である。企業家は、生産資本の期待収益率が借入金利と等しくなるまで、投資を実行していく（生産資本ストックを拡大させていく）だろう。まず、借入金利がr_3より高いとき、粗投資がなされる可能性はゼロである。

これは，r_3を上回る期待収益率をもつ投資プロジェクトが存在しないためである。つまり，企業の期待が不変である限り，利子率が非常に高いときには，投資は行われない。次に，借入金利がr_3を下回るならば，一定量の粗投資がなされる。借入金利がちょうどr_2まで低下するとき，$(K_{old}-K_{old-1})$の粗投資が可能になる。このとき，生産資本ストックは一定に維持される（純投資ゼロ）。さらに，借入金利がr_2を超えて低下するとき，ようやく正の純投資が可能になる。借入金利がr_1に等しいとき(K_1-K_{old})の純投資が，また(K_1-K_{old-1})の粗投資が可能になる。

以上の条件の下で，例えば借入金利がr_1のとき，前期よりも大きな生産資本ストックK_1を保有することが，企業家所得の最大化をもたらす。企業家がこの水準の生産資本ストックを所望するとき，その保有は(K_1-K_{old})だけの純投資によって実現される。なお，図5.1では企業家の期待は不変と仮定されているが，期待が改善する場合には曲線は右にシフトし，逆の場合には曲線は左にシフトする。それに応じて，同じ借入金利の下での企業家の所望資本ストックは変化するだろう。

(4) 企業の投資関数および信用需要関数

企業の純投資は，財市場における重要な需要項目の1つである。企業の純投資の行動は，通常，投資関数によって表現される。上の考察から，**投資関数**（I）を次のような式で表すことができる：

$$I=g_1(i) \quad \{パラメータ：K_{old}, K_{old}-K_{old-1}, \Theta_E\} \quad (5.4)$$

投資関数は借入金利の減少関数であり，借入金利の上昇につれて純投資需要（以下，投資需要）は減少する。パラメータは，期初の生産資本ストック(K_{old})，旧資本ストックの減価$(K_{old}-K_{old-1})$，企業家の期待構造(Θ_E)の3つである。更新投資が減価償却よりも小さいとき純投資は負になるが，以下では単純化のために純投資は正であるとする。

図5.1から，借入金利がr_2以下の範囲にあるときの，借入金利と純投資の関係を知ることができる。これを示したものが，図5.2の投資関数のグラフである。純投資のゼロは図5.1では期初の生産資本ストック(K_{old})に対応して

図 5.2　投資関数

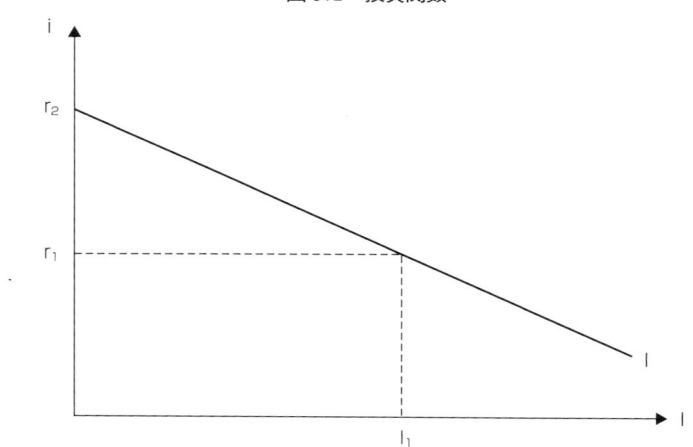

おり，このときの借入金利は r_2 である．傾きは図 5.1 と同じであり，右下がりである．企業家の期待が改善するならば，関数は右にシフトし，同じ借入金利の下での投資需要は増加する．

次に，企業部門の信用需要について考えてみよう．図 5.1 において，例えば，期初における生産資本ストックの価値（K_{old}）が 1200 兆円，今期の減価償却が 400 兆円であるとする．まず，粗投資がゼロの場合，期末の生産資本ストック（K_{old-1}）は 800 兆円になる．投資資金がすべて信用によって調達されているならば，400 兆円が返済され，借入残高は当初の 1200 兆円から 800 兆円に減少する．この借入残高は，現在金利の水準と関係なく返済されねばならない金額を表す（金利非弾力的）．したがって，借入金利が r_3 より高いときには，信用需要は 800 兆円で一定である．次に，借入金利が r_3 よりも下であるとき，相応の粗投資がなされる，すなわち信用需要は金利弾力的である．市場金利が r_2 のとき，（$K_{old} - K_{old-1}$）の投資が実現され，総信用需要は 1200 兆円になる．最後に，金利が r_1 のとき，K_1 の額の信用需要（>1200 兆円）が発生する．このような借入金利と信用需要の関係を示しものが，企業部門の**総信用需要関数**（L_{DE}）である．これを図示すると図 5.3 のようになる．期末の生産資本ストック（K_{old-1}）は，信用需要関数の（利子非弾力的な）垂直部分で示されている．また，総信用需要関数を式で表せば次のようになる：

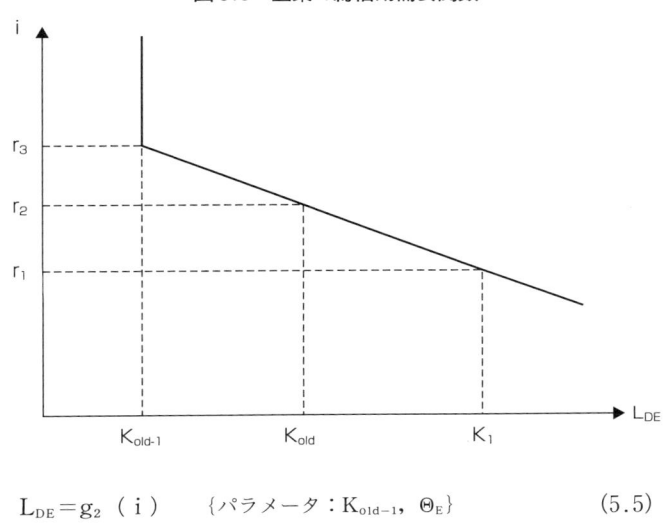

図 5.3 企業の総信用需要関数

$$L_{DE} = g_2(i) \quad \{パラメータ: K_{old-1},\ \Theta_E\} \tag{5.5}$$

国民経済において生産資本ストックの蓄積が進み，期末の資本ストック量 (K_{old-1}) が増加するならば，信用需要関数は右にシフトしていく。企業の将来期待 (Θ_E) の改善は，信用需要関数の傾いている部分を上にシフトさせる。

5.3 信用市場の均衡

信用市場の均衡は，企業の総信用需要関数と銀行・家計の総信用供給関数の交点によって与えられる（図5.4）。つまり，この点によって均衡信用量 (L^*) と均衡金利 (i^*) が与えられる。均衡信用量は，企業が所望する生産資本ストックに対応している ($L^* = K^*$)。$I^* = L^* - K_{old}$ であるから，図5.4からはまた，純投資の均衡水準 (I^*) も直ちに知ることができる。均衡投資量は，資産市場と財市場との連結点になっている。

式の上では，集計的な信用市場における均衡は，信用供給 (L_S) と信用需要 (L_{DE}) が等しい状態，すなわち $L_S = L_{DE}$ が達成されている状態として表される。つまり，均衡金利 (i^*) が均衡信用供給 (L_S^*) と均衡信用需要 (L_{DE}^*) を同時に与えるものと見なせば，形式的には3つの変数（均衡金利，均衡信用供

図5.4 信用市場の均衡

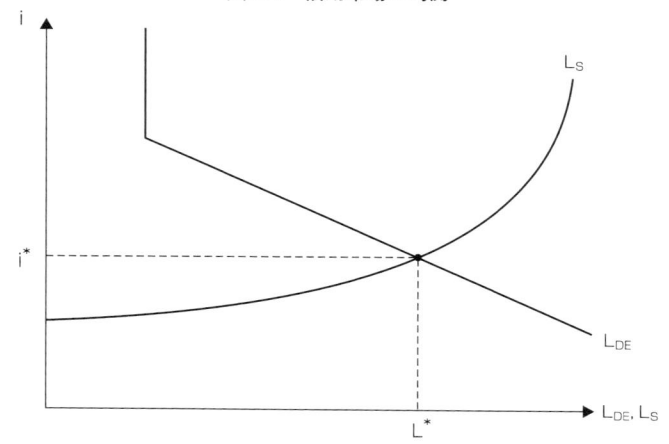

給，均衡信用需要）が決定されていることになる。

　集計的な信用市場において中央銀行はどのような影響力をもつか，考察しておこう。第1に，信用供給関数について言えば，中央銀行は，貨幣市場におけるリファイナンス金利を変化させることによって，信用供給関数に対して直ちに影響を与えることができる。特に，信用供給関数を上方にシフトさせることに関しては，中央銀行はこれを随意に行うことができる。このように，中央銀行からのリファイナンスは，信用市場の均衡決定において重要な役割を果たしている。第2に，中央銀行は対企業貸出金利（i）を直接に決定することはできない。なぜなら，中央銀行は家計の直接的な対企業信用にも，銀行の不確実性プレミアム水準にも直接に影響を与えることができないからである。また第3に，中央銀行が信用需要関数の形状と位置に対して与える影響は，ごく限られたものでしかないだろう。以上のことからすれば，信用市場の均衡に対する中央銀行の影響力は万能とは到底言えない。第4に，預金市場における銀行のリファイナンスについてはどうか。中央銀行は貨幣市場金利の決定を通じて預金市場に影響を及ぼしうるが，他方で公衆の預金供給態度を左右する期待の構造には直接的な影響を及ぼすことができない。

　この4番目の論点に関連して言えば，現代の中央銀行制度の下においては，銀行の最終的なリファイナンス源泉は，家計による預金ではなく，中央銀行貸

出しである。また「信用創造」の言葉が示唆するように，銀行にとって，預金の収集は信用供与のための無条件な前提条件ではない。では，銀行の業務において預金の収集が重要でないかというと，そうでもない。銀行が信用を拡張すれば，銀行には追加的に預金が積み上がる。そのことによって，銀行が貨幣市場でリファイナンスする必要性は低下する。次節では，この側面についてやや詳しく説明しておこう。

5.4 信用乗数と預金創造乗数

　本節では，中央銀行からのリファイナンスに基づいて銀行が信用供給を拡張する過程を考察することによって，銀行の信用量，銀行の預金量，貨幣量（中央銀行貨幣またはいわゆるベースマネーの供給量）の3者の関係を明らかにしていく。いま，銀行の信用が現金（中央銀行貨幣）で供与されるとしよう。この場合，信用拡張がなされれば，家計の貨幣保有が増加する。家計はポートフォリオ均衡を達成するような資産行動を行う（4.1参照）から，貨幣保有がいつまでも一方的に増加することはなく，そのうちに貨幣保有の増加と並行して他の資産も保有されていくだろう。つまり，銀行の信用拡張とともに預金保有も増加することになる。追加的な預金によって銀行に流入する貨幣は，準備に回す分を除いた後に，①債務返済のために中央銀行に支払われるか，または②新たに貸し出される。②の場合には，信用拡張の第2ラウンドが始まる。再び貨幣が家計に流れていき，新たに預金の増加をもたらす。それが新たな貸出しに回れば，第3ラウンドの開始である。以下，同様の過程が次々に展開される。

　この過程においては，銀行の資産取引（信用供与）が負債取引（預金預け入れ）を規定している。よって，中央銀行貨幣の供給増加と信用量および預金量との間には，正の相関関係がある。ただしこの相関は緩いものである。なぜなら，①銀行の追加的信用供与がどのくらいの追加的預金をもたらすかは家計の資産選択にかかっており，②追加的預金をもとにして新規の信用が供与されるかどうかは銀行の決定にかかっており，③企業が追加的信用を取り入れるかどうかは企業の決定にかかっているからである。

(1) 信用供給の拡張過程

　以下では，簡単なバランスシートを用いて，銀行の信用供給が拡張する過程を考察する。考察の前提は以下①〜④の通りである。①信用が供与される以前には，貨幣量（中央銀行貨幣の発行高）はゼロであるとする。②この状態でまず銀行が，10億円の中央銀行貨幣を中央銀行から借り入れ，企業部門の投資計画実行のための資金を貸し出す。③企業部門において，この貨幣が前貸しされ，所得形成過程が開始される。④所得支払いの結果，家計が保有する貨幣量が増加する。以上の前提に基づいて，各部門のバランスシートが次のようなものになるとする：

中央銀行

対銀行貸出債権	10億円	貨幣発行高	10億円

銀行

対企業貸出債権	10億円	対中央銀行債務	10億円

企業

生産資本	10億円	対銀行債務	10億円

家計

貨幣保有	10億円	純資産	10億円

　家計は，資産選択において貨幣保有を一方的に増やすことはないから，貨幣の一部は預金として銀行に戻っていくだろう。いま，8億円が預金で，2億円が現金で保有されるとする。また銀行は預金準備率を10％に設定しており，できる限り中央銀行に債務返済しようとするものとする。このとき銀行は，8億円の預け入れ預金と8000万円の準備を保有した上で，7億2000万円の貨幣を中央銀行に返済することになる。この結果をバランスシートで表すと，次のようになる：

中央銀行

対銀行貸出債権	2億8000万円	貨幣発行高	2億8000万円

	銀行		
対企業貸出債権	10 億円	対中央銀行債務	10 億円
現金準備	8000 万円	預金	8 億円

	企業		
生産資本	10 億円	対銀行債務	10 億円

	家計		
貨幣保有	2 億円	純資産	10 億円
預金	8 億円		

結果として見れば，2億8000万円の中央銀行貨幣が創造（発行）され，10億円の信用が創造されたことになる。家計が保有する貨幣量は，銀行の対企業信用（10億円）から預金（8億円）を差し引いた2億円となる。中央銀行によって創造された貨幣量2億8000万円の内訳は，家計保有分2億円と銀行の準備保有8000万円である。このように，信用量が拡大する結果として，貨幣量は（内生的に）増加し，預金量も増加する。この関係を表そうとするものが，次に説明する諸乗数である。

(2) 様々な乗数

銀行の対企業信用を L_{BE}，中央銀行によって創造された貨幣量をMとするとき，**信用創造乗数**（m_L）は，$m_L = L_{BE} / M$ として定義される。信用創造乗数とは，中央銀行貨幣の創造に対する銀行の信用供与の比率である。上の数値例を当てはめると，約3.6と計算される。乗数を用いると，銀行の信用供与が増えるときの貨幣量（M）の増加を計算することができる。ただし，信用創造乗数を知るには，銀行の準備率と家計のポートフォリオ選択（貨幣保有の選好）が知られている必要がある。

次に，預金量をGとするとき，**預金創造乗数**（m_G）を $m_G = G / M$ と定義することができる。これは，中央銀行貨幣の創造に対する預金創造の比率である。上の数値例を当てはめて計算すると約2.9になる。

中央銀行貨幣の創造に対する公衆（通常は家計と企業だが，ここではもっぱら家計）の貨幣資産保有の比率を示す乗数もある。公衆の貨幣資産（M_2）は預金（G）と貨幣保有（M_H）の合計だから，**貨幣資産乗数**または **M2乗数**（m_{M2}）

を $m_{M2}=(G+M_H)/M$ として定義することができる。上の数値例を当てはめると約 3.6 である。つまり、信用創造乗数は M 2 乗数に等しい。これは、銀行の対企業信用 (L_{BE}) ＝ $G+M_H$ より当然である。

信用創造乗数（または同じ値をとる M 2 乗数）について、決定要因を説明しておこう。銀行の準備率（α）と公衆の貨幣資産に占める現金保有のシェア（現金シェア：$q_M=M_H/M_2$）を考慮するとき、銀行の準備保有（M_B）は $M_B=\alpha \cdot M_2(1-q_M)$、公衆の現金保有（$M_H$）は $M_H=q_M \cdot M_2$ と表される。これらを利用して、信用創造乗数または貨幣資産乗数は、次のように表すことができる：

$$m_L = m_{M2} = \frac{1}{q_M + \alpha(1-q_M)} \tag{5.6}$$

5.6 式は、信用創造乗数が、中央銀行貨幣量と特殊な通貨集計量との間の関係によって決定されていることを示している。家計のポートフォリオ選択によって現金シェア（q_M）が変化したり、銀行の決定によって準備率（α）が変化したりすることによって、乗数は変化する。このことは、信用量（L_{BE}）や貨幣資産保有（M_2）が不変である場合でも、中央銀行貨幣の発行量の変化が（内生的に）引き起こされる可能性があることを意味している。実際、乗数は長期的に安定したものではないし、短期的にすらしばしば大きく変動する（この点、8.2 も参照）。

新古典派マネタリズムの議論においては、通貨集計量を管理するための手段として乗数の概念が利用される。そこでは、貨幣供給ルール（**k％ルール**）の下で、例えば通貨集計量 M 2 の管理が提案される。新古典派のアイデアにおいては、ベースマネー（M）が外生的に供給され（コラム 2 参照）、これに M 2 乗数をかけた額だけ M 2 が増えるとされる。しかし、このような乗数を利用した通貨集計量の管理はしばしば困難に直面する。1 つの問題は、準備率と現金シェアによって決まる M 2 乗数が不安定になることである（上述）。もう 1 つの問題は、中央銀行が銀行への信用供給を行い通貨集計量を増やそうとしても、銀行がこれを受け入れない可能性である。中央銀行貨幣の供給は、中央銀行と銀行との間の相互作用（信用関係）を通じてなされるのであり、中央銀行が外生的にこれを決定することはできない。

6 財市場と数量効果

　交換経済の理論が，外生的に与えられた財・サービスの初期賦存から出発して交換を分析していくのに対して，貨幣経済の理論は，生産の規模（生産量）を決定する諸要因，したがってまた所得と雇用の水準を決定する諸要因を探ろうとする。このとき，生産量を左右する要因として，財・サービスに対する総（集計的）需要が特に重視される。前章で考察した投資需要は，総需要の重要な1要素である。投資需要は，資産市場と財市場とを連結する役割を果たす。総需要には，投資需要のほかに，消費需要・政府需要・海外需要も含まれる（1.2参照）。貨幣経済の基本的なモデルを提示しようとする本章では，このうち投資需要および消費需要に考察を限定することにする（なお本書では，財市場の考察は部分均衡的な観点からのみなされるものとし，財市場が金利に及ぼす影響，金利変化の影響による資本集約度・採用技術の変化は扱われない）。

　需要の変化が財市場に及ぼす影響には，数量効果と価格効果とがある。**数量効果**とは，総需要の変化が生産量の変動を引き起こすこと，**価格効果**とは，総需要の変化が物価水準の変化を引き起こすことである。歴史的現実の中では2つの効果は同時に働くであろうが，本書では説明上の理由から両者を別々に取り上げ，その後で総合的に考察することにする。ケインズは，1930年の『貨幣論』で価格効果を扱ったが，1936年の『一般理論』では数量効果を重点的に考察した。この重点移動の経緯（例えば浅野 [2005] 第2章参照）とその後の諸論者による価格効果と数量効果の取り扱いについては，本書では触れない。本書（本章および次章）では，ケインズ理論を利用しながら，以下の順序で，貨幣経済アプローチからの財市場のとらえ方を提示していく。まず本章では，物価水準の変化を無視した上で，数量効果を考察する。この「純粋な数量効果」においては，総需要が増加するとき企業は生産増加によって反応し，総需要が減少するとき企業は生産減少によって反応する。価格効果を考察するのは，イ

ンフレ過程を考察する次章の課題である。次章では，まず総需要の変化が価格の変化を引き起こしうることを考察し，その後で数量効果と価格効果を総合的にとらえていく。

6.1 本章の諸仮定

本章では，物価水準を不変と想定することと関連して，企業者利得は発生しないものとする。財市場不均衡による企業者利得は次章で初めて扱う。したがって，本章における「総貯蓄」は，家計の貯蓄と企業の未分配利潤からなるものではなく，もっぱら家計の貯蓄のみからなる（企業の未分配利潤＝ 0 なので）。

本章では，数量効果が起こるための次の①〜③の条件は満たされていると仮定する。①需要が増加するときに，未利用の生産能力（以下「未利用能力」）が存在していること。実際にはこの条件は，景気循環の恐慌局面（8.3 参照）にあるときや，寡占企業が市場を支配しているときに満たされる。②需要が増加するときに，企業は労働投入を追加的に増加させることができること。つまり，失業の存在や，雇用労働者が労働時間延長を受け入れることが必要である。以上①②の条件が満たされないとき，すなわち資源の物的希少性が制約となるとき，短期的な生産増加は不可能になる。③生産量が増加していくときに，企業が追加的な費用圧力（限界要素費用の上昇）に直面しないこと，つまり限界的な要素費用が一定であること。③の条件が満たされないとき，生産拡大は可能だが，物価水準が不変ではなくなる。なお，総需要が減少する場合は，常に企業の数量的反応が可能なので，これらの条件（①〜③）は特に要さない。

6.2 数量効果を明らかにするための分析装置

(1) 財市場の均衡

最初に，財市場の均衡を表現しておこう。一般に財市場の均衡は，総需要と総供給が等しい状態として定義される。本章では，外国と政府を捨象し，需要される財は消費財と投資財からなるものとする（1.2 参照）。つまり 1 国の総需

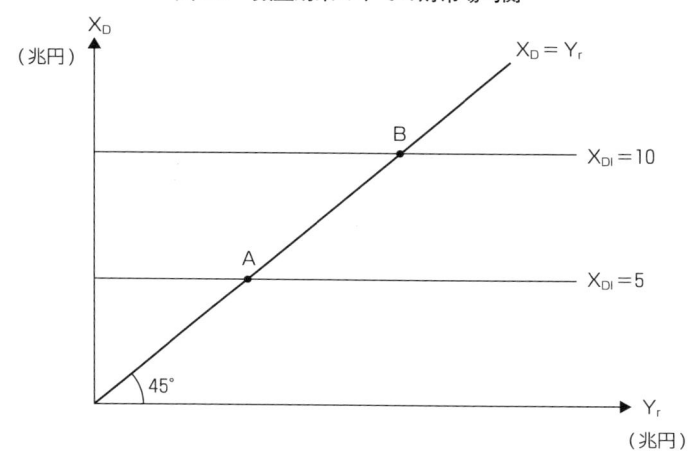

図 6.1 数量効果の下での財市場均衡

要は，消費需要と投資需要（粗投資需要）の合計である。財市場の均衡は，需要の総額に生産（供給）の総価値額が対応している状態だから，これを「消費＋(粗)投資＝総生産価値」と表すことができる。いま，単純化のために両辺から更新投資の部分を取り除くならば，均衡状態は，「消費＋純投資＝要素費用ベースの国内純生産（NDP）または国民所得（NI）」と表すことができる。

この関係を式で表してみよう。まず，総需要（X_D）は，純投資（I）と消費（C）からなり，$X_D = I + C$ と表される。総供給（X_S）は，要素費用ベースの国内純生産（Y）に対応し，$X_S = Y$ と表される。本章では物価水準を不変と仮定するので，名目供給すなわち名目国民所得はその実質値（Y_r）と一致する。よって，財市場が均衡するための条件，すなわち財市場の均衡条件は次のように表される：

$$X_D = Y_r \quad \text{または} \quad I + C = Y_r \tag{6.1}$$

財市場の均衡を簡単な図で表したものが，図 6.1 である。縦軸には総需要を，横軸には実質生産量すなわち実質国民所得をとってある。45°線上のすべての点は需給の均衡を表し，45°線は**財市場均衡曲線**（$X_D = Y_r$）と呼ばれる。以下では，差し当たり消費需要を無視し，総需要は投資需要のみからなるとしよう。

投資需要は所得から独立に資産市場で決定される（5.2参照）から，総需要が投資のみからなるとき，総需要は所得から独立であり水平線によって記述される。図中には，もっぱら投資需要によって規定される総需要関数を X_{DI} で示してある。例えば，$X_{DI} = 5$ 兆円のとき，財市場の均衡は，総需要関数 X_{DI} が45°線と交わる点，つまり生産量（特に断りがないときは実質生産量のこと。以下同じ）が同じ5兆円になる点Aによって示される。総需要関数を $X_{DI} = 10$ 兆円とすれば，財市場の均衡は点Bで示され，均衡生産量は10兆円に増加する。つまり，名目需要が5兆円から10兆円へと2倍になるとき，新しい均衡において生産量もまた2倍の10兆円になる。ここでは，生産量が完全に名目需要によって決定されている。

上の考察においては，2つの均衡点（AとB）の比較から，生産量が名目需要によって決定されることが知られた。このような考察方法が**比較静学**であり，本書の考察は基本的にこの方法によっている。比較静学の枠組みを離れて見るならば，1つの均衡（A）から新しい均衡（B）へ移動するときに，実は様々な調整過程が可能であることがわかる。例えば，企業が前の期間に需要増加を予想していたならば，今期の需要増加に対応して直ちに供給を増加させることができるだろう。この場合，経済は正しい予想に基づいて，旧い均衡点から新しい均衡点へと直ちにジャンプする。これに対して，企業が前の期間に需要不変を予想していたならば，しばらくの間5兆円の需要超過が生じるだろう。なお，価格の変化を捨象するという本章の想定の下では，この場合には，短期的に在庫ストックの取り崩しおよび／または引渡し期日の延期がなされる。在庫減少および／または引渡し延期が，企業にとっての需要超過のシグナルとなり，企業に生産増加を促す。これを受けて実際に企業が生産を増加させるとき，新しい均衡点が達成される。総需要が減少するときにも，以上と同様の調整過程を考えることができよう。

(2) 消費需要の考慮

前項の考察ではもっぱら投資需要が考慮されていたので，現在所得は役割を演じなかった。ところが，消費需要を考慮に入れるときにはそうはいかない。ケインズは，消費需要を左右する**客観的要因**として，現在所得，利子率（金

利), 資本ストックの変化を挙げ, このうち影響が明確である要因は現在所得であると見ていた (Keynes [1936] 第8章)。またケインズは, 国民所得の分配が消費関数に及ぼす影響も重視していた。高い所得階層の人は, 低い所得階層の人と比べて所得のうちより多くを貯蓄に回すので, 消費性向が低いと考えられる。そのため, 例えば分配関係が低所得者に有利に変更されるとき, 他の条件を一定とすれば, 総消費需要は増加する。

他方, ケインズは消費需要の**主観的要因**(所得からの消費支出を差し控える要因)として, 不測の偶発事に備えての準備, 老後・教育・扶養家族のための備え, 後日の大きな実質消費を享受するための利殖, 生活水準(支出)を漸次向上させようとする本能, 独立の意識と実行力の享受, 財産の遺贈, 純粋な吝嗇を挙げていた (Keynes [1936] 第9章)。これら主観的な要因は広範な社会変動や長期発展からの帰結であるため, ケインズはこれらを所与として扱っていた。第2次世界大戦後に社会保障制度や年金制度を整備し, 家計の可処分所得に占めるいわゆる固定的家計費(教育費・民間保険料・貯蓄費用等)の割合を減らしていった国においては, ケインズの言う主観的要因による消費需要への影響は少なくなった。しかし, 低福祉・低負担型のシステムを選択している国(日本もこれに含まれよう)においては, 固定的家計費に関する家計の選択は消費需要の主観的要因として依然として重要である。

以下では, ケインズの分析に従い, 消費需要の変化に影響を与える要因として現在所得を重視しながら, 貨幣経済の考察を進めていく。消費需要の影響要因として現在所得を重視するケインズの分析に対しては, モディリアーニの**ライフサイクル仮説**やフリードマンの**恒常所得仮説**によって異論が唱えられてきた (詳しくは, 例えば Davidson [1994] 第3章を参照)。これらの仮説は, 家計の消費行動が長期指向に基づいていると考え, 所得が短期的に増減しても消費需要にはあまり変化がないことを結論づけようとした。しかし経験的な事実としては, 消費は現在所得の変化に強く反応するのが普通である。またマクロ経済学の議論においては, 現在所得の増加のほかに, 金利の低下, 家計純資産の増加, 家計の期待の好転もまた消費需要に正の影響を与えるものとして取り上げられることがある。しかし, 消費需要の変動に及ぼす影響に関しては, 金利, 家計の純資産, 家計の期待は, 所得に比べて二次的な役割しか演じないという

べきだろう。現在所得の影響が特に大きいことの理由としては，①将来所得に関する家計の期待が，現在所得によって強く影響される（現在所得の減少は将来期待の悪化につながる。逆は逆）こと，②現在所得が減少する家計は，たとえ将来の所得増加が期待されるときでも，信用を取り入れようとしないことが挙げられる。

さて，消費需要の要因として現在所得が重要であるとすれば，貨幣経済における次のような因果関係を仮説として立てることができる。すなわち，生産過程への貨幣前貸しが大きければ（小さければ），所得が大きく（小さく）なり，したがってまた消費需要も大きく（小さく）なる，と。これは，所得の大きさが生産過程への貨幣前貸しの大きさに制約されることからの論理的帰結である。

(3) 消費関数

現在所得（Y）を重視することにより，**消費関数**を次の式で表しておこう：

$$C = C_a + cY \tag{6.2}$$

パラメータは，所得から独立な消費構成要素すなわち独立消費（C_a），限界消費性向（c）の2個である。**独立消費**は，生存最低限をカバーする消費という意味で，しばしば基礎消費とも呼ばれる。**限界消費性向**は，「所得の変化にともないどれだけ消費が変化するか」を示し，所得に関する消費関数の（第1次）導関数である（$c = dC/dY$）。例えば，$c = 0.9$ は，最後に獲得された所得1単位からは，90％が消費に支出されることを意味する。

所得の変化が消費の変化に与える影響は，限界消費性向によって示される。消費に支出されない所得の部分は貯蓄される。つまり，所得の増加（dY）は，追加的な消費支出（dC）と追加的な家計貯蓄（dS_H）に分割される：

$$dY = dC + dS_H \tag{6.3}$$

両辺を dY で割ると：

$$1 = \frac{dC}{dY} + \frac{dS_H}{dY}$$

図6.2 消費関数

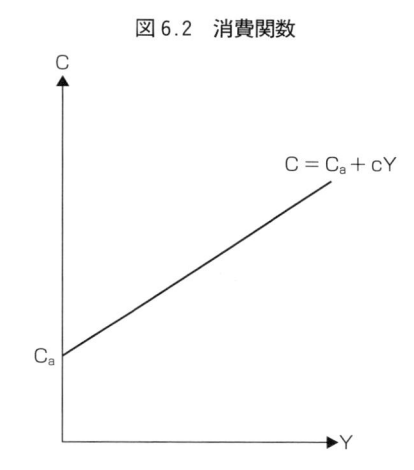

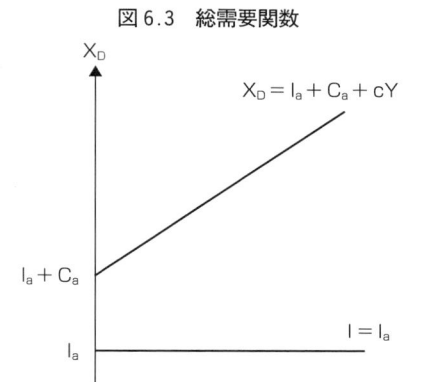

図6.3 総需要関数

（図6.2：縦軸 C、横軸 Y、切片 C_a、直線 $C = C_a + cY$）

（図6.3：縦軸 X_D、横軸 Y_r、切片 $I_a + C_a$、直線 $X_D = I_a + C_a + cY$、および水平線 $I = I_a$（切片 I_a））

右辺の第1項は先の限界消費性向（c），第2項は家計の限界貯蓄性向（s）であるから，この式は $1 = c + s$ と書き換えられる。つまり，限界消費性向と限界貯蓄性向の和は必ず1になる。

6.2式の消費関数をグラフで示すと，図6.2のようになる。縦軸の切片は独立消費（C_a）であり，正値をとる（$C_a > 0$）。つまり，所得ゼロのときでも消費がゼロになることはない。傾きに表されている限界消費性向（c）は，1より小さい正値をとるとする（$0 < c < 1$）。つまり，増加した所得のうちのいくらかは必ず消費に回るものとする。単純化のために限界消費性向は一定としてある。ケインズはしばしば，所得の増加とともに限界消費性向が低下することを指摘していた（Keynes［1936］第3章他）。**限界消費性向の逓減**には，「豊かな社会」において慢性的な需要低迷による経済不況が起きる危険があることを指摘するという含意がある。ただし，限界消費性向の逓減は，理論的に必然的な法則とは言えない。

(4) 総需要関数

投資需要と消費需要を足し合わせたものが，**総需要**である。前章で見たように，投資需要は所得から独立に，生産資本の現在ストック，現在ストックと所望ストックとの差，企業家の期待を反映して決まる（5.2）。つまり，財市場に

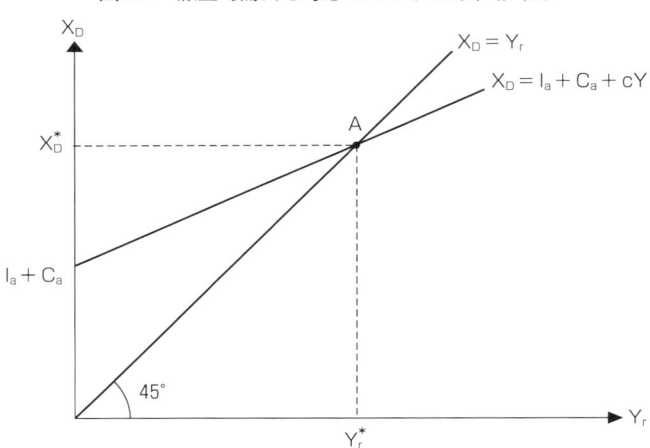

図 6.4 派生的需要を考慮したときの財市場均衡

とって投資需要は所与である。他方，消費需要は，所得から独立な部分も含むが，全体としては所得に依存している。よって，総需要は，所得から独立な需要要素である投資と，所得に依存する需要要素である消費との和としてとらえられる。しばしば，投資需要は「所得から独立である」という意味で**自立的需要**と，また消費需要は「所得に依存する」という意味で**派生的需要**と呼ばれる。

自立的需要である投資を $I=I_a$ と表し，6.2式を考慮することにより，**財市場の総需要関数**を以下のように表すことができる：

$$X_D = I_a + C_a + cY \tag{6.4}$$

グラフでこれを表すと，図6.3のようになる。総需要関数と財市場均衡曲線を組み合わせたものが，図6.4である。この図では，総需要関数が財市場均衡曲線と交わる点Aにおいて，財市場の均衡がもたらされる。点Aに対応する生産量（または実質所得）Y_r^* が，財市場で決定される均衡生産量（または均衡所得）である。また，均衡生産量の派生的対応物である均衡総需要 X_D^* も同時に決定される。

式によってこの均衡を導き出しておこう。6.4式を6.1式に代入すると，$Y_r = I_a + C_a + cY$ となる。物価水準は一定であると想定している（$Y_r = Y$）か

ら，これは次の形に整理される：

$$Y_r(1-c) = I_a + C_a$$

この式を満たす Y_r が均衡生産量（または均衡所得）Y_r^* である：

$$Y_r^* = \frac{1}{1-c}(I_a + C_a) \tag{6.5}$$

この式から，所得に依存しない需要要素（$I_a + C_a$）が増加するとき，限界消費性向（c）が高まるとき，均衡生産量（均衡所得）は増加することがわかる。

6.3 財市場乗数

(1) 乗数効果

　財市場において均衡が成立しているとする。いま何らかの理由によって投資が増加するとき，均衡生産量（または均衡所得）はどれだけ増加するだろうか。6.5式に数値例を当てはめて考えてみよう。最初に，例えば投資5兆円，自立的消費3兆円，消費性向0.8のとき，均衡生産量は40兆円となる。次に，投資が1兆円増加し6兆円になるとすると，新しい均衡生産量は45兆円になる。なぜ1兆円の投資増加が，1兆円ではなくその5倍に当たる5兆円の均衡生産量増加をもたらすのだろうか。それは明らかに，6.5式の分数の部分 $1/(1-c)$ が5の値をとるからである。この分数を**財市場乗数**という。

　式の上で，財市場乗数の効果を表しておこう。最初の均衡生産量を Y_r^{*1}，新しい均衡生産量を Y_r^{*2}，追加的投資を ΔI_a でそれぞれ表す。投資が増加する前の均衡生産量は6.5式で与えられていた。一方，投資が増加した後の均衡所得は次のようになる：

$$Y_r^{*2} = \frac{1}{1-c}(I_a + C_a + \Delta I_a)$$

よって，均衡所得の変化は：

図6.5 自立的需要の変化がもたらす効果

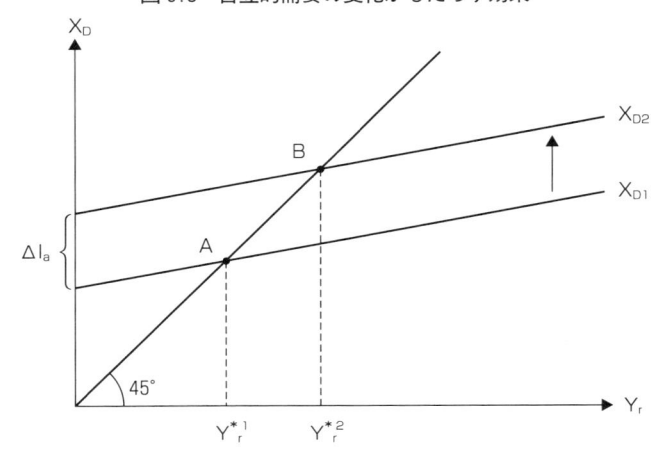

$$\Delta Y_r = Y_r^{*2} - Y_r^{*1}$$
$$= \frac{1}{1-c} \cdot \Delta I_a$$

となる。財市場乗数 $1/(1-c)$ を m とおけば，簡単に $\Delta Y_r = m \cdot \Delta I_a$ と記すことができる。定義からわかるように，乗数（m）は限界消費性向（c）によって決まる。c が上昇すれば m は大きくなる。上の数値例では c=0.8 より乗数は m=5 だったが，限界消費性向が c=0.9 に上昇すれば乗数は m=10 になる。このような結果になるのは，追加的所得から貯蓄へ吸収される割合が減り，より高い割合の所得が消費需要に当てられるからにほかならない。乗数（m）は，投資需要が変化したときの効果を計算するときだけでなく，消費需要の変化の効果を計算するときにも用いることができる。また当然のことであるが，6.5 式に見られるように，自立的需要が与えられたときの均衡生産量の算出にも，乗数（m）は用いられる。

次に，財市場乗数の概念を，図6.5によって説明しておこう。この図では，最初の均衡状態を，総需要関数 X_{D1} と 45°線の交点によって示してある。最初の均衡所得は Y_r^{*1} である。投資需要が ΔI_a だけ増加したときの総需要関数を X_{D2} とする。投資需要は自立的需要であるため，総需要関数は ΔI_a だけ上

方にシフトする。その結果，均衡所得は Y_r^{*2} になる。図から明らかなように，均衡所得の増加（$\Delta Y_r = Y_r^{*2} - Y_r^{*1}$）は，投資需要の増加（$\Delta I_a$）よりもずっと大きい。このように，投資需要の増加はその何倍もの均衡所得の増加を，すなわち**乗数効果**をもたらしている。

(2) 乗数過程

乗数効果の背後ではどのようなことが起きているだろうか。投資需要の増加を1兆円，限界消費性向を0.8とするとき，旧い均衡から新しい均衡に移る過程は，以下のように描くことができる。

過程1：投資需要が1兆円増え，生産したがってまた所得は1兆円増える。

過程2：増加した所得が，家計の限界消費性向（0.8）に対応して支出される。消費需要の増加は8000億円であり，所得増加のうち2000億円は需要にはならずに，貯蓄される。投資のインパクトが生産に及ぼす総効果は1兆8000億円になる。

過程3：前の過程の所得増加（8000億円）に対応してさらなる需要インパクトがある。その大きさは0.8×8000億円＝6400億円であり，生産（所得）もこの額だけ増加する。

過程4以降：需要インパクトは次第に小さくなるが，同様の過程の繰り返しにより，総需要・生産は増加していく。計算を続けていくと，最終的に生産（所得）の累積的増加は5兆円に収束する。

上の一連の過程の全体を**乗数過程**という。投資の増加が新しい均衡をもたらすまでの間に，各過程において，需要増加の刺激によって次々に**所得形成過程**が誘発されていく。ただし，最初の過程（過程1）の需要増加は投資によるもの（ΔI_a）であるが，これによって所得が増加すると，今度は（過程2では）消費需要の増加（ΔC）がもたらされる。それ以降（過程3以降）は過程2と同様のことが繰り返される。過程が進行するとともに，所得（生産）の増え方は小さくなる。最終的に，最初の投資増加の何倍もの所得（生産）の増加がもたらされる。

この間における（実質）経済成長率は（$Y_r^{*2} - Y_r^{*1}$）／Y_r^{*1} となる。最初の均衡所得が40兆円であったとすれば，新しい均衡所得は45兆円であり，経済成

長率は12.5％である。ただし，現実の経済成長率は期間が区切られている（例えば1年）が，ここでの計算においては，対応する期間は存在しない。乗数過程についての上の理論的説明では，1回の自立的需要の増加による乗数効果は無限に続くのであり，新しい均衡は「収斂する値」を示すものでしかない。

以上から明らかなように，ケインズ主義的な数量効果の説明によれば，高い消費性向は国民経済の成長を阻害するものではない。逆に，高い消費性向は，自立的な需要要素が増加したとき，（消費性向が低いときよりも）大幅な所得増加を誘導する効果をもつ。ただし，自立的需要が低下する景気収縮の局面においては，高い消費性向はいっそう大きな景気下降をもたらす。つまり，高い消費性向は，景気変動を強める働きをもつ。

6.4 投資と貯蓄

(1) 投資と貯蓄の一致

既に説明したように，投資（純投資）と貯蓄は事後的には常に一致する（1.2参照）。この点は，乗数過程を考慮するとき，以下のように説明される。

6.3式より，実質所得が変化するとき，消費支出だけでなく，家計貯蓄も変化する。したがって，乗数効果によって誘発される所得形成過程は，家計貯蓄の形成過程でもある。この場合，結果において，追加的な家計貯蓄は追加的な投資に一致する。この点を，前節(2)の数値例から確かめておこう。過程1においては貯蓄はなされないが，過程2以降は，直前の過程において増加した所得から家計貯蓄が形成される。過程2における総貯蓄の増加は，限界貯蓄性向が0.2であることから，2000億円となる。最終的には，新たな財市場均衡において所得は5兆円増加しているから，家計貯蓄の増加は1兆円になる。この額はちょうど，過程1における投資の増加に等しい。

投資と貯蓄の関係を，式で表してみよう。1.4式（$Y=C+S_H$）より，$C=Y-S_H$ となる。これを消費関数（6.2式）に代入し，整理すると：

$$S_H = -C_a + (1-c)Y$$

図 6.6　家計の貯蓄関数　　　　　図 6.7　投資と貯蓄の一致

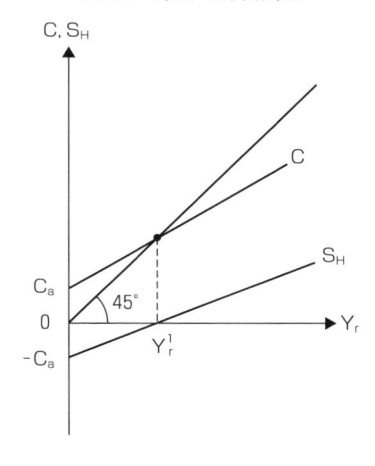

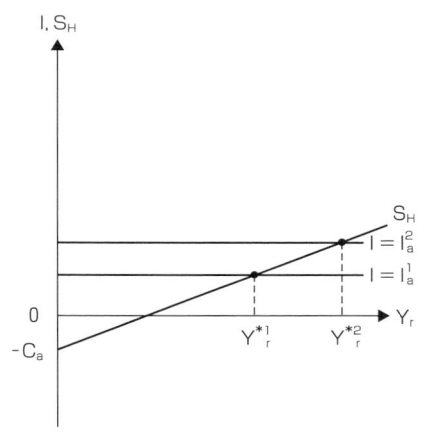

$s=1-c$ とおけば：

$$S_H = -C_a + sY \qquad (6.6)$$

これが**家計の貯蓄関数**である。

　次に，投資と貯蓄の関係を，図で表してみよう。家計の貯蓄関数を図示したものが，図6.6である。傾きは限界貯蓄性向（s）を表している。所得が Y_r^1 のとき，家計の貯蓄水準は 0 である。所得がそれより少ないとき（$Y_r < Y_r^1$），消費需要が（現在）所得を上回ることによって，貯蓄は負になる。所得がそれより多いとき（$Y_r > Y_r^1$），所得が消費需要を上回ることによって，貯蓄は正になる。

　貯蓄関数に加えて自立的需要である投資需要を記したものが，図6.7である。投資需要が I_a^1 であるとき，貯蓄関数との交点（均衡点）から，均衡所得は Y_r^{*1} となる。所得 Y_r^{*1} は，投資需要 I_a^1 に等しい貯蓄をもたらす。いま投資需要が I_a^2 に増加するならば，均衡所得は Y_r^{*2} に増加する。ここでも，投資に等しい貯蓄が形成される。ここでの投資と貯蓄の関係は，ケインズ派パラダイムの核心の1つである。つまり，投資から独立な所得から貯蓄がなされる（新古典派および古典派の考え方）のではなく，投資が引き起こす所得形成過程から貯蓄がもたらされる。投資は，総需要と生産を刺激することによって，自らに必要な貯蓄

図 6.8 投資増加の帰結

①総供給を上回る総需要から均衡へ

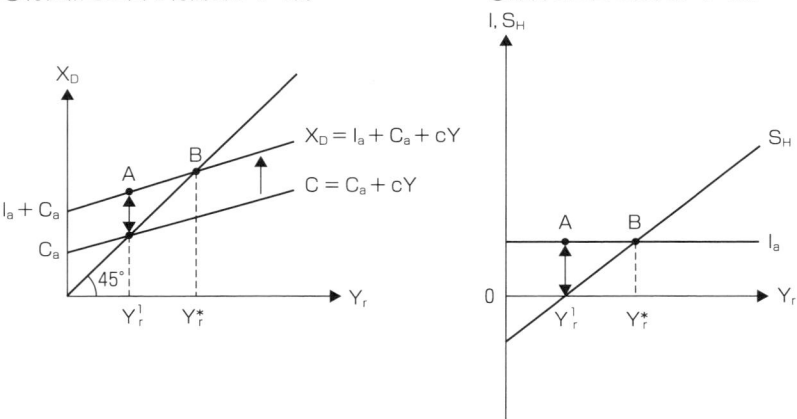

②貯蓄を上回る投資から均衡へ

を生み出す。この理解に従う限り，逆の因果関係，すなわち「貯蓄の増加によって投資を増やすこと」は不可能である。

(2) 均衡・不均衡を表す2つの方法

図 6.4 と図 6.7 からわかるように，財市場における均衡条件を表すには，① $X_D = Y_r$ すなわち総需要と総供給との均等，② $I = S_H$ すなわち純投資と家計貯蓄との均等という2つの方法があることがわかる。これら均衡条件を満たす生産量（または所得）が均衡生産量（または均衡所得）である。

さて，財市場の均衡に2通りの表し方があるとすれば，財市場の不均衡にも2通りの表し方があるはずである。一般に，経済が均衡生産量よりも左の位置にあるときには，財市場は需要超過の不均衡にあり，経済が均衡生産量よりも右の位置にあるときには，財市場は供給超過の不均衡にある。財市場における需要超過の不均衡状態は $X_D > Y_r$ と $I > S_H$ によって，また供給超過の不均衡状態は $X_D < Y_r$ と $I < S_H$ によって表現される。

前節の乗数過程についての説明においては，投資需要の増加による均衡の移動が考察された。このときに起きることを，図 6.8 に従い，2通りの仕方で見ておこう。

①財市場の均衡を総需要＝総供給で表す方法をとるとき：最初の時点で，生産量（または所得）が Y_r^1，投資需要がゼロであるとする。このとき正の投資需要（I_a）が現れるならば，財市場は点Aの状態にあることになる。つまり，投資需要が増加した瞬間の財市場は，需要超過不均衡のケースである。その後で，投資の増加に対応して生産・所得が増加していき，最終的に Y_r^* のところで需要に見合った供給がなされる（点B）に至る。

②財市場の均衡を投資＝貯蓄で表す方法をとるとき：同じく，最初の時点では，生産量（または所得）が Y_r^1，投資需要がゼロであるとする。正の投資需要が発生し，財市場の状態は点Aによって示される。増加した投資に対して貯蓄はゼロであり，つまりまだ貯蓄形成過程が始まっていない。この時点では投資超過（$I > S_H$）の不均衡である。投資の増加に対応して生産・所得が増加するにつれ，経済は Y_r^1 から右方向へ移動していき，貯蓄の形成が進み，最終的に Y_r^* のところで投資増加に等しい貯蓄が形成される（点B）。

7 インフレーションとデフレーション

　インフレーション（以下「インフレ」）とデフレーション（以下「デフレ」）の過程は，一方で市場経済の過程からの帰結であるが，他方では経済を著しく不安定化させる原因にもなる。このことから，貨幣経済アプローチにおいては，インフレとデフレの過程が重要な分析対象になる。本章では，インフレ過程・デフレ過程のメカニズムを考察するとともに，価格効果を考慮することによって財市場の考察（前章）をさらに推し進める。まずは物価（価格）水準の変化を把握する方法について説明し（7.1），その後で，インフレやデフレをもたらす財市場の諸要因（7.2），価格効果と数量効果の総合（7.3），の順に考察していきたい。

7.1 物価指数について

(1) 実質量と名目量

　生産や所得などの集計量を異なる期間について比較するとき，次のような問題に直面する。それは，異なる期間の間の変化が，数量の変化によるものか，価格の変化によるものかということである。例えば，「昨年，日本では名目GDPが5％上昇した」と報じられたとする。これだけの情報ではあまり意味がない。なぜなら，物価の動向次第で，「5％」のもつ意味が全く変わってしまうからである。仮に前の年に日本の物価が8％上昇していたとすれば，日本の生産は減少していたことになる。このようなことが起きるのは，名目的な集計量（ここでは名目GDP）には数量・価格の両効果が反映されるからである。数量の影響と価格の影響とを区別しようとすれば，名目量と実質量を峻別しなければならない。

【コラム3】 物価指数算出の2つの方法

物価指数を算出するには，2つの方法がある。要素費用ベースの NDP の場合を例にとって説明しておこう。

パーシェ指数：この方法においては，まず，比較年（例えば今年）における要素費用ベースの NDP が，普通のやり方で計算される。次に，比較年の数量構成による商品バスケットを基準年（例えば昨年）の価格によって評価したら総額いくらになるかが計算される。最後に，2つの計算された値を比率で表す。

記号を用いて表してみよう。ある国民経済において，要素費用ベースの NDP には n 種類の財が入り込んでいるとし，比較年（t 期）における i 財の数量を q_{it}，i 財の価格を p_{it} とする。このとき，比較年の要素費用ベース名目 NDP は，$NDP_{Ft}=\Sigma q_{it}p_{it}$（i=1, 2, …, n）となる。前期（t-1期）を基準年とすると，基準年の価格で評価した比較年の要素費用ベース名目 NDP は，$NDP_{Ft-1}=\Sigma q_{it}p_{it-1}$ となる。以上から**パーシェ物価指数**は次のように定義される：

$$P=\frac{\Sigma q_{it}p_{it}}{\Sigma q_{it}p_{it-1}} \text{ (i=1, 2, …, n)}$$

物価指数（P）は正のいかなる値もとることができ，P=1は物価水準の不変，P>1は物価水準の上昇，P<1は物価水準の低下をそれぞれ表す。物価指数が1から1.5に上昇することは，物価水準が50％上昇することを，物価指数が1から0.9に低下することは，物価水準が10％低下することを

名目量から価格の影響を除いたものが実質量であり，実質量を求めるには，物価水準を示す統計指標である**物価指数**で名目量を割ればよい：

$$実質量=\frac{名目量}{物価指数}$$

物価指数とは，基準年（基準となる年）の物価を1（または100）として，比較年（考察されている年）の物価を表したものである。

例えば，名目量として，要素費用ベースの名目 NDP（NDP_F）を取り上げてみよう。A国において，名目 NDP が 2006 年に 400 兆円，2007 年に 484 兆円であったとし，物価指数が 2006 年から 2007 年にかけて1から1.1に上昇した

意味する。実質 NDP の算出においては，パーシェ物価指数が使用される。
ラスパイレス指数：各財の価格にかける数量として基準年の数量を選択し，基準年の価格で評価したものと比較年の価格で評価したものとを比較したものが**ラスパイレス物価指数**である。記号を用いて表すと：

$$P = \frac{\Sigma q_{it-1} p_{lt}}{\Sigma q_{it-1} p_{lt-1}} \ (i=1,\ 2,\ \cdots,\ n)$$

長期間にわたる物価指数の推移を比較するとき，パーシェ指数よりもラスパイレス指数の方が適している。なぜなら，ラスパイレス指数においては，時間の隔たりがどれだけであろうと指数のウェイト付け（加重）が不変だからである（パーシェ指数においては，毎期新しい数量でウェイト付けがなされる）。例えば，1992 年を基準年にとるときに，比較年である 1998 年のラスパイレス物価指数が 1.3 であったとしよう。これは，1992 年から 1998 年の間に全体で 30％の物価水準の上昇があったことを意味する。また，同時に，個々の期間と期間の間でどれだけ物価水準が変動したかもわかる。例えば，指数が 1.2 から 1.3 に上昇しているとすれば，物価上昇率は $8\,1/3$％である。

このようにラスパイレス指数は物価水準の変動を記述するのに有効であるが，その半面，比較年が離れていくに従って基準年の数量構成（商品バスケット）が次第に現実的でなくなっていくという短所もある。品質の変化，新しい財，新しい消費習慣等によって，比較年の数量構成は基準年のそれから乖離していく。したがって，比較年が基準年から離れていくにつれ，新しい基準年を選ぶ必要性が大きくなる。

としよう。このとき，2007 年の実質 NDP（NDP_r）は，484 兆円／1.1 ＝ 440 兆円となる。よって，要素費用ベースの NDP は，実質で前年比 40 兆円増えたことになる。名目 NDP の増加のうち 44 兆円は物価上昇によるものである。この例では，2007 年の要素費用ベースの実質 NDP 成長率は，40 兆円／400 兆円＝0.1＝10％になる。

物価指数を使えば，理論上は，NDP に限らずどんな名目量も実質量に計算し直すことができる。ただし，いかなる名目量すなわち名目的集計量かによって，計算の際に使用される物価指数は異なる。NDP の場合であれば，その年に 1 国で生産されるすべての商品種類についての物価指数が使用される。これに対して，時間賃金を実質賃金に直す場合には，消費財商品についての物価指

数である**消費者物価指数**が使用される。実質賃金は，労働組合と雇用者との間の賃金交渉において，多大な重要性をもつ。例えば，インフレが昂進する局面においては，労働組合は，実質賃金を防衛するために，予想物価上昇率を織り込んだ賃金要求を行うことがある。また，名目投資総額を実質投資総額に直すには，投資財商品についての物価指数である**企業物価指数**が，名目輸入量を実質輸入量に直すには，輸入物価指数がそれぞれ使用される。

(2) 物価指数について

以上のように，名目量を実質量に計算し直す際には，物価指数が用いられる。では物価指数はどのようにして算出されるか。物価指数を算出するには，まず，考察されている名目的集計量に含まれる商品の価格を加重平均しなければならない。つまり，名目的集計量に関係する諸商品の数量構成を考慮して，各商品の価格はその数量比に見合った分だけ物価に反映されなければならない。このとき，それぞれに異なるウェイト（加重）をもって物価の計算に入り込む諸商品の集合が，**商品バスケット**である。基準年と比較年どちらかの商品バスケットをとり，バスケット全体の価値を基準年と比較年それぞれの価格で表し，両者の間の比率を計算することによって物価指数が求められる。

さて，物価指数を算出する場合，比較年の商品バスケットを選択するか，基準年のバスケットを選択するかという2つの方法が考えられる。比較年のバスケットを用いて物価指数を算出する方法が**パーシェ指数**，基準年のバスケットを用いて物価指数を算出する方法が**ラスパイレス指数**である（コラム3参照）。

このうちラスパイレス指数を用いるならば，基準年の商品バスケットという同一の評価対象に関して，様々な年の物価を比較することができる。したがって，複数の年における物価を相互に比較して，物価が上昇したかどうか，あるいは他の年と比べて物価が高いかどうかを知るには，ラスパイレス指数を用いればよい。そこで，統計的事実としてインフレ（物価の持続的上昇）やデフレ（物価の持続的下落）の存在が指摘されるときには，ラスパイレス物価指数の年変化率に基づいて判断がなされることになる。ただし，インフレやデフレを経験的にとらえることは必ずしも容易ではない。国内生産，消費習慣等の数量構造（財の品質・数を含む）は不変ではなく，基準年としてどの年を選択するかは

任意性を免れないからである。

以下本書で「物価水準」または単に「物価」について語るときには，ラスパイレス方式によって算出された物価指数（ラスパイレス指数）を意味することとする。

7.2 インフレ過程とデフレ過程

本節では，インフレ過程・デフレ過程のメカニズムを考察する。なお，デフレ過程については，基本的にはインフレ過程と反対のことを考えればよいので，以下の説明はインフレ過程を中心にすることとする。

本節では「純粋な価格効果」を仮定する。すなわち，前章では物価変動が捨象されていたのに対して，本節では，実質生産量を与えられたものとし，需要が変化しても実質生産量は変化しないものとする。つまり，企業が需要の変動に対してもっぱら価格の変更によって反応するものとする。

(1) 物価水準の決定方程式

インフレ過程・デフレ過程のメカニズムを考察するためには，まず，どんな要因が物価水準の変化を引き起こすのかを知らなければならない。この問題を考えるための基本的な枠組みを与えるのが，ケインズが『貨幣論』で提示した「貨幣の価値の基本方程式」である（Keynes [1930]）。本書ではこれを「物価水準の決定方程式」と呼ぶ。まずは物価水準の決定方程式を導き出しておこう。

第1章で説明したように，(名目) 国民所得（または要素費用ベースの名目NDP ; Y）は，家計の所得（Y_H）と企業の未分配利潤（Q_q）とに分割される（1.2参照）:

$$Y = Y_H + Q_q \tag{1.3}$$

海外部門を捨象することとし，(名目) 国民所得を，物価水準（P）をかけた実質国民所得（または要素費用ベースの実質NDP ; Y_r）の形に置き換えると，$Y = P \cdot Y_r$ となる。これを1.3式に代入すると:

$$P \cdot Y_r = Y_H + Q_q \tag{7.1}$$

$$\therefore \quad P = \frac{Y_H}{Y_r} + \frac{Q_q}{Y_r} \tag{7.2}$$

政府部門も捨象するとすれば，家計所得は消費（C）と貯蓄（S_H）のいずれかに回ることになるから：

$$Y_H = C + S_H \tag{7.3}$$

が成り立つ。また，（名目）国民所得は消費と純投資（I）に分割されるから，次式も成り立つ：

$$P \cdot Y_r = C + I \tag{7.4}$$

7.3 式と 7.4 式を 7.1 式に代入して，整理すると：

$$Q_q = I - S_H \tag{7.5}$$

これを 7.2 式に代入すると**物価水準の決定方程式**が導かれる：

$$P = \frac{Y_H}{Y_r} + \frac{I - S_H}{Y_r} \tag{7.6}$$

7.6 式の家計所得（Y_H）の部分をさらに詳しく規定しよう。家計所得は，賃金（W）と家計に移転される利潤（Q_H）に分かれ，$Y_H = W + Q_H$ と表される（1.2 参照）。企業の資金調達がすべて他人資本（借入れ）によるものとすれば，Q_H はもっぱら利子支払いの形態をとる。したがって，家計が取得するのは賃金＋利子である。第 5 章で見たように，企業の支払い利子総額は，資本ストック（K）に借入金利（i）をかけたものとなり，$i \cdot K$ と表される。よって，$Y_H = W + i \cdot K$ が成り立つ。これを 7.6 式に代入することにより，詳細に規定された物価水準の決定方程式が得られる：

$$P = \frac{W}{Y_r} + \frac{i \cdot K}{Y_r} + \frac{I - S_H}{Y_r} \tag{7.7}$$

7 インフレーションとデフレーション

　この式において，右辺の３つの項のうち１つまたは複数が大きく（小さく）なるとき，他の条件を一定とするならば，物価水準は上昇（下落）する。右辺のどの項が物価水準変動の原因となるかによって，様々なインフレの種類が区別される。まず，①右辺第１項の値が大きく（小さく）なることは，賃金費用の増加（減少）を意味し，これによる物価水準の上昇（下落）は**賃金インフレ**（**賃金デフレ**）と呼ばれる。②右辺第２項の値が大きく（小さく）なることは，利子費用の増加（減少）を意味し，これによっても物価水準は上昇（下落）する。右辺の最初の２項は国民経済の費用構造を表しており，両項の総額が増加（減少）することによる物価水準の上昇（下落）は**費用インフレ**（**費用デフレ**）と呼ばれる。企業の費用が家計の所得に対応していることから，これは**所得インフレ**（**所得デフレ**）とも呼ばれる。③右辺の第３項については，これが正（負）であるとき**需要インフレ**（**需要デフレ**）が生じる。分子（$I-S_H$）は企業者利得，すなわち債権者に利子を支払った後に企業家の手元に残る利潤部分（未分配利潤）にあたる。分子が正（$I-S_H>0$）のときに起こりうるインフレを利潤インフレ，負（$I-S_H<0$）のとき起こりうるデフレを利潤デフレと呼ぶ。純投資が家計貯蓄より大きいか小さいかは，財市場の需給不均衡と同義である（6.4参照）から，この最後の項が非ゼロであることは財市場の不均衡を意味する。本節では生産量不変を仮定するので，財市場の不均衡はもっぱら物価変動をもたらす。なお，この物価変動は，第１・２項による物価変動とは異なり，費用の変化を反映していない。

　財市場が均衡しているとき，純投資と家計貯蓄は一致しているから，7.7式において右辺第３項はゼロになる。つまり，財市場の均衡においては，価格（物価）は費用に一致し，企業者利得も企業者損失も発生しない。よって，右辺の最初の２項に表される経済の費用構造（賃金＋利子）が，**均衡物価水準**を決定する。物価が均衡水準に収束する運動において，企業の価格設定行動としては，**マークアップ価格設定**が前提となっている。マークアップとは，個々の企業が費用に利潤を上乗せして価格付けすることであるが，マクロ的な考察レベルにおいては，賃金総額に利子支払総額（均衡時の利潤総額）を加えたものに価格（物価）が調整されることとして表れる。これに対応する個々の企業の行動は，次のようなものである。一方で，企業は他企業との競争に勝つために，

価格が費用を上回り企業者利得をもたらしているとき，価格を費用と一致するまで引き下げることを強制される。したがって企業者利得は一時的にしか可能でない。他方で，企業は，価格が少なくとも費用をカバーしていなければ，価格を引き上げざるをえない。

(2) 費用インフレの諸要因

以下では，物価水準の決定要因をもう少し詳しく考察しておくことにする。基本的に，説明はインフレ過程に即したものである（逆のことを考えればデフレ過程の説明となる）。

まず，費用インフレの諸要因を詳しく見ておくことにする。前項で定義した均衡物価水準から出発しよう。7.7式は，右辺第3項をゼロとするとき，次のように縮約される：

$$P = \frac{W}{Y_r} + \frac{i \cdot K}{Y_r} \tag{7.8}$$

記号は，物価水準：P，賃金総額：W，実質生産量：Y_r，信用市場金利：i，生産資本ストック量：K である。まず右辺の第1項（W/Y_r）は，生産物1単位当たりの賃金費用すなわち**単位賃金費用**を表す。実質生産量を不変とするとき，賃金総額（W）が増加すれば，単位賃金費用が上昇し，物価水準も上昇する。分子分母を，当該の期間に支出された労働時間（H）で割ると，分子は平均賃金率または平均時間賃金（W／H），分母は平均労働生産性（Y_r／H）となる。平均賃金率を w，平均労働生産性を π で表すと，7.8式の右辺第1項は，w／π と書き換えられる。次に右辺第2項において，実質生産量（実質所得）は労働生産性（π）と投入労働時間（H）を掛けた値になる（$Y_r = H \cdot \pi$）。以上のことを考慮して7.8式を書き換えると，**費用インフレの決定方程式**が得られる：

$$P = \frac{w}{\pi} + \frac{i \cdot K}{H \cdot \pi} \tag{7.9}$$

本節では実質生産量を不変と仮定しているので，右辺第2項の分母（H・

π）が不変であることになる。これは，労働生産性（π）が変化したとき，それと同じだけ反対方向に投入労働時間（H）が変化していることを意味する。例えば，労働生産性が2倍になるとき雇用者数が半分になるケースである。右辺第1項を見るならば，生産性上昇と同じテンポで賃金率（w）が上昇するとき，他の条件を一定とすれば，単位賃金費用は上昇しないことが明らかである。このことは，物価の安定にとって，生産性の動向に同調した賃金変動が重要であることを意味している。例えば，年間の労働生産性上昇（生産性上昇率）が3％のとき，3％の賃金率上昇は費用中立的であり，それゆえ物価水準を変化させない。また例えば，生産性上昇率が0％のとき，3％の賃金率上昇は，他の条件を一定とするならば，3％の物価水準上昇をもたらす。

　比較静学の枠組み（6.2参照）を離れて，賃金上昇の短期的な効果（動学的効果）を考えておこう。生産性上昇を上回る賃金率上昇は，賃金率と物価の両者が互いに高め合ういわゆる**賃金物価スパイラル**を引き起こす危険がある。例えば，高雇用の状況において，労働者は賃金引上げによって分配関係の有利な変更を実現できたとしよう。しかし，賃金上昇が実現したとしても，企業が賃金上昇を価格に転嫁するならば，物価が押し上げられ，結局分配関係は不変にとどまる。そこで，交渉の第2ラウンドとして，労働者が物価上昇を埋め合わせるための賃金引上げを要求するかもしれない。このときに賃金物価スパイラルが開始される。企業は賃金引上げを再び価格に転嫁し，それによって新たな賃金要求が生じる。以後は同じことの繰り返しである。

　賃金物価スパイラルは，賃金上昇からではなく，物価上昇から始まることもある。例えば，消費税の引上げ，自国通貨の減価（輸入品価格の上昇），需要インフレ（後述），等の要因によって，最初に少しばかりの物価上昇が起きたとしよう。他方でまた，労働組合が，物価水準の期待上昇率と労働生産性の期待上昇率を織り込んで賃金要求を決めるものとしよう。この場合，任意な原因による物価の押し上げから賃金物価スパイラルが開始される可能性がある。

　最後に，7.9式の右辺第2項について考察しておこう。この項は，賃金支払いだけではなく利子支払いも企業にとっての費用になることを示している。資産市場において金利が決定されるときには，貸付貨幣の価格としての金利の機能が問題であった（第3〜5章参照）。これに対して，ここ財市場においては，

（他の費用要因と相並ぶ）費用としての金利の機能が問題であり，金利は財の価格に織り込まれる。7.9式の右辺第2項に見られるように，企業の利子費用を計算するときに，金利だけでなく，投入労働量（H）に対する生産資本ストック（K）の割合もまた考慮される。この割合は**資本集約度**（$\mu = K/H$）と呼ばれる。資本集約度を考慮することによって，費用インフレの決定方程式（7.9式）は次のように書き換えることができる：

$$P = \frac{1}{\pi}(w + i \cdot \mu) \tag{7.10}$$

記号は，物価水準：P，労働生産性：π，平均賃金率：w，信用市場金利：i，資本集約度：μ である。この式によれば，資本集約度が高まると，それだけ物価水準の決定要因としての金利の作用が重要になる。技術変化や単なる評価替えの効果によって，資本集約度は変化しうる。したがって，金利の変化が物価水準に及ぼす効果は，資本集約度の変化によって増幅される場合もあれば，打ち消される場合もある。

(3) インフレと貨幣供給量

以上の説明において，貨幣供給には触れなかった。ここでインフレと貨幣供給の関係，すなわち**インフレのファイナンス**の問題について説明しておきたい。

物価水準が上昇するときには，価格上昇した商品を買うための貨幣が供給されているはずである。つまり，物価水準の上昇に対応して，内生的に貨幣量が増加しているはずである。そのためには，中央銀行が受動的に行動しなければならない，つまり貨幣市場における中央銀行のリファイナンス金利は不変でなければならない。このときの物価水準（P）と貨幣量すなわち中央銀行の貨幣創造（M）との関係は，次の**交換方程式**によってとらえられる：

$$M \cdot v = P \cdot Y_r \tag{7.11}$$

交換方程式は恒等式である。つまり，貨幣量（M）に貨幣の流通速度（v）を掛けたものは，常に名目生産量または名目国民所得（$P \cdot Y_r$）に一致する。

新古典派の**貨幣数量説**においては，交換方程式は次のように解釈される。す

なわち，生産量（または実質所得）が実物部面によって決定され，貨幣の流通速度が安定的と見なされるとき，中央銀行によって外生的に決定される貨幣量（M）と物価水準（P）との間に比例関係が成立する，と。これに対して，本書では交換方程式をケインズ主義的に解釈する。ケインズ主義的な解釈においては，貨幣量の大きさは内生的に決定される。交換方程式を貨幣量（M）について解き，7.10式を代入すると：

$$M = \frac{Y_r(w + i \cdot \mu)}{\pi \cdot v}$$

　右辺の諸要素は，それぞれ貨幣量変化の原因を示す。例えば，生産量（Y_r）または賃金率（w）が上昇するとき，他の条件を一定とすれば，貨幣量は増加する。また例えば，労働生産性（π）または貨幣の流通速度（v）が上昇するとき，他の条件を一定とすれば，貨幣量は減少する。このように，貨幣量の変化は，経済の様々な領域における変化によって引き起こされる。新古典派の貨幣数量説においては貨幣量が外生的に与えられるのに対して，ここでは貨幣量は経済過程の一部と見なされている。賃金物価スパイラルなどのインフレ過程が進行するとき，中央銀行は金融政策によって貨幣量を変化させようとするけれども，それは，右辺の諸要因の変化を誘導することによる間接的な影響行使にとどまる。つまり，中央銀行が直接に左辺の貨幣量を変化させるのではない。

(4)　需要インフレ

　物価水準の決定方程式（7.7式）の右辺第3項は，財市場が不均衡にあることが物価水準の変化要因であることを表す。不均衡状態を考察するには，比較静学の枠組みを離れることが必要になる。以下では，不均衡の均衡化過程を主にインフレのケースに即して説明し，最後にデフレのケースについて触れる。

　企業の純投資が家計の貯蓄を上回る（$I > S_H$）とき，財市場は需要超過である。純粋な価格効果を仮定するから，物価水準の上昇がもたらされる。これが需要インフレである。需要インフレの過程は次のように進行する。まず企業は，財市場における供給の相対的希少性を利用して価格を引き上げる。価格が費用を

超えて上昇することによって，正の企業者利得（$Q_q = I - S_H$）がもたらされる。これは，財供給の一時的な希少性という有利な環境を利用して獲得された準レントである。純粋な価格効果という仮定の下では，企業者利得は追加的投資に等しい。企業者利得は企業貯蓄（S_E）となり，総貯蓄（$S = S_H + S_E$）を押し上げる。こうして，投資と貯蓄の均等が事後的に成り立つ。

前章でもやはり，投資需要の増加による不均衡が均衡化する過程を考察した（6.4参照）。しかし，純粋な数量効果を仮定する前章のケースと，純粋な価格効果を仮定するここでのケースとでは，結果は対照的である。純粋な数量効果のケースでは，生産増加と家計貯蓄の増加によって投資と貯蓄の均等がもたらされるのに対して，純粋な価格効果のケースでは，同じ均等が物価上昇と企業貯蓄の増加によってもたらされる。このことはまた，家計部門に与える厚生効果に関して2つのケースには違いがあることを意味している。純粋な数量効果のケースでは，企業が投資を増加させると，所得が創造され，それとともに消費と家計貯蓄が事後的に増加する。これに対して，純粋な価格効果のケースでは，企業が投資を増加させる結果として，正の企業者利得がもたらされ，企業貯蓄が事後的に増加する。このとき発生する利潤インフレによって，家計は実質的な消費能力を奪われる。これを**強制貯蓄**という。純粋な価格効果の下では，家計は不利な所得分配を課せられる。

需要インフレの結果として，企業者利得が発生する。企業がこれを処分するとき，その帰結はどのようなものだろうか。2つのケースが考えられる。第1は，企業が自己金融による投資を推し進めるケースである。企業家が獲得した利得から投資を行うと，追加的に物価水準が上昇するから，企業者利得はいっそう増加する。こうして，投資資金の無尽蔵の源泉が得られる。第2は，企業家が獲得した利得を利用してぜいたくな生活を始めるケースである。この場合にもやはり，需要と企業者利得はいっそう増加する。こうして，企業家の消費資金の源泉が無尽蔵に得られる。つまり，2つのケースともに，企業者利得は汲めども尽くせない「寡婦の壺」（Keynes [1930]）となる。

需要インフレの要因としては，上で考察した投資増加以外に，自立的消費支出の増加や限界消費性向の上昇がある。これらの場合には，国民経済の貯蓄総額は増加せず，家計貯蓄が企業貯蓄に転換するにすぎない。またこれらの場合，

名目投資総額が不変であるとしても、物価上昇によって実質投資総額は減少する。需要インフレの要因（需要源泉）の違いによって、インフレの長期的な動向に対する影響は違ってくる。①投資の増加によって需要インフレが起きる場合には、将来における需要インフレの緩和が見込まれる。なぜなら、現在の投資が国民経済の生産能力を増加させ、将来における数量増加（数量景気）を可能にするからである。②消費支出の増加によって需要インフレが起きる場合、需要押し上げは生産能力の拡大にはつながらないので、消費支出が減少しない限り需要インフレの終息は見込まれない。

　最後に、需要デフレについて説明しておこう。企業の純投資が家計の貯蓄を下回る（$I<S_H$）とき、財市場は供給超過である。純粋な価格効果の仮定の下では、このとき利得デフレが発生する。価格が費用を下回って低下するので、企業者損失が発生する。投資需要が大きく低下すればするほど、企業家が自らの生活態度を質素にすればするほど、家計が節約を強めれば強めるほど、企業部門の損失は大きくなる。需要デフレの過程はこのようなものであるから、経済危機を節約強化によって克服しようとする景気対策はうまくいかない。

(5) 費用インフレと需要インフレの相互作用

　物価水準の上昇・下落が、インフレ・デフレとイコールであるのではない。インフレ（デフレ）と言えるのは、物価水準が数期間にわたって上昇する（低下する）場合だけである。この過程すなわち**インフレ過程（デフレ過程）**は、需要インフレ（需要デフレ）と費用インフレ（費用デフレ）が絡み合うことによって進行する。以下は、比較静学の枠組みを離れて見たときの、インフレ過程の典型的な進行である（デフレ過程については逆のことを考えよ）。

　物価水準の上方シフト（したがってまた正の企業者利得）をもたらす持続的な需要源泉が存在するとき、需要インフレが賃金物価スパイラルを誘発する可能性は非常に高い。貨幣（名目）賃金率（w）が不変のとき、需要インフレによって物価水準が上昇するならば、実質賃金率（w/P）は低下し、実質賃金総額は減少する。労働者にとって、需要インフレによって起きる実質賃金の損失は受け入れ難いであろう。特に、利潤（企業者利得）が増加するときに実質賃金が減少することは、不当視されるだろう。そこで労働組合が賃金率の引上げ

を要求して，賃金上昇が実現されるならば，賃金物価スパイラルの過程が開始される（本節(2)参照）。これ以降，インフレ過程はダイナミズムを獲得し，インフレ率は持続的に上昇するようになる。

より複雑な動態的過程として，労使間の賃金交渉に際してインフレ率の上昇が先取りされるケースが考えられる。将来インフレ率の期待（予想）が現在の賃金引上げに反映される場合には，そのような調整がなされない場合よりもインフレ率はずっと速く上昇するだろう。

7.3　価格‐数量効果

前章では純粋な数量効果を，本章では純粋な価格効果を考察してきた。現実のインフレ（デフレ）過程は，2つの極端なケースの間にあると考えられる。つまり，現実には，需要が変化するとき，価格効果と数量効果が同時に作用しうる。以下では，**価格‐数量効果**をインフレ過程に即して考察していくことにする。

純粋な数量効果を考察したとき，財市場均衡曲線は45°線によって与えられていた（6.2参照）。価格‐数量効果を考察するにあたっては，図7.1のように曲線は修正される。これは，生産量が増加し生産能力の利用度が高まるにつれ，数量効果に加えて価格効果も働くようになり，最終的には数量効果が働かなくなるに至ることを表している。財市場均衡曲線が45°線から上方へ乖離しているのは，価格効果が働くとき，生産量（または実質所得）は名目総需要よりも少ないところで均衡することによる。

図7.1では，財市場均衡曲線が3つの領域に下位区分されている。第1の領域（生産量：ゼロ〜Y_r^1）においては，曲線の傾きは45°である。物価指数（P）は1の値をとり，需要増加は純粋な数量効果をもたらす。第2の領域（生産量：Y_r^1〜Y_r^2）においては，傾きが45〜90°の範囲にある。つまり，需要が増加するとき価格効果と数量効果の両方が作用する。物価指数は1より大きい。第3の領域（生産量：Y_r^2〜）においては，傾きが90°になる。需要増加は純粋な価格効果をもたらす。

3つの領域のそれぞれにおいて，需要の増加はどのような効果をもたらすか。

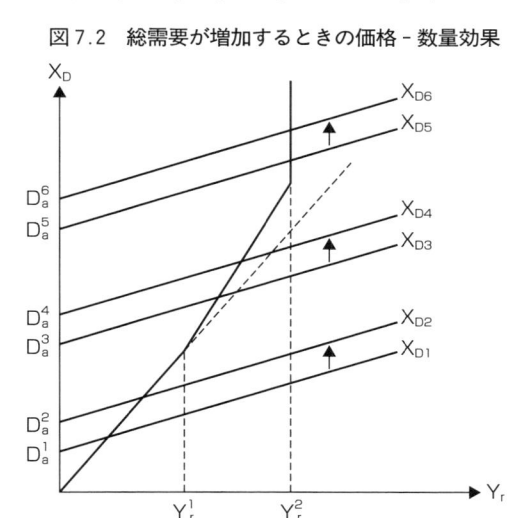

7 インフレーションとデフレーション

図7.1　価格 – 数量効果の下での財市場均衡曲線

(Heine/Herr [2003] S. 427, Abbild4.5.1を修正)

図7.2　総需要が増加するときの価格 – 数量効果

(Heine/Herr [2003] S. 427, Abbild4.5.1を修正)

少し詳しく性格づけておくことにしよう。

純粋な数量効果（財市場均衡曲線が45°）：この領域については前章で既に扱ったので，簡単な説明にとどめる。この領域においては，需要の増加は純粋な数量効果をもたらす。生産能力が遊休し，労働力の利用可能性が存在するので，

需要面からも費用面からもインフレ圧力は生じない。自立的需要が D_a^1 から D_a^2 に増加するとき，新しい財市場均衡は，総需要関数 X_{D2} と 45°線の交点によって与えられる。

価格－数量の同時効果（財市場均衡曲線が 45～90°）：この領域においては，生産能力が逼迫している（ボトルネックが生じている）部門もあれば，生産能力が遊休している部門もある。ここでは，能力の限界は部門によって一様ではないことが想定されているのである。この想定には一定の現実味がある。生産資本ストックが一定である場合でも，残業や時間外労働等が行われるのであり，生産能力の限界は厳密に固定的ではない。この領域においてはまた，労働力についても局所的に希少性が強まる。このように部門によっては生産能力と労働力の追加的利用が困難となるため，数量効果とともに価格効果も作用し始める。図 7.2 に見られるように，この領域では，財市場均衡曲線の傾きは 45 度よりも急である。自立的需要が D_a^3 から D_a^4 に増加するとき正の数量効果が現れるが，その大きさは，第 1 の領域において自立的需要の同額の増加があったときと比べて小さい。なお，この領域においては，労働力の局所的希少化から，費用面のインフレ圧力も発生する可能性がある。

純粋な価格効果（財市場均衡曲線が 90°）：この領域においては，生産の拡張が物理的理由から不可能であり，需要の増加はもっぱら価格効果をもたらす。つまりこの領域においては，需要の増加はもはや生産量（または実質所得）の増加をもたらさない。生産能力の限界に突き当たるときや，追加的労働力が利用可能でなくなるとき，経済はこの領域に突入する。この領域において典型的に見られるのが，需要インフレと費用インフレの相互作用（したがってまた賃金物価スパイラル）である。図 7.2 において，この領域は，財市場均衡曲線が垂直であることによって示されている。自立的需要が D_a^5 から D_a^6 に増加しても，生産量は Y_r^2 のままである。

総需要が減少するときも価格－数量効果は作用するが，この場合については総需要が増加する場合と逆のことを考えればよいので，説明は省略する。1 点だけ注意しておきたいのは，需要が減少するときに財市場均衡曲線の形状が変化する可能性についてである。需要が減少するとき，失業した労働者は，過去に修得した技能を低下させる可能性がある。このような労働力の質の悪化は，

7 インフレーションとデフレーション

【コラム4】 履歴効果

　履歴効果（hysteresis effect）は，一般に，経済過程が経路依存的であり，旧態に復することが困難であるとき，常に現れる。例えば，製品Aの需要が低下したために，A産業が壊滅の危機に瀕するとする。このとき需要が再び増加したとしても，A産業の再構築には時間がかかるのが普通である。A産業が規模の経済を享受する産業である場合には，再構築はかなり困難であろう。

　次に需要が増加に転じたときに，労働力の利用可能性の制約を，したがってまた数量効果の制約を強める要因となる。このような，変動の方向による効果は**履歴効果**と呼ばれる（コラム4参照）。

　以上の説明から明らかなように，需要の変化がもたらす効果は，財市場均衡曲線の形状によって決まる。曲線の形状は，歴史的に特殊な状況に依存し，客観的要因（生産能力水準，動員可能な労働力等）によっても，経済諸主体の主観的期待（企業の需要期待等）によっても影響を受ける。基礎理論のレベルにおいては具体的な価格－数量効果を確定することはできず，価格－数量効果には不確定性がつきまとう。この点は経済政策に重大な影響を与えうる。例えば，インフレ状況にあるとき，中央銀行が金利を引き上げても，狙いとしている価格効果を誘導できるとは限らず，数量効果による景気引締めを引き起こすかもしれない。あるいはまた，政府が景気対策として財政支出を行うとき，政府需要の増加が数量効果をもたらさず，価格効果（インフレ圧力）のみを引き起こすかもしれない。

8 所得分配・資産行動・景気変動

　前章では，インフレ過程（デフレ過程）のメカニズムについて説明した。本章では，インフレ過程（デフレ過程）がマクロ経済に対してどのような影響を及ぼすかを考察する。以下，インフレ過程（デフレ過程）の影響を考慮することにより，所得分配（8.1），資産市場（8.2），景気循環（8.3）のそれぞれについて考察していくことにする。

8.1 所得分配

　まず本節では，物価水準の決定方程式（7.2参照）を応用することによって，貨幣経済アプローチに基づく所得分配の理論を提示する。(1)では静学的な枠組みにより，(2)では動学的な枠組みにより，所得分配について考察する。

(1) 均衡における所得分配と実質賃金率

　所得分配（第1次分配；1.2参照）の重要な指標として，**賃金シェア**がある。賃金シェアは，賃金総額（W）を名目国民所得（Y）で割ったもの（W／Y）である。物価水準（P）の決定方程式から，賃金シェアを決定する要因を示すことができる。まず，7.8式の両辺をPで割り，名目国民所得（Y）が実質国民所得と物価水準の積（$Y_r \cdot P$）であることを考慮すると，次式が得られる：

$$\frac{W}{Y} = 1 - \frac{i \cdot K}{Y}$$

ここでWは賃金総額，iは信用市場金利，Kは資本ストック量である。**資本係数**をk（＝K／Y）で表すことにより，賃金シェアの決定要因を示す次式が得られる：

$$\frac{W}{Y} = 1 - k \cdot i \tag{8.1}$$

　所得分配を決定する独立変数は，資本係数と金利（信用市場金利）である。貨幣経済アプローチによれば，金利の水準は，資本財の物的限界生産性などの客観的変数によっては決定されない。第3〜5章で見たように，金利は資産市場において決定され，中央銀行の金融政策，与信者である銀行・家計の主観的期待，受信者である企業の主観的期待によって左右される。財市場・労働市場にとっては，金利は外から与えられるもの，すなわち外生変数である。企業にとってみれば，金利は，生産資本に対する一種の「資産税」であり，したがって，①企業に対する通常の課税と同じように，金利は財の価格に織り込まれるし，②金利水準は，賃金支払いに当てることのできる所得額を決定する。市場の階層性に関する貨幣経済アプローチの考え方（2.1参照）と合致して，ここでは，資産市場が金利を決定することによって，財市場・労働市場に対して一方的に制約を課している。8.1式が意味していることは，このようにして，資産市場における金利の変化が所得分配に影響を与えるということである。ただし賃金シェアがいずれの方向に変化するかは，不確定である。なぜなら，金利の変化が技術の転換をもたらすことによって，資本係数が変化する可能性があるからである。資本係数は，企業の投資決定に際しての技術選択の結果として，また生産資本の評価替えによって変動する。

　所得分配が資産市場によって決定されるということは，裏返して言えば，それが労働市場によっては決定されないということである。賃金物価スパイラルの説明に際して考察したように（7.2参照），通常，貨幣賃金率（w）の引上げによって分配関係を変更することはできないのであり，貨幣賃金率の上昇は物価水準の上昇をもたらすにすぎない。貨幣賃金率が大幅に変動しても，賃金シェアは長期的には安定を保つのがむしろ普通である。労働市場では貨幣賃金率が決定されるが，それによって分配関係が決定されるのではない。

　次に，実質賃金率の決定について見ておこう。8.1式において，名目国民所得（Y）は実質国民所得と物価水準の積（$P \cdot Y_r$）であること，賃金総額（W）は貨幣賃金率と投入労働時間の積（$w \cdot H$）であること，そして実質国

民所得（Y_r）は労働生産性と投入労働時間の積（$\pi \cdot H$）であることを考慮することにより，次式が得られる：

$$\frac{w}{P} = \pi(1-k \cdot i) \qquad (8.2)$$

　この式は，実質賃金率（w／P）が，所得分配（1－k・i）と労働生産性（π）によって決まることを示している。生産性が上昇するとき，あるいは所得分配が労働者に有利に変更される（賃金シェアが上昇する）とき，他の条件を一定とすれば，実質賃金率は上昇する。前述のように（資本係数の変化可能性を考慮するとき）金利の変化が所得分配に及ぼす影響は不確定であり，したがってまた金利の変化が実質賃金率に及ぼす影響は不確定である。8.2式のうち労働市場によって決定されるのは貨幣賃金率（左辺の分子）だけであるから，労働者が賃金交渉によって一時的に実質賃金率の上昇を実現したとしても，それを長期的に維持することは容易ではないと言える。また生産性上昇を上回る貨幣賃金率の上昇が実現した場合，インフレ過程したがってまた中央銀行の反インフレ政策が帰結することになり，労働者はむしろ不利な影響（金融引締め政策→安定恐慌→雇用減少）さえ被りかねない。

　以上の説明から確認されるのは，所得分配および実質賃金率の決定において資産市場が重要な役割を果たすということである。この見方は，所得分配を生産諸要素の限界生産力によって説明する考え方や，あるいは貨幣賃金率の変化がそのまま実質賃金率の変化を帰結するとする新古典派的な労働市場観とは相容れない。また後述するように，貨幣経済アプローチの帰結として，本書では，労働市場は雇用も決定しないものと考える（9.3参照）。これに対して，新古典派経済学においては，労働市場の働きが実質賃金率の変化をもたらし，ひいては雇用に影響を及ぼすとされる。本書のように労働市場は所得分配も実質賃金率も雇用も決定しないと考えると，労働市場は重要な考察対象にはなりえないように見える。しかしそうではない。貨幣経済アプローチにおいては，労働市場は，経済の安定にとって非常に重要な位置を占めるのである。なぜなら，労働市場で決まる貨幣賃金率は物価水準の重要な決定要因であるからである。貨幣賃金率の水準は物価水準のアンカーとなることにより，貨幣経済の名目的標

準を確立する役割を果たす。賃金物価スパイラルが進行してインフレ（および
デフレ）過程が引き起こされるときには，このアンカーは効力を失っている。
貨幣賃金率の硬直性すなわち生産性上昇に対応した貨幣賃金率の上昇は，**市場
システムの安定性条件**なのである。

(2) 動学的な分配効果

　物価水準の決定方程式（7.7式）に示されていたように，生産量（または実質
所得）を不変とするとき，投資と家計貯蓄の不均等は物価水準に影響を与え，
したがってまた企業者利得の状態に影響を及ぼす。このときに引き起こされる
分配関係の修正が，**動学的な分配効果**である。以下ではこの効果を説明する。

　経済主体を賃金取得者と利潤取得者に区分し，そのうち利潤取得者は均衡利
潤と不均衡利潤（企業者利得）の両方を獲得するものとする。これに対応して，
国民経済の貯蓄総額（S）は，賃金取得者の貯蓄（S_w）と利潤取得者の貯蓄
（S_Q）に区分される。よって財市場の均衡条件である投資（I）と貯蓄（S）の
均等は，次のように書き換えられる：

$$I = S_w + S_Q \tag{8.3}$$

賃金取得者と利潤取得者は，それぞれ特定の貯蓄性向（パラメータであるs_wと
s_q）をもつとする。単純化のために，これらの貯蓄性向は所得水準から独立で
あるとする。8.3式において次のことを考慮しよう。すなわち，賃金取得者の
貯蓄（S_w）が賃金総額と賃金取得者の貯蓄性向との積（$s_w \cdot W$）であり，ま
た賃金総額（W）は名目国民所得から利潤総額を差し引いたもの（$P \cdot Y_r - Q$）であり，さらに利潤取得者の貯蓄（S_Q）は利潤総額と利潤取得者の貯蓄性
向の積（$s_q \cdot Q$）である。これらを考慮して8.3式を利潤シェア（$Q / P \cdot Y_r$）について解くと，次式が得られる：

$$\frac{Q}{P \cdot Y_r} = \frac{1}{(s_q - s_w)} \cdot \frac{I}{P \cdot Y_r} - \frac{s_w}{(s_q - s_w)} \tag{8.4}$$

これを**動学的分配方程式**という。賃金シェアは（1－利潤シェア）であり，こ
の式から直ちに求められる。なお以下では，利潤取得者の貯蓄性向は賃金取得

者のそれよりも大きいとする（$s_q > s_w$）。

8.4式において，貯蓄性向はパラメータであるから，投資率（$I/P \cdot Y_r$）が決まれば利潤シェアが決まる。いま，企業が投資需要を増加させることにより，投資率が上昇するとしよう。生産量（または実質所得）を不変とすれば，物価水準は上昇するだろう。これにより次のような所得分配効果が生じる。一方で，企業は需要インフレによって企業者利得を獲得するので，利潤総額は増加する。他方で，名目賃金総額を一定とするときに実質賃金総額は低下し，賃金取得者は強制貯蓄を行うことになる。要するに，賃金取得者に不利な分配変更がなされるだろう。この場合，利潤取得者の立場は賃金取得者に比べて有利である。なぜなら，利潤取得者である企業が投資を増やせば増やすほど，また企業が貯蓄性向を低めれば低めるほど，分配関係は企業に有利に変更されるからである。この意味で利潤取得者は「寡婦の壺」（Keynes [1930]）をもっていると言える（「寡婦の壺」については7.2も参照）。

本節(1)における静学的枠組みによる所得分配の考察と，ここでの動学的枠組みによる考察とは，対立をなすものではなく，それぞれに異なる側面を明らかにしている。静学的な所得分配の考察は，循環を超えた賃金シェア（および利潤シェア）の水準を説明する。これに対して，動学的な考察は，景気循環の中での賃金シェア（および利潤シェア）の変動を説明する。賃金シェアが景気拡大時に縮小し景気収縮時に拡大することは，経験的にも確認される。動学的な考察は，この現象を投資活動の変化（景気拡大時の活発化，景気収縮時の不振）から説明する。

8.2　物価水準の変動と資産市場

本節では，物価水準の変動（以下「物価変動」）が資産市場に与える影響を明らかにする。物価変動は，それ自体としては財市場の現象であるけれども，資産市場に対して重要な影響を及ぼす。そうして引き起こされた資産市場における変化はまた，財市場へと反作用を及ぼす。資産市場の参加主体は，企業・家計・銀行・中央銀行である。このうち，物価水準が変動するときの中央銀行の行動は第10章で扱うこととし，本節では，企業・銀行・家計の行動を考察対

象にする。以下，まず，物価が変動するとき，一般に有利子（利子生み）貨幣資産を通じてどのような分配変更効果が生じるかを見ておく。その後，物価が変動するときの企業・銀行・家計の行動について順に考察する。既に第3〜5章において，物価安定時のこれら諸主体の行動を説明した。本節では，そうした行動が物価変動によってどう修正されるかを問題にする。

(1) 物価変動による信用を通じた分配効果

物価変動は，債権者と債務者の分配状態に影響を及ぼす。一般に，物価上昇（下落）は固定金利の信用契約の実質価値を減少（増加）させるので，債務者（債権者）に有利な分配変更を引き起こす。特に，インフレ過程やデフレ過程が進行するとき，そうして生じる分配変更は大幅なものになりうる。

しかし，名目金利をうまく調整することができれば，物価変動による分配効果を免れることが可能である。この点を，インフレ時における対企業信用の金利（i）について説明しておこう。インフレが発生していないときの金利をi^1とし，$\dot{P}$の率（ドットは変化率であることを示し，$\dot{P}$は物価上昇率）のインフレが発生するとしよう。このとき，債権者（銀行や家計）に完全な**インフレ補償**を与える名目金利i^2は，次のように計算される：

$$i^2 = i^1 + \dot{P} + i^1 \cdot \dot{P} \qquad (8.5)$$

この式は，前貸し貨幣（信用の元本）だけでなく，利子支払いもまたインフレから守られねばならないこと（右辺第3項）を意味している。例えば，非インフレ時の利子率が6％であり，20％のインフレ率が発生するとき，債権者がインフレ補償を享受するためには，信用契約の名目金利は27.2％に上昇しなければならない（$0.06 + 0.2 + 0.06 \cdot 0.2 = 0.272$）。このように，債権者がインフレ損失を避けるためには，インフレ率よりも高い名目金利が付けられねばならない。

インフレが起きているときに債権者が名目金利の引上げによって確保しようとするのは，**実質金利**である。ここでの「実質金利」は，物価水準の変化を差し引いた名目金利のことであり，実物部面で決まる利子率（新古典派的な概念）のことではない。実質金利（i_r）と名目金利（i）の関係は，8.5式における

非インフレ金利（i^1）とインフレ補償金利（i^2）の関係に等しいので，実質金利を求める公式は次のようになる：

$$i_r = \frac{i - \dot{P}}{1 + \dot{P}} \tag{8.6}$$

例えば，インフレ率が 20％（0.2）のとき名目金利を 27.2％（0.272）とすれば，実質金利は 6％（0.06）になる。

8.6 式からは次のようなことがわかる。まず，物価水準が安定しているときには，名目金利と実質金利は同一になる。また，名目金利がインフレ率に等しいとき実質金利はゼロになり，この場合，債権者は自らの債権ストックをインフレから守っている。それを超えて債権者が正の実質利子所得を獲得するためには，名目金利がインフレ率を上回っていることが必要である。同じような考察は，デフレが起きているときの債務者への**デフレ補償**についても行うことができる。ただし，デフレのケースでは，デフレ率が高くなるにつれて債務者を保護する名目金利は低下していき，最終的には名目金利が負にならないとデフレ補償の効果がなくなってしまう。しかし，債権者が負の名目金利を受け入れることはないだろう。なぜなら，名目金利がゼロ以下であれば，信用を供与するよりも貨幣を保蔵した方が有利になるからである。理論上は名目金利の最低限はゼロであるから，デフレ過程が進行して分配変更が進むとき，これを名目金利の調整で阻止することには限界がある。

(2) 企業の行動における修正

物価変動の期待（予想）は，すべての経済主体の資産行動に影響を及ぼす。ここではまず，企業の投資行動を取り上げる。生産資本の期待収益率（5.3 式の r）が少なくとも金利水準を上回っていないと，投資は実行されない。いま，現在の物価水準が安定しているが，将来のインフレが期待（予想）されるとしよう。このとき，将来の純貨幣還流（$E_1 - COS_1, \cdots, E_n - COS_n$）が増加するので，他の条件を一定とすれば，生産資本の期待収益率は上昇する。単純化のために，各期における売上げ（E_t）と（減価償却を除いた）経常費用（COS_t）が同じ割合で変化するものと仮定しよう。このとき，インフレ期待によって期待

純貨幣還流が増加するので，投資財の価格は相対的に「安く」なる。このように，インフレ期待によって生産資本の期待収益率は上昇する。したがって，金利が不変である限り，インフレ期待は投資需要を増加させる。しかし，インフレが進行して名目金利が上昇するならば，投資需要の増加は抑えられる。インフレ過程の中でどのくらいのテンポで投資需要が増加するかは，名目金利がどれだけ上昇するのかによって決まる。

　デフレ過程が開始されデフレが強まるときには，逆の効果が起きるだろう。デフレ過程の下では，「高く」購入される投資財が，価格を低下させていく財の生産に用いられる。したがって，デフレは生産資本の期待収益率を低下させる。金利が同じ割合で低下すれば，デフレによる期待収益率の低下は相殺されるだろう。ただし，インフレ過程のときと異なりこの相殺には限界がある。なぜなら，生産資本の期待収益率が大きな負の値をとる場合でも，名目金利はゼロまでしか下がらないからである。

　上述のように，インフレ過程の最初の局面までは，投資は刺激される。企業にとって，インフレの開始局面は心地よい状態である。しかし，インフレの終結にあたっては，痛みを覚悟しなければならない。インフレ過程は，企業の投資行動に対して次のような有害な影響を与える。第1に，インフレ過程が進行するとき，貨幣システムの侵食を避けるために，中央銀行は遅かれ早かれ介入せざるをえなくなる（10.1参照）。しかし，インフレとの闘いは金利の上昇をともなうため，投資活動は抑制されてしまう。第2に，インフレ率が高まりさらには加速するとき，経済環境の将来見通しに関する不確実性が強まる。どの時点で中央銀行はインフレと闘うのか，金利の引上げによってどの程度の景気後退が起きるのか，インフレは貨幣システムの崩壊をともなうハイパーインフレへと転化するのかどうか――これらのことは不確定である。不確実性が強まり，計算可能な時間的見通しが短縮することにより，いずれは生産資本の期待収益率が低下する。なお，デフレは貨幣システムの侵食こそ引き起こさないものの，不確実性の水準を高める点ではインフレと同じである。不確実性が強まることによって，デフレによる投資活動の崩壊はいっそう激しいものになる。

(3) 銀行の行動における修正

銀行は，信用を供与するために自らも借入れを行っており，それゆえ債権者でもあると同時に債務者でもある。物価が変動するとき，銀行はバランスシートの一方の側で利益を得るが他方の側では損失を被るので，基本的に銀行は物価変動に対して利害中立的である。

しかし，物価変動は銀行の貸出金利に以下のような影響を及ぼす。まず，インフレが進行するとき，銀行のリファイナンス金利が物価上昇に対して調整されるようになる。これは，①貨幣市場での貸し手である他の銀行や，預金市場の貸し手である公衆がインフレ損失を相殺するために高い名目金利を要求するようになること，②中央銀行がインフレ抑制のために金融引締め政策を実施すること，そして③不確実性が高まり準備保有が増えるので預金リファイナンスの費用が大きくなることによる。次に，上昇したリファイナンス金利に対して，貸出金利が調整される。

インフレ過程の下では，物価上昇に対して貸出金利が調整されるだけでなく，不確実性プレミアムすなわち利鞘もまた影響を受ける。加速するインフレ動向の先行きに関する不確実性が強まり，経済諸主体の時間的見通しが短縮するため，銀行はより大きな不確実性プレミアムを貸出金利に織り込もうとするのである。よって，リファイナンス金利の上昇に加えて，要求利鞘の拡大によっても，銀行の貸出金利は上昇する。

デフレによる銀行の行動変化については，以上と逆のことを考えればよい。ただし，デフレ過程においてもインフレ過程のときと同様，不確実性が強まり，銀行の要求利鞘は拡大する。このことは，デフレ時における貸出金利の低下傾向に対して反対に作用する要因である。

(4) 家計の行動における修正

インフレ（デフレ）過程の中で，家計の資産行動は非常に重要な役割を果たす。個別家計の資産行動は，対企業信用・預金・貨幣保有・有形資産という4種類の資産の間で，期待される総価値増殖率（金銭率＋非金銭率）が均等になるまで，ポートフォリオを組み替えていくというものである（4.1参照）。最終的

に到達すべき個別家計のポートフォリオ均衡は，どの種類の保有資産においても総価値増殖率が等しい状態（4.2式：$i + l_{Lh} = i_g + l_{Gh} = l_{Mh} = l_{Th}$）によって示される。以下では，各資産種類の価値増殖率が物価変動によってどのような影響を受けるかを考察し，それを踏まえて，家計ポートフォリオの修正された均衡式を提示する。

　有形資産：有形資産は，物価変動に対応して名目価値が変動するので，インフレ耐性をもつ資産と言える。したがって有形資産は，それを保有する家計にとって資産保全の手段ないし確実性確保の手段として役立つ。4種類の資産のうちでは，有形資産は，自動的にインフレ補償をもたらす唯一の資産種類であり，そのことにより，他の資産種類には見られない独自な非金銭的価値増殖率すなわち資産保全プレミアム（l_{Th}）を獲得する。

　主観的な期待インフレ率を$\dot{P}^e$（$\dot{P}^e$が負の値をとるとき期待デフレ率）で表すとき，有形資産の期待総価値増殖率は，$l_{Th} + \dot{P}^e$と表される。つまり，インフレ期待（予想）が強いほど，有形資産の期待総価値増殖率は大きくなる。このことは，インフレが起きるときの有形資産への逃避を説明する。デフレが予想されるときには，有形資産の期待総価値増殖率は低下するか，場合によってはマイナスになる。

　貨幣保有：貨幣保有は，もっぱら，主観的に評価される流動性プレミアム（貨幣保有の確実性・利便性を表す）をもたらす。有形資産とは反対に，貨幣保有は，インフレ率の上昇とともに価値を失っていく。よって，物価変動の影響を考慮したときの貨幣保有の期待総価値増殖率は，$l_{Mh} - \dot{P}^e$と表される。

　インフレ率が高くなると，貨幣保有の確実性機能は徐々に低下していき，最終的には完全な喪失に至る。しかし，インフレ率が高くなっても，利便性（取引費用の節約）の機能は果たされるので，貨幣保有がもたらす最低限の非金銭的価値増殖率はなお維持され，一定の貨幣保有は行われる。この点は，高インフレ国においてすらなお貨幣（主に一般流通における取引手段としての）が保有されることを説明する。ただし，次の点に注意しておかねばならない。それは，インフレ率が高くてしかも上昇していく局面では，貨幣保有者は常に，財の購入に際して手持ちの貨幣が売り手に受領されなくなる恐れ，つまり貨幣が財領有の機能（購買手段機能）を完全に失う恐れを計算に入れておかなければなら

ないということである。極限的なケースにおいては，貨幣の限界的な非金銭的価値増殖率はゼロへと低下し，その貨幣の諸機能は完全に失われる。これは貨幣システムの最終的崩壊を意味する（9.1参照）。

デフレが予想されるときには，貨幣保有の期待総価値増殖率は上方へ跳ね上がる。なぜなら，いまや流動性プレミアムに加えて，貨幣の購買力増大が期待総価値増殖率に加わるからである。

対企業信用と預金：貨幣保有と同様，対企業信用と預金の場合も，インフレ過程の中で期待総価値増殖率は低下していく。しかし，対企業信用と預金の場合，非金銭率とともに金銭率（金利）ももたらし，インフレ損失を名目金利の調整によって相殺しうる可能性がある（上述）。以上を考慮して，対企業信用の期待総価値増殖率は $i + l_{Lh} - \dot{P}^e$，預金のそれは $i_g + l_{Gh} - \dot{P}^e$ と表される。

他方，デフレ期待は，他の条件を一定とすれば，対企業信用と預金の期待総価値増殖率を高める。ただし，デフレ環境が続く場合，最終的には，前貸し貨幣の還流がかなり不確実と評価され，そのために非金銭率（l_{Lh}, l_{Gh}）が大きな負の値をとるようになり，信用供与が行われなくなる可能性がある。

各資産種類についての以上の考察をまとめることにより，物価変動の期待を織り込んで**修正された個別家計のポートフォリオ均衡**を次のように表すことができる：

$$i + l_{Lh} - \dot{P}^e = i_g + l_{Gh} - \dot{P}^e = l_{Mh} - \dot{P}^e = l_{Th} + \dot{P}^e \qquad (8.7)$$

この式を念頭に置くことによって，インフレ過程の中で家計がとる典型的な資産行動について説明することができる。

まず，貨幣保有と有形資産の間でのポートフォリオ組み替えについて述べておこう。インフレ率の上昇が予想されるとき，貨幣保有の総価値増殖率は急低下し，有形資産のそれは急上昇する。このとき，貨幣保有を取り崩し，有形資産を増やす方向での大幅なポートフォリオ組み替えが起きる。もしも資産の組み替えがなされなければ，$l_{Mh} - \dot{P}^e < l_{Th} + \dot{P}^e$ となり，家計は最適な資産選択を行っていないことになる。貨幣保有の取り崩しと有形資産の積み増しがなされていくことによって，l_{Mh} の上昇と l_{Th} の低下を経て，最終的にポートフォリオ均衡が達成される。デフレが予想されるときには，これと反対の論理に基づ

いて，有形資産の取り崩しと貨幣保有の増加によってポートフォリオ均衡が達成される。こうして，インフレ過程の場合には「貨幣からの逃避」が，デフレ過程の場合には「貨幣への逃避」が見られる。

　次に，有利子の貨幣資産（対企業信用と預金）と有形資産の間でのポートフォリオ組み替えについて述べておこう。期待インフレ率が上昇するとき，有利子の貨幣資産に関する家計の行動は，名目金利の調整によるインフレ補償に関する期待によって決まる。つまり，家計が金利とインフレ率の連動（インデクセーション）に信頼を寄せている限り，ポートフォリオ中における対企業信用や預金の比重には急激な変化は見られないだろう。しかし，金利の上昇が十分でなければ，実質金利は負となり，家計は資産損失を被る。そのような場合，有利子の貨幣資産である預金についても，家計は価値増殖率の安定を期待できなくなる。また，インフレが激しくなるとき，家計はハイパーインフレへの転化と，それによる貨幣システム崩壊への不安に駆られるようになる。その場合，家計は預金資産の価値崩壊をも予想するので，たとえ有利子の資産であったとしても預金を確実性確保の手段とは見なさなくなっていく。こうして金利とインフレ率の連動に対する信頼が低下し，かつまた預金資産の価値安定への信頼が崩壊するならば，家計は有利子資産から有形資産へと急激に資産保有をシフトさせることになる。その結果は，有形資産の大幅な超過需要である。このときインフレ過程は極端に累積的な性質を獲得し，ハイパーインフレへと転化していく。もはや金利とインフレ率との連動関係は全く維持不可能になる。

　以上のようなインフレ下での家計の資産選択を考慮することによって，インフレ過程の典型的なシナリオを描き出すことができる。①インフレ率が比較的低い段階においては，貨幣保有の割合を最小化することが追求される。非常に用心深い家計は，この段階において既に有形資産への逃避を始める。②クリーピング・インフレ（忍び寄るインフレ）が続き，ある程度のインフレ率を超えた段階において，有利子の貨幣資産からの撤退が始まり，家計部門において有形資産へのシフトが一般的に見られるようになる。③さらにインフレ率が上昇して，有利子貨幣資産の価値が維持されることへの信頼が崩壊するとき，貨幣および有利子貨幣資産からの全面的な撤退と，有形資産への急激な資産シフトが始まる。上で述べたように，この段階に至るとハイパーインフレへの転化が現

実のものとなる。このようにインフレ過程は，家計の純資産に占める有形資産の保有割合が増加する速さに対応して，3段階に区分される。ただし，どの時点で段階の移行がなされるのかについては，そのときの各国の事情によって様々であり，基礎理論のレベルでは確定できない。

このようなシナリオが描かれることから，家計が貨幣資産から撤退する可能性は，中央銀行の政策に対して重大な制約を課すことになる。中央銀行は，貨幣資産の価値が維持されることへの家計の信頼を喚起できないとき，有形資産や外貨資産への逃避という形で家計から制裁を加えられる。この制裁の可能性が圧力となって，中央銀行は遅かれ早かれインフレ過程への対処を迫られる。中央銀行が政治的理由からそのようなことを行えないとき，あるいはインフレを易々と受け入れるとき，貨幣システムは家計の資産行動によって侵食されていくことになる。この場合，家計の側としても，資産保全の目的を達成するためには貨幣資産から撤退せざるをえない。また有利子の貨幣資産への投資がなされる場合でも，それは，直ちに撤退できることを重視する短期的な視野に基づくものであり，長期的な投資ではない。インフレ過程の下で不確実性が高まるとき，家計の資産行動における時間的見通しは短期化せざるをえない。

以上は，インフレ過程の下での家計の資産行動である。デフレ期待をもつときの家計の反応は，以上とほぼ逆になる。デフレ過程のケースについて押さえておきたいのは，家計の資産行動がデフレ過程を先鋭化させる点である。これは次の理由による。①貨幣資産への選好が高まることにより，有形資産が供給超過になり，有形資産の価格がいっそう低下する。②デフレ期待をもつ家計は，あらゆる種類の財について購入を将来へ先延ばしすることが合理的である。この結果，総消費需要が減少する。③不確実性の強まりによって，確実性に優れている貨幣資産（何よりもまず貨幣そのもの，および安定した銀行システムの下では相対的に確実である預金）の保有が増加する。

8.3 景気の諸局面

貨幣経済の発展を特徴づけるのは，1国の生産の成長が循環的に変動することである。たいていは，この変動は，正の値をとる成長率が上下することによ

って，すなわち経済の拡大テンポの加速・減速によって示される。しかし，景気の下降局面において，ときには負の成長率すなわち経済の収縮が見られることもある。このような生産の循環的な変動とともに，雇用・物価水準・企業利潤の変動が見られる。この現象を**景気変動**という。

しばしば景気変動は三角関数のサイン曲線としてイメージされるが，景気変動をそのような単調に繰り返される循環と見なすことは過度の単純化である。**景気循環**の長さ（例えば，ある上昇局面の開始から次の上昇局面の開始まで）や，景気の上昇・下降の持続期間は，決して硬直的な法則に従ってはいない。その重要な理由の1つは，景気変動の中心的な説明要因である投資の変動に不連続性が見られることである。投資の変動は，生産資本の期待収益率と金利との間の関係いかんに左右される。景気の拡大（収縮）局面においては期待収益率が金利を上回る（下回る）。以下考察するように，景気の各局面における2変数間の関係が，投資活動に強い影響を与え，ひいては景気変動を駆り立てる。

(1) 理念型として見た景気循環

現実の景気変動においては特殊な歴史的要因が作用するため，それぞれの景気循環は他のそれと違う個性をもっている。ここでの課題は，そうした個性を分析することではない。以下ではむしろ，景気循環の経過がどのような特徴をもつかを理念型的に考察する。以下の説明は，あくまでも景気循環の典型的な過程の描写にとどまり，歴史的現実における景気循環の経過とは食い違う部分がある。

考察にあたっての前提は次の通りである。①議論の単純化のために生産性の変化は無視する。②実質生産量の成長率は景気の上昇局面では正の値，下降局面は負の値をとるものとする。③デフレ過程の考察は次章に譲りここでは行わない。

不況：不況（stagnation）の局面から見ていこう（以下の説明は表8.1に沿って行う）。この局面においては，実質生産量の成長率，インフレ率および雇用量変化はゼロである。純投資と貯蓄もゼロであり，また金利は相対的に低く，経済には至る所に遊休生産能力が見いだされ，失業率は相対的に高い。このような状況の中で，いま将来期待が改善されるとしよう。生産資本の期待収益率

8 所得分配・資産行動・景気変動

表8.1 景気の諸局面 (Heine/Herr [2002] S.443 より一部を修正)

局面	純投資	投資・貯蓄	生産量	労働支出	賃金率	物価水準	金利	信用・貨幣量
不況	$r=i$ $I=0$	$S_H=0$	$\Delta Y_r=0$	$\Delta H=0$	$\Delta w=0$	$\Delta P=0$	$\Delta i=0$	$\Delta L=0$ $\Delta M=0$
数量景気	$r>i$ $I>0$	$I \Rightarrow S_H$ $S_H>0$	$\Delta Y_r>0$	$\Delta H>0$	$\Delta w>0$	$\Delta P>0$	$\Delta i=0$	$\Delta L>0$ $\Delta M>0$
インフレ景気	$r>i$ $I>0$	$I \Rightarrow S_H$ $S_H>0$ $I>S_H$ $\Rightarrow Q_q>0$ 需要インフレ	$\Delta Y_r>0$	$\Delta H>0$	$\Delta w>0$ 費用インフレ加速	$\Delta P>0$ 物価上昇加速	$\Delta i>0$	$\Delta L>0$ $\Delta M>0$
恐慌	$r<i$ $I<0$	$I \Rightarrow S_H$ $S_H<0$ $I<S_H$ $\Rightarrow Q_q<0$ 需要デフレ	$\Delta Y_r<0$	$\Delta H<0$	$\Delta w>0$ 費用インフレ	$\Delta P>0$ 物価上昇減速	$\Delta i>0$	$\Delta L<0$ $\Delta M<0$
下降	$r<i$ $I<0$	$I \Rightarrow S_H$ $S_H<0$ $I<S_H$ $\Rightarrow Q_q<0$ 需要デフレ	$\Delta Y_r<0$	$\Delta H<0$	$\Delta w>0$ 費用インフレ減速	$\Delta P>0$ 物価上昇減速	$\Delta i<0$	$\Delta L<0$ $\Delta M<0$

（r）が上昇し，借入金利（i）との間に差が生じるので，投資活動（I）は活発化する。つまり，理論的に言えば，金利の関数である投資関数ならびに総信用需要関数は右にシフトする。このときにはまた，銀行の不確実性プレミアムが低下し，家計の対企業信用への意欲が増すだろう。つまり，総信用供給関数は右にシフトする。よって，一方で企業家の期待が改善し投資需要と信用需要が増加し，他方で信用供給者（銀行と家計）は積極的にこれに応じる。こうした変化の結果として金利がどう動くか（低下，不変，上昇）は，この局面ではあまり重要でない。生産資本の期待収益率は上昇し，たとえ金利が上昇したとしても，そのことによって期待収益率の上昇が完全に相殺されることはないだろう。

数量景気：多くの遊休生産能力と失業が存在するとき，投資の増加は**数量景気**をもたらす。この局面においては，インフレ傾向は見られず，中央銀行がリファイナンス金利を変更する誘因は存在しない。投資需要および信用需要が増

加していくが，(著しい)金利の上昇をともなうことなく，信用と貨幣供給の拡張が引き起こされる。投資が実現されて所得形成の過程が始まるので，消費需要が刺激され，したがって財市場乗数の効果が作用する。追加的所得から家計貯蓄（S_H）が派生し，家計貯蓄の増加によって投資と貯蓄の均等がもたらされる。好景気により将来期待は好転するが，この局面ではまだ期待が急変する理由は見当たらない。貨幣賃金・物価水準・金利は安定的であり続け，生産と雇用が拡大する（失業率は低下する）ので，経済はまさに「最高の局面」にある。経済発展のためには，この局面ができるだけ長引くことが望ましい。

インフレ景気：高い実質成長が続いた後，数量景気は**インフレ景気**へと移行する。需要が拡張していき，やがて，局所的に（例えば個別部門のレベルにおいて）労働市場の需給逼迫や，生産能力の完全利用が見られるようになる。財市場における需要超過は，生産量の拡大によっては十分に吸収されなくなり，経済は価格効果と数量効果が同時に作用する領域へと突入する（7.3参照）。財市場の需要超過から，需要インフレ（$I>S_H$）が発生し，企業者利得それゆえ企業貯蓄がもたらされる。所得の増加によって家計貯蓄も増加するが，家計貯蓄の増加率は投資の増加率を下回る。投資と貯蓄の均等は，貯蓄総額（家計貯蓄＋企業貯蓄）の増加が純投資の額と等しくなることによって達成される。需要インフレによって獲得される企業者利得は，企業の投資金融を容易にし，場合によっては投資意欲をいっそうかき立てる。

景気が拡大していくと，雇用の増加と失業の減少によって，労働者の市場パワーが強化される。それにともない，需要インフレが，費用インフレ（ここでは賃金インフレ）を喚起し易くなる。なぜなら，労働市場が逼迫してくると，「利潤が増加し，雇用が増加し，(インフレによって)実質賃金率が低下しつつある中でも，賃金要求の節度を保つべきだ」という要求に労働組合が応えることは難しくなるからである。賃金引上げが可能なこうした状況下で賃金引上げ要求を行わない労働組合は，組合員の支持を失いかねない。また，労働市場が逼迫しているとき，企業間の引き抜き競争（ヘッドハンティング）の標的となる労働者は，協定賃金を上回る個別賃金を獲得することができる。組合員が賃金節度の重要性を十分に理解している非常に慎重な労働組合であっても，このときの貨幣賃金上昇の過程を抑制することは困難である。こうして，市場的過程に

よって，労働者による賃金節度の遵守は困難になっていく。

　以上のように，インフレ景気の局面においては，景気上昇とともに需要インフレと費用インフレが絡み合いながら進行し，その下で貨幣賃金率とインフレ率はますます上昇し，実体経済はさらなる拡張を遂げる。この局面において，中央銀行は，インフレ過程に対処するタイミングの問題を突き付けられる。中央銀行が直ちにインフレ鎮圧に乗り出すならば，経済拡張が破壊される可能性があるし，インフレ対処を先延ばしすれば，ハイパーインフレの発生を許す可能性がある。ケインズは，早まった金融引締め政策を「病人を殺して病気を治すといった種類の対策」(Keynes [1936] 邦訳 p. 323) として批判していた。インフレの傾向が見られ始めた時期に中央銀行が強い引締め策を実施すれば，景気拡張は妨げられ，長期的な経済発展は損なわれるだろう。この意味では，中央銀行は，活発な投資活動の結果である需要インフレを受け入れねばならないと言える。

　需要インフレへの対処が不必要な場合もある。なぜなら，需要インフレを引き起こす投資は，長期的には生産能力の拡大をもたらすので，インフレ圧力を自ずと緩和させる可能性があるからである (7.2 参照)。しかし，家計がインフレ耐性がある資産を求める結果として財市場における超過需要が拡大する場合には，結果として起こる需要インフレに対して，中央銀行は断固とした対処を迫られる。この場合の需要インフレは，大きな投資需要の存在を表してはおらず，むしろ貨幣資産からの逃避が強まったことの結果である。この需要インフレは，将来の生産能力を拡大する効果をもたず，放置されるべきものではない。中央銀行がこれに対処しない場合，インフレ過程は貨幣システムを徐々に侵食していくことになる。

　恐慌：中央銀行がインフレ過程を止めるためにリファイナンス金利を引き上げるとき，信用市場金利（i）もまた上昇し，投資需要の伸びは抑えられる。このとき**恐慌**（crise）の局面が始まる。インフレ景気の局面においても金利（i）は上昇するが，恐慌局面においては，生産資本の期待収益率（r）を超えて金利が上昇する。投資の伸び（それゆえ実質成長）は減速する。中央銀行は金利を任意の水準まで押し上げて，投資活動を抑制する能力をもっている。ただし中央銀行の本来の目的は，投資や実質成長の抑制にではなく，インフレと

闘うことにある。中央銀行はインフレ対策として金利を引き上げ，そのことが投資需要に負の影響を及ぼす。投資需要の減少とその帰結としての総需要の減少によって引き起こされる価格－数量効果の中身までは，中央銀行は管理することができない。

なお，中央銀行の金融政策による以外に，外生的な環境変化によっても，好景気の中断は生じうる。外生的な環境の変化は，企業の将来期待を悲観的なものにし，生産資本の期待収益率を低下させる。金利（i）と生産資産の期待収益率（r）のどちらが恐慌突入に際して積極的な役割を演じるかは，解答することが難しい問題である。なぜなら，金利の上昇と生産資本の期待収益率の低下は，しばしば相互に強め合うことがあるからである。

恐慌時における投資需要の急減は，財市場の供給超過（$I<S_H$）をもたらす。このときの企業の対応は，価格を引き下げ，生産を制限することである。つまり，価格効果と数量効果が同時に起きる（2つの効果の正確な関係を一般的に規定することはできない）。よって，企業が需要デフレにより企業者損失を被り貯蓄を減少させる一方で，生産減少にともなう所得減少によって消費需要と家計貯蓄が減少する。景気拡張のときには成長を増幅させる乗数過程が，いまや負の方向に作用する。生産の減少とともにまた雇用も減少する。企業者損失が発生することに加えて，広範な部門に遊休生産能力が存在するので，投資意欲はいっそう低下する。

好景気が中断した後も，引き続き良好な雇用とインフレ継続が期待されるならば，賃金上昇による費用インフレが起きるであろう。この場合，**スタグフレーション**すなわちインフレと経済収縮（失業増加をともなう）の並存が見られることになる。

　景気下降：「恐慌」が景気中断の非常に短い局面を意味するのに対して，**景気下降**（recession）は一定期間にわたる経済の収縮過程を意味する。景気下降の局面における諸変数の布置状況（コンステレーション）（ある時点または期間において諸変数に割り当てられる数値の組み合わせ）は恐慌の局面とほぼ同じであり，唯一異なるのは，費用インフレが終息する点である。これは，失業の増加とインフレ率の低下を受けて，賃金節度が有効になるためと考えられる。よって，スタグフレーションは，物価水準安定の下での経済収縮過程へと移行する。費用インフレが終息し

て費用デフレへと移行し，なおかつ生産の収縮過程が持続している場合，累積的な景気下降からデフレ過程が始まる可能性がある。ただし，貨幣賃金が十分硬直的であるならば，デフレ過程が阻止される可能性もある。他方，賃金節度が課され費用インフレが終息するので，金融政策による金利引下げが可能になる。このようにして，恐慌時に跳ね上がった金利はいまや低下する。しかし，生産資本の期待収益率（r）が低迷しているとき，あるいは正の収益率を期待できる投資プロジェクトの数が少ないときには，金利を引き下げても，投資活動は刺激されない。新たな景気拡張のための条件が整うのは，景気下降から不況へ移行した後のことである。

(2) 局面の中断と開始について

　景気変動の上方反転（上昇局面の中断，下降局面の開始）と下方反転（下降局面の終わり，上昇局面の開始）をどのように説明するかは，難しい問題であり，これまで様々な議論がなされてきた。以下では，上方・下方の反転に関する諸説明をまとめておくことにする。

　上方反転：上方反転とは恐慌の開始のことであり，その要因としては従来以下のようなことが指摘されてきた。

　①中央銀行の政策介入：景気が力強く拡張しインフレ過程が始まる危険があるとき，中央銀行は外生的な（ただし内生的過程によって強いられた）政策介入によって景気拡張を抑制しようとする。特に第2次世界大戦後，しばしば中央銀行は金融引締め政策によって景気拡張を中断させてきた。

　②生産資本の期待収益率の急落：広範な要因が考慮されるため，このケースの理由づけは容易ではない。外生的な政治・経済の動向によっても，生産資本の期待収益率の急落は引き起こされる。

　③景気拡張とともに生産能力が過度に拡大すること。

　④景気が拡張するときに他人資本の割合が高まること（H. ミンスキー）。

　⑤景気上昇の原動力となった革新（イノベーション）の波が利用され尽くされること（J. シュンペーター）。

　下方反転：下方反転に関しては，ケインズが以下のような2つの重要な要因を挙げていた。

①景気下降の局面においては生産資本ストックが収縮し，生産資本の期待収益率が上昇する。「……資本資産は異なった年齢のものから成り，時間の経過とともに損耗し，しかもすべてあまり長命なものでない……。したがって，投資額がある最低水準以下に低下したときには，資本の限界効率（本書では「生産資本の期待収益率」）が投資をこの最低水準以上に回復させるに十分なほど上昇するようになるのは，ただ時間の問題にすぎない」(Keynes [1936] 邦訳 pp. 251-252)。

②失業が増加する中でも，慣習的・制度的要因による貨幣賃金率の硬直性が存在する。硬直的な貨幣賃金率によるデフレ傾向の緩和は，経済安定化のために労働市場が果たす重要な機能である。「なぜなら，失業労働者間の競争が常に貨幣賃金のきわめて大幅な引下げをもたらすとすれば，物価水準には激しい不安定が見られることになるからである」(Keynes [1936] 邦訳 p. 251)。

ケインズが挙げた2つの要因のほかに，以下の2要因も指摘されてきた。

③景気下降の局面においては，財市場における相対的に安定した家計の需要が安定化の作用をもつ。家計は生活のために，いざとなれば資産ストックを手放さなければならない。

④政府の需要が，景気下降の局面において安定化の作用をもつ。

以上①～④の要因によって不確実性水準が低下するならば，投資計画の計算可能性が改善される。その結果，金利（i）が低下し，生産資本の期待収益率（r）が上昇する。こうして投資活動が再開されていく。

以上に挙げた上方反転・下方反転の諸要因は，景気変動の振幅に制約を課すものであり，その意味では経済の安定化要因である。しかし，以上の諸要因は，一定の状況の下で役割を果たすという性質のものであり，そこから論理的必然的に上方反転・下方反転を帰結するものではない。歴史の中では，ハイパーインフレやデフレ過程（9.1参照）が起きることもあれば，また失業増加から政治や社会の秩序が破壊されることもある。

9 貨幣経済の安定性と労働市場

9.1 ハイパーインフレーションとデフレーション

　物価不安定の両極端な現象として，ハイパーインフレとデフレがある。いずれも，貨幣経済の調和性を脅かし，経済に対して破壊的な作用を及ぼす。歴史を振り返ると，ハイパーインフレの方がデフレよりも頻繁に発生してきた。最後の大きなデフレの波が起きたのは1930年代であった。日本経済においては1990年代後半から2000年代初めにかけてデフレが観察され，1930年代以来の現象として世界中の注目を集めたが，結局，経済に破壊的影響を及ぼす累積的デフレへの転化は避けられた。これに対してハイパーインフレは，1980年代後半以降のいくつかの中南米諸国，1990年代に入ってからのロシアなど近年においてもたびたび観察されている。

(1) ハイパーインフレーション

　ハイパーインフレにおいては，インフレ過程が誇張した姿をとって現れる。したがって，ハイパーインフレを考察することにより，インフレ過程の理解を深めることができる。

ハイパーインフレ突入のパターン

　ハイパーインフレは「貨幣諸機能の加速的破壊をもたらすほどの強い累積性」をもつインフレであり，その点で単なるインフレとは異なる。ハイパーインフレのこのような定義からして，何％のインフレ率からハイパーインフレが始まるのかを一般的に指摘することはできない。例えば，長年にわたって高いインフレ率が続き，貨幣システムも弱体でありながら，ハイパーインフレに陥

らずにいる国がある一方で，急速にハイパーインフレに突入していく国もある。ハイパーインフレ開始の時期を理論的に特定することは困難だが，ハイパーインフレ突入のパターンを指摘することはできる。

　①**助走段階**：まず，インフレ率が高まる中で，貨幣の将来的安定性に対する家計の信頼が低下し，有利子の自国貨幣資産からの逃避が始まる。この時点で，財市場において超過需要が累増する。

　②**跳躍段階**：助走段階を経た後，需要インフレが費用インフレと結合することにより，決定的な跳躍がなされる。すなわち，需要インフレによる実質賃金率の低下が大幅なものになり，貨幣賃金の引上げが要求・実現される。こうして，賃金物価スパイラルが開始される。

　③**ハイパーインフレ**：賃金労働者の消費能力が極端に低下して生存最低限を下回るようになり，貨幣賃金の引上げ要求がもはや控え目なものでなくなるとき，ハイパーインフレが始まる。ハイパーインフレの特徴は，需要インフレと費用インフレの相互作用がエスカレートする点にある。

ハイパーインフレと中央銀行

　インフレ過程がハイパーインフレに移行する際，条件となる要因として中央銀行の傍観者的態度が挙げられる。中央銀行がインフレ率の上昇を拱手傍観し，金融政策（リファイナンス金利の引上げ）をインフレ対策に動員しないとき，ハイパーインフレへの移行が起きる。この意味で，ハイパーインフレは，中央銀行が貨幣価値安定の防衛義務を放棄していることの表れと言える。また，いったんハイパーインフレに突入してしまうと，金融政策によってそれを押しとどめることは極めて難しい（「疾走するインフレーション（ギャロッピング）」という言葉はこの点を表現している）。もしも劇的な政策行動がとられ，すべての経済主体が「インフレを許さない経済政策」の実施を信じるのであれば，国民経済は大きな成長損失をともなわずに高インフレから脱却できるであろう。しかし，家計や労働者（労働組合）がそのような政策転換を必ず信用するとは限らない。

　より可能性の高いシナリオは，貨幣価値の低下過程を食い止めることが非常に困難であるため，過程終結のために大きな成長損失を甘受するというものであろう。賃金物価スパイラルが開始され，自国貨幣資産からの全面的逃避が起

きるとき、インフレ抑制の手段としての中央銀行による金融引締め政策（リファイナンス金利の引上げ）は無効になる。その理由として、これまで以下の諸点が指摘されてきた。

①高い金利によっても、貨幣資産からの逃避を止められず、したがって需要インフレを除去できないという問題がある。中央銀行への信頼はいったん失われると、回復するのは困難であり、しばしば回復には時間がかかる。

②中央銀行の最後の貸し手（LLR）機能に関連する問題がある。賃金物価スパイラルが加速するとき、企業の信用需要もまた膨張し、名目貨幣供給の大幅な増加が要求される。この際の追加的な信用需要および貨幣需要は、大幅な金利上昇によっても減少するものではない。そして、中央銀行が追加的貨幣需要に応じない場合、企業部門は流動性の逼迫に陥り、企業は債権者・サプライヤー・労働者に対する支払い義務を履行できなくなるだろう。ハイパーインフレは食い止められるかもしれないが、その代償は企業の大量破綻である。よって、LLR としての中央銀行は企業部門からの追加的貨幣需要に応じざるをえず、インフレ過程のファイナンスを継続せざるをえない。

③ハイパーインフレの下で公衆の実質現金保有（ここでは取引現金の保有）の需要が減少するという問題がある。物価水準の上昇よりも急速に公衆の実質現金保有が減少するとき、中央銀行が貨幣供給を増加させなくともインフレ過程が進行しうる（Cagan [1956]）。形式的には、このことは貨幣の流通速度（$v = (Y_r \cdot P)/M$）増大の効果として説明される。実質生産量（Y_r）を一定とするとき、流通速度（v）が上昇するならば、貨幣供給（M）の増加がなくても物価水準（P）は上昇しうる。

ハイパーインフレの有害性

上記③の議論においては、ハイパーインフレの問題性は、貨幣数量説の枠組みにおいて通常仮定されている貨幣需要の安定性が失われることに求められている。これに対して、本書の立場からは、ハイパーインフレの問題性は**貨幣諸機能の侵食**（または**貨幣システムの侵食**）に求められる。インフレ率が高くなってくると、徐々に貨幣諸機能が侵食されていき、最終的には貨幣システム全体

が崩壊する。この一連の過程のうち，最終段階がハイパーインフレである。貨幣諸機能の侵食過程は，以下のような経過をたどる。

インフレ率が低い時点において，まず，保蔵手段としての貨幣の機能が成り立たなくなる。ただし，その時点ではこの問題はさほど深刻ではない。なぜなら，現代の貨幣経済においては，安全性の高い有利子預金が存在しており，貨幣保有は保蔵手段として大きな役割を演じないからである。ところが，インフレ率が上昇していくにつれ，貨幣資産全体の価値貯蔵機能が低下する。最終的に，インフレが激化して一定のインフレ率に達したときに，自国貨幣資産からの逃避が加速する。

次に，貨幣諸機能が他の媒体に移行していくことにより，本来の意味での貨幣諸機能の侵食が始まる。最初に，信用契約の価値標準がより安定した媒体へ移行していく。これは，債権者が，インフレ貨幣（インフレを起こしている貨幣）を価値標準に用いることを拒むためである。この段階ではまだ，インフレ貨幣は**信用手段**（貸付手段＋債務返済手段）としての機能を果たすことができる。ところが一定のインフレ率を超えると，信用手段も別の媒体（特に外国通貨）に移行する。

信用市場の諸機能（信用契約の価値標準，信用手段）が侵食された後，今度は，**財市場の諸機能**（商品のための価値標準，購買手段）が部分的に侵食されるようになる。このとき**並行通貨制**が出現する。並行通貨制とは，信用契約の履行が外国通貨で，商品の売買契約の履行が自国通貨でそれぞれなされることをいう。並行通貨制のまま，貨幣システムが長きにわたって存続することもある。並行通貨制の下でさらにインフレが進んでいくならば，インフレ貨幣である公式の貨幣（自国貨幣）は，次第に日用品の購買手段としてしか用いられなくなり，それゆえまた取引現金として保有される量も減ってくる。

このような状況から一歩進んで，貨幣システムが全面的に崩壊することもある。それは，インフレ過程の進行とともに，労働者が自国貨幣で賃金を受け取らなくなり，また商品販売者が代金を自国貨幣で受け取らなくなるときのことである。このように購買手段（労働力商品と一般商品の購買手段）として受領されなくなると，貨幣は最後の足場を失い，貨幣システムは完全に崩壊する。経済史上に有名な1923年ドイツのハイパーインフレは，ハイパーインフレがこの

段階にまで達した稀有なケースである。この段階に至ったとき政策的に行えることは，インフレ期待を打ち砕くような新通貨を導入し（1923年ドイツにおいては「レンテンマルクの奇跡」），貨幣システムに対する中央銀行の管理能力を再確立することだけである。

　貨幣経済アプローチから見たとき，ハイパーインフレは貨幣諸機能を麻痺させることのほかに，経済全体に対して以下のような混乱をもたらす。
　①取引費用が増大する。これは，例えば，貸出取引が小麦・金・砂糖・外国銀行券などによって行われるためである。
　②経済諸主体がインフレによる損失を回避するための戦略を実行せねばならず，経済活動の効率性が低下する。
　③ハイパーインフレという不確実な状況の中で，生産資本の期待収益率が急低下する。これは，確固とした期待形成が行えず，投資活動が減退するためである。インフレ過程が進むにつれ，有形資産への需要は拡大していくが，生産資本の需要はどこかで拡大を停止する。
　④同じく不確実性が高まる結果として，経済行動の時間的見通しは一般に短期化する。そのため，例えば，銀行や家計は非常に短い期間の信用供与しか行わなくなる。短期的な（比較的急速に貨幣が還流する）経済活動が選好され，工業生産は敬遠されるようになる。

（2）　デフレーション

デフレ過程の進行

　デフレ過程においては，需要デフレと費用デフレが絡み合いながら進行する。景気下降局面においては需要デフレが起きるのが普通であることからすれば，デフレ過程の開始にとって決定的な要因は費用デフレにあると言える。つまり，貨幣賃金率が硬直性を失い低下し始めるとき，デフレ過程は発生する。既に述べたように，貨幣賃金率の硬直性ないし生産性と連動した貨幣賃金率変化は，デフレの進行を阻止する決定的な要素である（8.3も参照）。現代の貨幣経済においては，労働市場の組織化や，賃金契約・最低賃金その他の制度化によって，貨幣賃金率の低下には一定の歯止めがかかっている。しかし，貨幣賃金率の動向は，労働市場の需給関係によって影響を受ける。失業率が一定の水準を上回

るとき，労働市場の諸力は賃金を低下させる方向に作用する可能性がある。

　デフレ過程が開始された後も需要デフレは続いていく。しかも，デフレ過程が始まると総需要は大幅に減少していくから，デフレ過程は激しくなっていく。デフレ過程の中で需要が減少していくのは，以下の諸要因による。

①デフレ過程の中にいる財・サービスの購買者にとっては，購買を先延ばしすることが合理的である。
②デフレ予想の下では，売上げの減少が見込まれるので生産資本の期待収益率（r）が低下し，投資需要が急減する。
③不確実性水準の上昇により，資金調達面からの投資の制約が悪化する。
④貨幣資産の保有による価値増殖が大きくなるので，有形資産から貨幣資産への全面的な逃避が起きる。
⑤需要収縮に対して企業は価格引下げ・生産減少によって対応するため，実質生産量が減少し，雇用が減少する。その結果，労働者の市場パワーはますます弱くなり，所得デフレの発生が予想されるようになる。

デフレの有害性

　デフレの最も恐ろしい点は，企業が赤字計上に追い込まれるだけでなく，深刻な**流動性問題**に直面することにある。流動性問題とは，当てにしていた貨幣の流入フローが確保されないかまたは遅延することによって，自身の支払いが困難になることである。1930年代の世界恐慌のとき，欧米では，デフレ過程の中で企業が流動性問題から大量倒産し，その影響で銀行システムもまた危機に陥った（金融恐慌）。デフレ時における企業部門の流動性問題が深刻であるのは，当てにしていた貨幣流入を確保できないことに加えて，自身の債務負担が増大するからである。企業の名目債務は短期間では減少しない。なぜなら，企業の債務残高は何年にもわたって積み上げられたものであり，債務返済期限の到来もまた何年にもわたるからである。このような状況において物価が下落すると，企業の債務負担は重くなっていく。デフレによるこうした債務負担増を名目金利の調整によって回避することは困難である。なぜなら，市場においては負の名目金利が排除されているからである（8.2参照）。

　デフレが企業部門の支払い能力に及ぼす影響を，数値例を用いて考察してお

こう。政府部門と海外部門を無視し、名目GDP（Y）が企業部門の売上げ総額に対応しているとする。売上げ総額は、所得支払いと減価償却の合計額である。所得支払いは、賃金（w・H）と支払利子（i・K）の合計額である。単純化のために、減価償却は直ちに借入金の返済に充てられるものとする。生産資本ストック（K）に占める減価償却の割合をaとすると、債務返済の額はa・Kで表される。名目GDPは、実質GDP（Y_r）と物価水準（P）の積である。以上より、企業部門のキャッシュフロー・バランス（CFB）は次の式で計算される：

$$CFB = Y_r \cdot P - w \cdot H - i \cdot K - a \cdot K \qquad (9.1)$$

出発点になる数値例を挙げておこう。Y_r＝35兆円、P＝1、w＝2000円／労働時間、H＝50億時間、i＝5％、K＝100兆円、a＝0.2とする。これらを代入すると、CFB＝0となる。いま物価が半減し（P＝0.5）、また賃金率も半減する（w＝10億円）としよう。このときCFB＝－12.5兆円になる。つまり、デフレによって、企業部門には12.5兆円という巨額のキャッシュフロー赤字が発生する。これに加えて、生産量（Y_r）が減少することや、物価水準（P）が貨幣賃金率（w）よりも大きく下落することを考慮するならば、キャッシュフロー問題はいっそう悪化することになる（数値例は省略）。

9.1式からは、キャッシュフロー問題を緩和する要因も明らかである。例えば、雇用（H）を削減することができれば問題は緩和される。あるいはまた、生産資本の一部を自己資本で調達するなどして金利費用（i）を削減できれば問題は緩和される。他人資本の割合が高ければ高いほど、企業部門は流動性問題に対して脆弱となる。なお、金利の低下によって赤字は減るが、極端に低い金利すなわちi＝0％のときでも赤字は7.5兆円に減るだけである。

デフレ過程の激しさが一定限度を超えるとき、企業部門における全面的な流動性危機に対して打つ手はなくなってしまう。キャッシュフロー赤字を解消する手段としては、①資産の売却や②新規の借入れという方法も考えられる。しかし、①の方法は、商品の価値低下にともない資産価格も低下していること、また大量の資産が市場に供給されれば資産価格はいっそう低下することから困難が大きい。②の方法も、貸出業務から撤退しようとするデフレ下の銀行行動

を考えれば困難である。デフレ過程が進むとき，企業はこのように困難なキャッシュフロー問題を抱えてしまう。流動性問題のために債務の返済を行えない企業が現れると，企業間信用の連鎖は切断され，次々に企業は流動性問題に捕らわれていく。その結果が，上で言及したような大量で累積性をもつ企業倒産の波である。こうして，デフレは資産市場の調和性を破壊することによって，経済全体を深刻な危機に陥らせる。需要・生産・雇用の減少というデフレのマクロ経済的な悪影響はよく知られているが，貨幣経済アプローチから注目されるデフレの有害性は，何よりもまず資産市場の調和性が破壊される点である。経済の不確実性水準が著しく高まり，誰もが貨幣と流動性を求めるようになり，商品や長期債権を保有しようとする者はいなくなる。中央銀行は，金融政策（リファイナンス金利の引下げ）によってデフレ過程を食い止めようと試みるが，勢いを得てしまったデフレの累積過程を止めることは容易ではない。

9.2 NAIRU

(1) NAIRU アプローチ

NAIRU（Non-Accelerating Inflation Rate of Unemployment；インフレを加速させない失業率）とは，物価水準の変化を引き起こさない失業率のことである。NAIRU は，貨幣賃金率と物価水準との間に相関関係があるという見方に依拠している。既に説明したように，貨幣賃金率が労働生産性上昇率を超えて上昇するとき，単位費用が増大し，したがって物価水準も上昇する（7.2参照）。このことは賃金物価スパイラルのメカニズムを説明する。NAIRU のアプローチは，物価の変化を引き起こす貨幣賃金率の変化を，さらに失業率と関連づけようとする試みである。NAIRU においては，失業率と賃金変動の間に一義的な関係が見いだされ，「失業率が低下すればするほど，賃金上昇が強まり，インフレ率も上昇する」こと，また逆に「失業率が上昇すればするほど，賃金低下が強まり，インフレ率が低下する」ことが主張される。つまり，NAIRU のアプローチにおいては，失業率（RU）→貨幣賃金率（w）→インフレ率（$\dot{P}$），という決定関係が想定されている。NAIRU アプローチの主張は以下の関数で

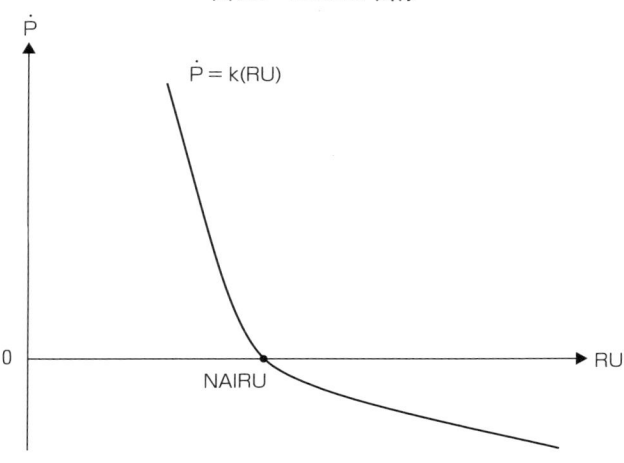

図 9.1 NAIRU 曲線

（縦軸：$\dot{P}$、横軸：RU、曲線：$\dot{P} = k(RU)$、曲線が横軸と交わる点が NAIRU）

表される：

$$\dot{P} = k(RU)$$

これをグラフで示したものが図 9.1 である。縦軸はインフレ率（$\dot{P}$），横軸は失業率（RU）である。完全な物価安定が目標とされるとき，NAIRU は関数 $\dot{P} = k(RU)$ が横軸を横切る点で与えられる。失業率が低下して NAIRU を下回るとき，労働者の市場パワーが強まって，単位賃金費用が増大し，インフレ過程が起きる。失業率が上昇して NAIRU を上回るとき，経済はデフレに突入する。中央銀行が一定のインフレ率目標（例えば 2.5％）をもつときには，インフレ率ゼロのときよりも低い失業率が NAIRU と見なされるが，ここでは単純化のためにインフレ率ゼロの失業率を NAIRU とする。

(2) NAIRU の決定要因

NAIRU 曲線の位置は，国によって異なり，次のような要因に左右される。すなわち，労働市場の構造的問題（地域や熟練度の違いによって存在する需給ミスマッチ等），法定の最低賃金や社会保障制度，労働力人口の動向，労働組合のパワーと戦略等がそれである。需給ミスマッチが大きいほど，最低賃金や社会扶

助の金額が高いほど，労働力人口が増えるほど，労働組合が賃金引上げを執拗に追求するほど，NAIRU は高くなる。また，1国における NAIRU 曲線は，長期的に安定したものではない。例えば，最低賃金が引き下げられ，労働力の移動性が高まり，職業訓練政策が実施され，労働組合が生産性指向の賃金戦略を採用するとき，NAIRU 曲線は左へシフトする可能性がある。この場合，物価水準の安定をより低い失業率と両立させることができる。

　金融政策にとって NAIRU は直接的な重要性をもつ。NAIRU のアプローチをとる中央銀行は，NAIRU よりも下に失業率を引き下げることができない。失業率が NAIRU を下回るとき，中央銀行の金融政策は，インフレ過程を止めるために引締めに転じなければならない。ただし，NAIRU そのものを引き下げることができれば，より低い失業率を達成できる。そのためには，NAIRU 曲線を左にシフトさせる効果（すぐ前の記述を参照）をもつ制度改革や政策を実施すればよい。そうした施策として例えば，最低賃金の引下げ，職業紹介システムの効率化，職業訓練政策，所得政策（10.5参照）がある。

　NAIRU に関する以上の説明は最も単純なものである。履歴効果（コラム4参照）を考慮する場合，NAIRU 曲線の位置を決定するさらなる要因を指摘することができる。労働市場における履歴効果とは次のようなものである。失業が増加すると，多くの労働者が長期にわたって職を離れ，その間に労働力としての質を低下させてしまう。その結果，次に雇用が回復・拡大していったときに，（少なくとも一部の）労働市場における需給逼迫の到来が早まる。すなわち NAIRU 曲線は右にシフトしているのである。履歴効果が作用する場合，NAIRU 曲線の位置は現実の失業率によって左右されることになる。

(3) NAIRU アプローチの限界

　NAIRU 曲線においては，失業率が低下してある点を下回るとき，貨幣賃金率が上昇する傾向をもつとされる。そこから，物価安定を維持するためには一定の失業率が必要であることが述べられる。この考え方は本書と同じである（8.3参照）。しかし，失業率低下が貨幣賃金率上昇を引き起こす理由の説明に関して，NAIRU アプローチにおいては，高い労働需要によって標準以上の賃金支払いがなされることが重視されるのに対して，本書の説明では，労働組合

の市場パワーが強まることが重視される。この点を問題にしないとしても，NAIRU アプローチには以下のような問題がある。

1つの問題は，NAIRU が1つに定まるとは限らないことである。図9.1の NAIRU 曲線はただ1点で横軸を横切るので，NAIRU は1つに定まる。しかし，NAIRU 曲線に水平な部分があり，その部分がちょうど横軸と重なるケースでは，広い範囲の失業率が貨幣賃金率の安定と結びつくことになる。実際，貨幣賃金率が硬直的な労働市場をもつ経済においては，このようなことは起こりうるだろう。このようなケースでは，一方で失業率が低下していってもなかなか賃金物価スパイラルは発生しないし，他方で失業率が上昇してしばらくすると突然にデフレが発生する。このような経済では物価安定目標と両立する失業率が一義的に定まらないため，NAIRU アプローチを指向する経済政策の実施は困難である。またこのような経済は，インフレ過程とデフレ過程の間を揺れ動くことになりやすい。

NAIRU アプローチのもう1つの問題は，物価問題の原因についての視点の狭さである。既に説明したように，賃金物価スパイラルは需要面からも費用面からも始まりうる（7.2参照）。典型的なケースでは，まず需要インフレが発生し，これが実質賃金を減少させ，したがって貨幣賃金率上昇への刺激を与え，賃金物価スパイラルを喚起していく。つまり，財市場における需要超過から賃金費用への圧力が喚起される。NAIRU アプローチにおいては，賃金費用への圧力は，もっぱら労働市場の状態（失業率の低下）に起因するものとされている。さらに言えば，財市場の需要超過のほかに，輸入価格の上昇，増税，原材料価格の上昇などもまた，賃金物価スパイラルの引き金になる。

(4) NAIRU 曲線と短期のフィリップス曲線

最後に，図9.1のような NAIRU 曲線が，いわゆる**短期のフィリップス曲線**と類似している点について指摘しておこう。「短期のフィリップス曲線」における主題もまた，インフレ率と失業率との間の関係である。M. フリードマンは，「長期のフィリップス曲線」の議論において，長期的な失業率が，インフレ率から独立した**自然失業率**であることを指摘し，短期的にのみ自然失業率を下回る失業率が現れうるとした。

NAIRUと自然失業率は混同されがちだが，両概念は異なるアプローチに従っている。短期のフィリップス曲線は，新古典派的な実物部面（貨幣・貨幣賃金・物価水準への関説なしに定義される）が市場的な攪乱を被る事例の1つとして導き出される。すなわち，中央銀行が貨幣供給を過度に拡大させるとき，しかも労働者が**貨幣錯覚**に陥っているときに，短期的にのみインフレ率と失業率の間に相反関係が発生するとされる。このときの物価水準の決定は貨幣数量説に従って，貨幣供給はヘリコプター・マネー（コラム2参照）の想定に従って説明される。この想定の下では，中央銀行が実質成長率を上回る増加率で追加的貨幣を経済に供給するとき，物価が上昇し，かつそれと同じ割合で貨幣賃金率も上昇する。だから実質賃金が増えるわけではないのだが，貨幣賃金率の上昇を実質賃金（生活水準）の増加と勘違いした労働者が，一時的に労働供給を増やすとされる。長期的には労働者はこの貨幣錯覚に気づくので，失業率は元の自然失業率に戻るとされる。

　既に述べてきたように，NAIRUアプローチの基礎にある考え方は，生産性上昇率を上回る貨幣賃金率上昇が物価上昇をもたらすというものである。このように賃金動向を物価変動の原因と見なす考え方は，「短期／長期のフィリップス曲線」の議論で採用されている貨幣数量説の新古典派的解釈とは相容れない。

9.3　労働市場

　第7章以降インフレ過程とデフレ過程を考察してきたが，その中で随所において労働市場の働きについても言及してきた。貨幣経済アプローチにおいて労働市場の考察が重要な意味をもつのは，貨幣賃金率が物価変動に対して重要な影響を及ぼすからである。しかし他方で，貨幣経済アプローチにおいては，労働市場は，市場階層の中で最も低い位置を占めるとされる（2.1参照）。つまり，労働市場の重要性に関して本書は両義的な見方をとっている。この点を理解可能にするために，本節では，雇用量や失業の決定についての貨幣経済アプローチによる説明を提示しておくことにする。

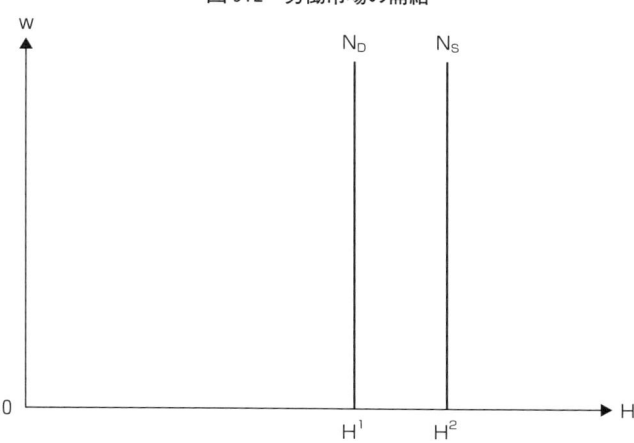

図 9.2 労働市場の需給

(1) 労働市場の需給

既に見たように，1国の均衡生産量は，資産市場と財市場の相互作用によって規定される（第6・7章参照）。生産は，企業が利潤最大化を目的として選択する特定の技術を用いて行われる。比較静学の枠組みにおいては，生産量と技術を所与とするとき，企業による労働需要の水準は一意的に決まる。

図9.2は，労働市場の需給を示したものである。縦軸は貨幣賃金率（w），横軸は労働量（H）である。労働需要（N_D）は，生産量（資産市場と財市場の相互作用によって決定される）と企業の技術選択によって決まり，労働市場にとっては外生的に与えられる。労働供給（N_S）は，利用可能な労働力人口によって決定され，やはり労働市場に対して外生的である。したがって，労働市場の需要と供給はともに外生的に決定される。このような仮定の下では，市場過程によって労働力の需給一致がもたらされるとしても，それは偶然のことでしかない。図9.2では，ショートサイド（ある価格の下で需要量と供給量が一致しないときの少ない側の量）である企業の労働需要（H^1）によって雇用量が決定される。雇用量と労働供給（H^2）の差（H^2-H^1）は失業である。

労働供給が労働力人口によって外生的に決定されるというここでの想定は，

実質賃金率（w／P）を労働供給の重要な決定変数と見なす新古典派の議論とは明らかに対立している。労働者は，労働サービスを販売することによって本人と家族を再生産しなければならないために，労働と余暇の間で自由な選択を行うことができない。そのことからすれば，労働供給の決定変数として，実質賃金率の水準は大きな役割を果たさないと考えられる。労働供給はむしろ，以下に掲げるような経済外的な諸要因によって強く規定される。

①**制度的要因**：例えば，団体交渉によって労働時間や労働供給が決められる。

②**社会政策的側面**：例えば，社会保障制度（失業保険や社会扶助等）がどれくらい手厚いものであるかによって，労働サービスの供給条件（または供給されるかどうか）が決まる。

③**文化的側面**：例えば，女性の就業をどの程度またどのように受け入れるかによって，女性の就業率は異なってくる。

なお，新古典派経済学の議論においては，労働市場における貨幣賃金率の決定がそのまま実質賃金率の決定でもあるとしばしば見なされる。しかし，既に説明したように，財市場が均衡しているとき，実質賃金率は労働生産性と所得分配によって決定され，貨幣賃金率によっては決定されない（8.2式）。つまり労働市場では実質賃金率は決定されない。

(2) 貨幣経済の機能条件としての失業

労働市場の需給が外生的に決定されているとすれば，労働市場には，完全雇用をもたらすメカニズムは存在しないことになる。つまり，「貨幣賃金率の伸縮によって労働市場の需給均衡がもたらされる」ような市場過程は存在しない。例えば，人口学的要因によって労働供給が増えたとき，それを相殺するような市場過程は存在しない。では，資産市場と財市場を含む市場システム全体を考慮に入れるとき，完全雇用実現のメカニズムは見いだされるだろうか。前節での考察によれば，答えは否である。資産市場と財市場の相互作用の結果として実質生産量が増加すれば，労働需要もまた増加するだろう。しかし，失業率が低下していくにつれ貨幣賃金率は上昇する傾向があり，賃金物価スパイラルが起き易くなる。賃金物価スパイラルが発生したとき，または発生する恐れがあるとき，中央銀行はこれを回避するために金融引締め政策（リファイナンス金利

の引上げ）を実施する。金融引締めは，成長減速と雇用減少を引き起こす。市場システムの安定のためにこのような中央銀行の行動が不可欠である以上，完全雇用はせいぜい例外的・一時的にしか達成されない。

　このように，経済の均衡状態においても失業は解消されない。「ケインズ革命」と呼ばれるケインズの理論的貢献は，この**不完全雇用均衡**（または失業均衡）を説明したことにある。不完全雇用均衡は，貨幣賃金率の硬直性という想定から説明されるものではなく，労働市場における伸縮的な賃金形成の下でも完全雇用が実現されないことによって説明される。ただし，貨幣賃金率の硬直性が重要でないわけではない。賃金物価スパイラルをともなうインフレ過程の発生を回避するには，貨幣賃金率の硬直性が要求されるからである。その場合，失業と貨幣賃金率の関係は，貨幣賃金率の硬直性が失業をもたらすというよりむしろ，失業を出すことにより貨幣賃金率の硬直性を維持することが要求される，というものである（前節における NAIRU の説明を参照）。こう考えていくと，不完全雇用均衡の議論は，資産市場への不安定な（不安定をもたらす）影響，ひいては経済全体への不安定な影響を回避するための条件を述べているのだと言える。

　ここでの失業は**非自発的失業**である。なぜなら，このときの失業は，働く意欲がある労働者の数に対して企業の求人が下回る結果として発生するものだからである。これに対して，労働の需要と供給の両者が実質賃金率の水準に左右されるとする新古典派理論においては，失業は，労働者自身が実質賃金から得られる効用（消費から得られる満足）と余暇を犠牲にすることの不効用を比較して，後者の方が大きいと判断し，労働よりも余暇の方を選択した結果としてとらえられる。これは，十分な求人があるのにあえて労働者が選び取った失業，すなわち「自発的失業」である。

　政策介入の存在を想定しない限り，一見すると，労働市場において労働者は自発的失業を選択する余地があるように見える。なぜなら「競争的な労働市場」においては貨幣賃金率が柔軟に変化するからである。そうだとすると非自発的失業の想定は合理的ではないことになる。これについては次の2つの考え方を対置することができる。第1に，いましがた述べたように，実質賃金率が低下したとしても，賃金依存者としての労働者には余暇（失業）を選択する余

地がない。第2に，安定的な市場システムが存続していくためには，労使が協力して貨幣賃金率の低下を阻止し，物価と経済の安定を図ることが前提になる。特に，労使がケインズ主義的な市場理解を共有している（つまり貨幣賃金率低下の不安定的作用を知っている）ときには，互いにパワーを行使し合うよりもむしろ，失業が存在する状況の中で貨幣賃金率の硬直性を追求する。実際，少なくとも先進諸国の貨幣経済において貨幣賃金率の硬直性が追求されてきたことの理由はこの点に求められる。こうした行動は合理的なものであり，貨幣経済の機能条件に合致している。

(3) 生産量と雇用

図9.2においては，生産量と技術を所与としたときに，資産市場と財市場の相互作用によって決まる均衡雇用量が一定水準の失業をもたらすことが示された。以下では，生産量（実質国内生産）が変化するときに，失業水準がどのように変化するかを考察する。生産量の変化と失業水準の変化との関係は，①技術変化があるかどうか，②同じ技術の下でも規模の利益（雇用規模の拡大にともなう限界実質生産の変化）が作用するかどうかに影響される。ここで実質賃金率の決定式：

$$\frac{W}{P} = \pi(1 - k \cdot i) \tag{8.2}$$

に立ち返っておこう。以下では，労働生産性（π）を不変とし，技術構造の変化に対応して変化するのはもっぱら資本係数（k）であるとする。分配関係は，実質賃金率（w／P）と金利（i）の関係によって示される。分配関係が変化するとき，利潤最大化を追求する企業にとって，技術の切り替えが有利になる場合がある。以下，(1)技術変化の有無，(2)規模の利益の有無に着目して，生産量の変化と失業水準の変化との関係について考察する。

　①最も単純なケース：最も単純なケースは，生産量が変化していくときに技術も規模の利益も不変であるケースである。技術不変ということは分配関係も不変であること（不変の金利と不変の実質賃金率）を意味する。このケースでは，国民経済の生産能力が増加するのと同じテンポで，雇用（労働需要）が増加する。したがって，生産量の変化と雇用の変化との間には単調な正の関係が成り

立ち，生産量の増加は雇用の拡大をもたらす。

②**規模の利益が変化するケース**：次に，分配関係が不変でありしたがってまた技術が不変であるが，規模の利益が変化するケースが考えられる。例えば，規模の利益が逓減していくとすれば，生産量の増加とともに雇用の増え方は大きくなる。

③**技術が変化するケース**：分配関係（実質賃金率と金利の関係）が変化するために，企業が技術の切り替えを行うものとする。この場合，実質賃金率と金利の関係が変化する方向と，選択される技術による雇用構造とは必ずしも一対一対応していない。例えば，企業はA・B・Cの3種の技術構造を利用できるとし，同じ数量の生産を行うのに必要な雇用はA→B→Cの順に少なくなっていくとしよう。しかし，金利の上昇によって分配関係が変更していくにつれ，企業は最初に技術Cを，次に技術Aを，最後に技術Bを採用するかもしれない。このようなことになるのは，資本係数と必要雇用量の間に明確な関係が存在しないためである。分配関係が変化する方向と雇用との間には，一対一の対応関係は見いだされない。

分配変更にともなう技術の切り替えの可能性（③）までを考慮に入れてみると，①のケースのように生産量と雇用の間に単調な関係が成り立つのは，特殊ケース（分配関係が不変であるケース）であることがわかる。現実の経済においてはむしろ，生産量が増加していき，なおかつ分配関係も変化していくとき，生産量と雇用の間の安定した関係はどこかで崩れ去るのが普通である。分配関係が変化していくとき，利潤最大化をもたらす技術は交替していき，その結果，雇用は増加したり減少したりする。

理論的に確実に言えることは，技術変化が時間を要するのに対して，生産量の変化は相対的に急速だということである。そうだとすれば，短期的には，生産量の減少は必ず雇用の減少をもたらすと言える。中央銀行が金融引締めによって投資の減少を誘導し，失業を生み出すことに成功するのは，そのような理由による。また，遊休している生産能力がある場合，生産量が増加すれば，短期的に雇用状況は改善する。生産量の変化と雇用の変化との間のこうした短期的な比例関係は，経験的にも確認される。ただし，長期的には同様の関係は認められない。

技術の変化には，既知の技術の間での切り替えだけでなく，技術革新もある。技術革新が起きると，利用可能な技術の数が潜在的に増え，技術変化の可能性は拡大する（ただし，既存の技術が意義を失うこともある）。また，技術革新が起きる場合，分配関係（金利‐実質賃金率）が不変であっても，労働力が排出されることがある。技術革新は，分配関係の変化とともに，生産量と雇用の間の一対一関係を成り立たせなくする要因である。

　以上の考察は，経済政策に対して次のような含意をもつ。第1に，生産量の成長（実質経済成長）によって長期的に自動的に雇用が増加するという希望は当てになるものではない。技術の切り替えによって，生産量が増加しても雇用は減少することがある。ただし逆に言えば，経済が成長なしで高雇用を達成する可能性も排除されない。第2に，分配関係と雇用の間には，単調な正または負の関係を見いだすことができない。非常に高い金利と非常に低い金利の両方（そして非常に低い実質賃金率と非常に高い実質賃金率の両方）が，高雇用と低雇用のいずれとも一緒に現れうる。

10 金融政策・所得政策

　本章と次章では，経済政策が経済に及ぼす影響を考察する。考察は短期的な視点によるものとし，技術は不変であると想定する。本章では金融政策と所得政策を，次章では財政政策について考察する。

10.1 金融引締め政策と金融緩和政策

　最初に，中央銀行が行う金融政策がどのようにしてマクロ経済に影響を及ぼすのかを考察する。ここでの金融政策とは，信用市場の金利に影響を与えようとする政策すなわち金利政策である。中央銀行は，金利（ここでは信用市場金利）の変化を誘導することを通じて，投資活動に影響を及ぼそうとする。例えば，雇用・生産を増加させようとするとき，中央銀行は金利の低下を通じて投資を刺激しようとする。あるいは，インフレ過程を止めようとするとき，中央銀行は金利の上昇を通じて投資を抑制しようとする。しかし，既に説明したように，中央銀行が金利（i）を随意に動かすことはできない（3.3参照）。中央銀行が直接に行えるのは，総信用供給関数のパラメータの1つであるリファイナンス金利（i_{CB}）を変化させることである。金融政策で実際に追求されることは，中央銀行のリファイナンス金利の変化を通じて総信用供給関数に影響を与えることである。ただし，家計が保有する資産の1つとしての対企業信用（L_{SH}）は中央銀行によって管理されない。したがって，中央銀行が総信用供給関数をシフトさせることができるのは，信用市場において銀行の対企業信用（L_{SB}）がある程度以上の支配的な位置を占めている場合に限られる。

(1) 金融引締め政策

　金融政策の効果を理解するために，信用市場の均衡を表す図5.4に立ち戻っ

図10.1　金融引締め政策の作用

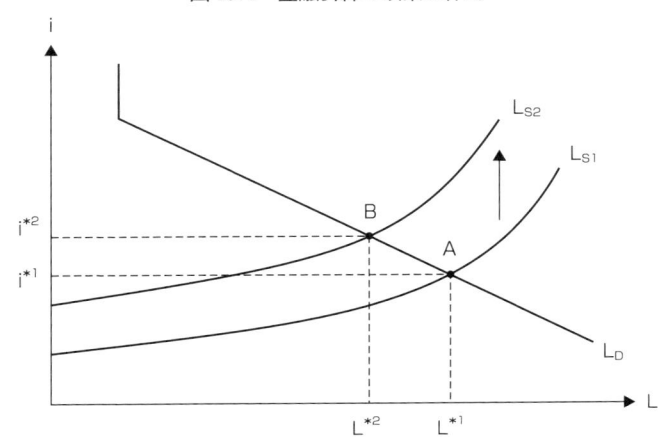

てみよう。中央銀行がリファイナンス金利を引き上げるならば，図5.4の信用供給関数は上方へシフトする。このときの結果を示したものが図10.1である。信用供給関数が L_{S1} から L_{S2} へシフトした結果として，信用市場の均衡はAからBへと移動している。つまり，均衡金利は i^{*1} から i^{*2} に上昇し，均衡信用量は L^{*1} から L^{*2} に減少する。信用量は粗投資に対応しており，粗投資から更新投資を差し引いたものが純投資となる。生産資本の旧ストックを K_0 とすれば，純投資は，$I^{*1}=L^{*1}-K_0$ から $I^{*2}=L^{*2}-K_0$ へ減少する。こうして均衡投資もまた減少する。

　このようにして投資需要を減少させる金融政策が，**金融引締め政策**である。金融引締めによって均衡投資量と均衡信用量が減少するとき，それと対応して，中央銀行からの銀行のリファイナンス量もまた減少している。その結果，中央銀行によって創造される貨幣（中央銀行貨幣）量は減少する。よって，例えばインフレ時に中央銀行が貨幣量を減らそうとする場合，リファイナンス金利の引上げを図るのが普通である。

　ただし，投資需要は，生産資本の期待収益率（r）と信用市場金利（i）との関係に左右される（5.2参照）。金融政策によって投資が収縮するか拡張するかは，金利の水準・動きだけではなく，2つの率の布置状況（コンステレーション）（p140参照）にも左右される。

金融政策には能動的（active）なものと，受動的（passive）なものがある。上記の金融引締め政策のように，信用量・投資量を収縮させるために，中央銀行が信用供給関数を上にシフトさせようとするとき，金融政策は能動的である。これに対して，企業家の将来期待悪化（生産資本の期待収益率の低下を引き起こすところの）によって信用需要関数が左へシフトするとき，中央銀行が信用供給関数の位置を不変に維持しようとするならば，受動的な金融引締め政策となる。この場合には，均衡金利と均衡信用量は低下し，それに対応して投資量も減少する。

国内においてインフレ過程が進行するとき，中央銀行は，経済の不安定を避けるために遅かれ早かれ（能動的な）金融引締め政策の実施を迫られる。中央銀行がそうした行動をとらない場合，家計が制裁的な資産行動をとる。すなわち，家計が貨幣資産から有形資産へと資産をシフトさせることによって，インフレ過程は加速し，貨幣システムの侵食が強まる（7.2参照）。貨幣システムを守る任務をもつ中央銀行が金融引締めを実施する場合，投資活動は減速し，**安定恐慌**が引き起こされる。投資の減速は財市場の需要不足を意味し，財市場の需要不足は，①企業者損失と生産減少（需要デフレ）を，そして②失業の増加と貨幣賃金率への圧力を引き起こす。つまり，中央銀行がインフレ過程に対処するときには，生産と雇用の減少という代償を支払わなければならない。こうして，少なくとも短期的に見る限り，雇用という目的と物価安定という目的との間で相反が発生する。貨幣経済アプローチが教えるのは，最終的には必ず，物価安定の目的が支配的になるということである。物価安定は貨幣経済の機能条件をなすのであり，物価安定の代償として生産と雇用が減少したとしても市場システムは「良好に機能」しうる。

(2) 金融緩和政策

投資需要を拡大させようとする金融政策が，**金融緩和政策**である。金融緩和政策においては，金融引締め政策と反対のことが追求される。まず，中央銀行がリファイナンス金利を引き下げることによって信用供給曲線が下にシフトするケース（図10.1の矢印が反対向きになるケース）は，能動的な金融緩和政策である。次に，企業の期待が改善して信用需要曲線が右にシフトするとき，中央

銀行がリファイナンス金利を不変のままにしておくケースは，受動的な金融緩和政策である。いずれのケースでも均衡信用量・均衡投資量は増加するが，能動的な金融緩和政策においては均衡金利が低下するのに対して，受動的な金融緩和政策においては均衡金利が上昇する。

受動的な金融緩和政策は，しばしば順応的な金融政策（アコモデーティブ）と呼ばれる。これは，信用市場金利が上昇しても，リファイナンス金利の引上げが行われないケースに当たる。また，たとえ中央銀行がリファイナンス金利を少々引き上げたとしても，生産資本の期待収益率が十分に高ければ，投資活動は減退せず，金融引締めの効果は生じない。

10.2　金融緩和政策が失敗するケース

金融引締めを行うときと金融緩和を行うときとでは，中央銀行の影響力には非対称性がある（**金融政策の非対称性**）。金融引締め政策は最終的には必ず効果を上げられるのに対して，金融緩和政策は必ずしも成功するとは限らない。

まず金融引締め政策の効果について考えよう。例えば，生産資本の期待収益率が上昇したとする。他の条件が不変であれば，投資活動は以前よりも活発化するだろう。しかし，金融引締め政策が実施されるならば，信用市場金利の上昇によって期待収益率の上昇は相殺される。これにより投資の意欲は低下する。期待収益率の上昇がどれほど大幅なものであっても，それを相殺する金利引上げは可能であるから，金融引締め政策は必ず効果を上げることができる。

次に金融緩和政策の効果について考えよう。金融緩和政策の場合，景気拡張を引き起こすのに十分な規模の投資を刺激できるとは限らない。投資が拡張しないとき，その原因として，①貨幣市場金利を引き下げても総信用供給関数が下へシフトしない，あるいは②信用市場金利が低下しても投資が誘発されない，のいずれかを疑うことができる。①は，銀行の不確実性プレミアム（u_B）の上昇が，貨幣市場金利（i_{CB}）の低下を相殺することによって起きる。貨幣市場金利はゼロ以下にならないので，銀行の不確実性プレミアムの上昇を貨幣市場金利の低下で相殺することには限界がある。②は，生産資本の期待収益率（r）があまりに低い場合，または投資が金利に対して非弾力的である場合に

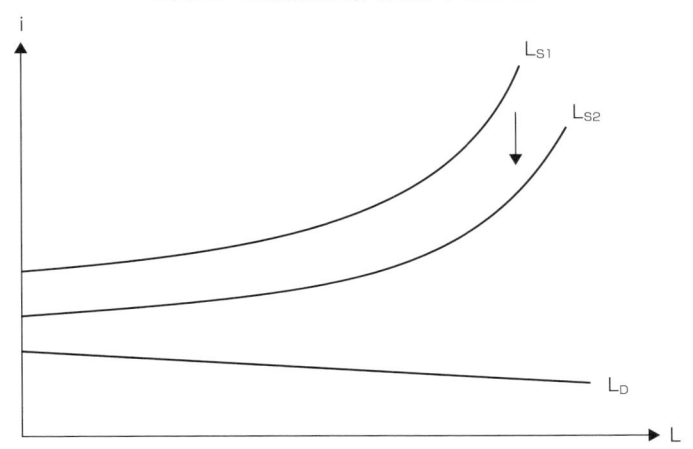

図 10.2 　金融緩和政策の失敗（流動性の罠）

[図: 縦軸 i、横軸 L。右上がりの信用供給曲線 L_{S1} が下方へシフトして L_{S2} になる。信用需要曲線 L_D は低位でほぼ水平に右下がり。]

見られる。これらの場合には，信用市場金利がいくら低下しても投資は促されない。特に前者の場合（生産資本の期待収益率が崩壊しているケース）は**流動性の罠**と呼ばれ，これを極端な形で図示すると図 10.2 のようになる。信用需要関数（L_D）があまりに低い位置にあるために，中央銀行が金融緩和政策によって信用供給関数を下にシフトさせている（$L_{S1} \rightarrow L_{S2}$）にもかかわらず，投資が実行されないのである。

金融緩和政策の失敗をもたらす以上の原因が示しているのは，中央銀行の能力には限界があるということである。①は，中央銀行が銀行部門の不確実性プレミアムに対して直接に影響行使できないことを，②は，中央銀行が企業における生産資本の期待収益率に対して直接に影響行使できないことを，それぞれ示している。

10.3 　期待と金融政策

金融政策についての以上の考察においては，最初に信用市場が均衡状態にあるものと想定して，金融政策の影響を考えた。しかし，信用供給関数と信用需要関数は民間経済主体の期待変化によって絶えずシフトしている。このような

図 10.3　期待変化の作用

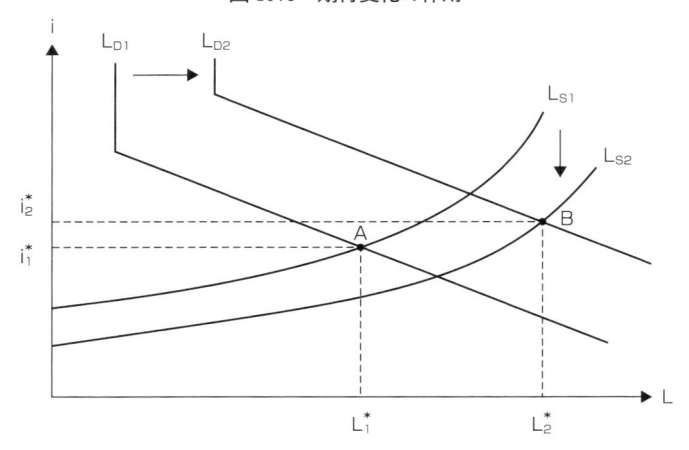

中で実行されるがゆえに，金融政策はアート（芸術的な技）であるとしばしば言われる。本節では，金融政策が直面するこのような特殊な状況について説明しておきたい。

　民間の期待変化による信用市場への影響について考えてみよう。図 10.3 において信用市場の最初の均衡がA点（信用量 L_1^* と金利 i_1^*）で与えられているものとする。まず，民間経済主体（企業・銀行・家計）において一般に将来期待が改善されるものとしよう。企業においては，将来期待の改善は生産資本の期待収益率の上昇として表され，このとき，他の条件を一定とすれば，信用需要関数は右へシフトする（$L_{D1} \to L_{D2}$）。また，将来期待が改善するとき，銀行の不確実性プレミアムは低下し，家計のポートフォリオにおいて対企業信用の比重が増大するので，信用供給関数は下にシフトする（$L_{S1} \to L_{S2}$）。よって，将来期待の改善の結果として，均衡点はBに移動し，したがって均衡信用量は増加し（L_2^*），均衡金利は上昇する（i_2^*）。次に，この後に企業・銀行・家計のそれぞれの部門において期待が悪化するとしよう。このとき，2つの曲線は反対方向へとシフトを開始する。しかし，各部門の期待変化による影響がすべて足し合わされた結果として均衡点がちょうど最初の位置に戻るということは，ありそうにないことである。このように考えると，均衡点というのは，各部門の期待変化の合成作用によって到達される偶然的な位置にすぎないことがわかる。

均衡信用量の決定は，更新投資額を差し引けば，そのまま均衡（純）投資量の決定でもある。つまり，上で想定した期待変化は，（純）投資にも影響を与える。そうして決まる投資がまた，財市場において総需要の変化をもたらし，ひいては数量効果と価格効果を引き起こす。ただし，投資変動の影響が数量効果と価格効果にどう配分されるかは，生産能力の水準や技術変化によって決まる。このような事情であるため，中央銀行は，現在時点における生産と価格の動きに絶えず注意を払いながら金融政策を運営していかなければならない。当然のことであるが生産と価格の変動は中央銀行自らが生み出したものではないから，中央銀行の金融政策は受動的なものにならざるをえない。生産と価格の変動には，①民間諸主体の期待の動向と，②生産の歴史的・具体的な諸条件が影響を及ぼすので，事前的に決めたルールに従って金融政策を運営することは困難である。むしろ金融政策は，その都度の状況に応じた裁量的な決定に従って運営される（**裁量的金融政策**）。この意味で金融政策はアートであると言われる。中央銀行は，不確実な状況に対して評価を下し，正しい結論を引き出すことを求められる。

10.4　金融政策の目標

中央銀行による金融政策の主な目的は，インフレ・デフレの累積過程を回避または阻止すること，すなわち貨幣の安定を維持することにある。金融政策が効果的であるためには，民間の経済主体からの信認（confidence）を喚起することが重要になる。中央銀行の意思と能力が信頼に足るものでないと判断される場合，経済主体の資産行動は不安定になり，インフレやデフレの過程が進行しやすい。信認は中央銀行の評判（reputation）に左右される。評判は，過去の実績により築き上げられる一種の資本であり，これを**信認資本**という。金融政策の成功により信認資本は蓄積されるが，上述のように金融政策は裁量的意思決定に基づいてなされるため，状況が改善されたとしても，それが金融政策の成功によるものかどうかは見極めにくい。そこで，信認資本を蓄積するためには，特定の指標を用いて金融政策の目標を公表した上で，それを達成するという手続きを踏むことが必要になる。どんな指標が金融政策の目標とされるか

は，その時点での経済・金融システムの構造に左右されるだけでなく，その時点でどんな経済学説が支配的であるかによっても異なってくる。

(1) 数量目標

　金融政策の目標は，操作目標・中間目標・最終目標の3段階に分けて提示される。**最終目標**は物価安定であり，これは金融政策の目的が貨幣の安定であることと対応している。**操作目標**は，貨幣市場金利であり，中央銀行は形式的にはこれを随意に変更することができる（2001年3月から2006年9月にかけて日本銀行が実施した「量的緩和政策」においては，中央銀行預け金残高が操作目標とされた）。**中間目標**はマネーサプライ（貨幣供給量または貨幣資産）の総額であり，これは貨幣市場金利によって影響を受け，物価水準に影響を及ぼす媒介項である。

　中央銀行が中間目標であるマネーサプライについて公約(コミット)するとき，金融政策は**数量目標**に従属しているといわれる。1960年代半ば以降，先進諸国でインフレ問題が激しくなり，それまでの裁量的な金融政策がインフレ問題に無力であるとする批判が高まった。その急先鋒が新古典派マネタリズムの主張であり，それによれば，金融政策はマネーサプライのルールに従うべきである。このルールは**ｋ％ルール**と呼ばれる。新古典派的な貨幣数量説においては，貨幣の流通速度を不変と見なした上で，実質国民所得の成長率がｋ％であるときには，マネーサプライの増加率を同じｋ％にすれば，物価の安定が保たれるとされる。この考え方に従えば，中央銀行にマネーサプライの増加率を公表させ，その達成をルールとして義務づけることによって，インフレ抑制に有効な金融政策が実現される。

　数量目標による金融政策は，1974年から1999年までドイツのブンデスバンクによって，また1979年から1982年までアメリカの連邦準備制度（Fed）によって実施されたと言われている。しかし，ブンデスバンクの場合，数量目標の達成が厳格に追求されたとは言えず，数量目標が達成されない年が多かった。Fedの場合も，数量目標による金融政策は短期間しか続かなかった。これは，そもそもｋ％ルールが，①外生的貨幣供給を前提し，②数量効果を軽視して価格効果を一方的に重視していることによる，当然の帰結である。本書で説明してきたように，まず，①内生的貨幣供給を前提する場合，金融政策は，総信

用供給関数の位置に影響を与えることができるにすぎない。ただしその効果も，銀行や家計の資産行動が変化すれば打ち消される可能性がある。総信用需要関数に対しては中央銀行が直接に影響を与えられないことは明白である。つまり，マネーサプライは，期待変化による家計・企業の資産行動の変化や金融革新によっても大きく影響を受ける。また，②投資変動による財市場への影響が数量効果と価格効果とにどう配分されるかは，生産能力の水準や技術変化によって左右される（上述）ので，マネーサプライと物価との間には硬直的な関係は存在しない。これらのことから，ｋ％ルールに従属する金融政策は困難に直面せざるをえない。実際，ブンデスバンクが数量目標を掲げて実施した金融政策においても，ｋ％ルールに従うというよりはむしろ，金利の裁量的管理が追求されていた。Fed のケースでは，信用市場金利の高騰による悪影響（国内投資への打撃，累積債務危機問題の勃発）を無視できなくなったことから，数量目標による金融政策は中止された。結果として，Fed による数量目標の金融政策は短期間の例外的なものにとどまった。

　しかし，数量目標に意義がないわけではない。第１に，数量目標について公約することは，物価安定を実現しようとする中央銀行の強い決意を表明するのに有効な方法である。数量目標が掲げられるのを見た経済諸主体は，中央銀行への信頼を強め，不安定な資産行動を控えるだろう。マネタリズムの学説が広く受け入れられているとき，このような数量目標の効果はいっそう高まる。第２に，数量目標は，中央銀行の行動スタンスを明示し，責任ある行動を経済諸主体に訴える手段として有効である（この点，Aglietta［1995］第６章を参照）。これは，貨幣の安定が経済諸主体の資産行動にかかっているという認識が広く共有されている場合に有効である。ブンデスバンクによる中期的な数量目標の公表は，そうした「安定性の文化」に依拠することによって，信認資本を蓄積しようとする戦略を表していた。第３に，金融政策を数量目標に従属させることは，金融引締めによる実体経済への打撃に頓着せずに，インフレとの闘いを進めるのに役立つ。インフレ過程を停止させる方策の１つは，金融引締めによって安定恐慌を引き起こすことである。生産や雇用に深刻な打撃を与える信用市場金利の高騰に対して中央銀行が責任の引受けを迫られるならば，安定性指向の金融政策を続けることは困難になる可能性がある。Fed による数量目標の

採用（上述）は，このような文脈の中でなされた。

(2) インフレ目標

　上述のように，金融政策のルールについてのマネタリズムの提案（k％ルール）は理論の世界では広い影響力をもったが，現実の金融政策はどの中央銀行においても依然として裁量的なものであった。経済諸主体の期待変化や金融革新によって，マネーサプライと物価変動との間の関係は必ずしも安定したものではなかった（上述）から，ルール自体の定義可能性も疑われるようになった。だからといって，裁量的な金融政策が無条件に支持されていたわけではない。裁量的政策は，その自由度が政治的に利用され易いため，景気対策とインフレ対策の間を揺れ動き，インフレ問題に適切に対処できない恐れがあると指摘されてきた。

　このような「ルールか裁量か」のジレンマから逃れる方法として考え出されたのが，金融政策の3目標のうち最終目標である物価安定を数値で定義し，その達成を公約するという方式であった。これを，**インフレ目標**（ターゲティング）による金融政策と呼ぶ（コラム5参照）。この方式においては，操作目標・中間目標をどのように設定するか，つまり状況に対応した適切な行動が何かということに関しては，中央銀行が裁量的に判断する。他方，最終目標の公約表明が中央銀行に義務づけられ，金融政策は枠づけを与えられる。「ルールか裁量か」の二者択一的発想を免れた方式と言える。

　1990年代になると，金融政策のための明示的なインフレ目標を公表する中央銀行が次第に増えていった。現在では，日本とアメリカを除く多くの先進国において，金融政策にはインフレ目標が導入されている（詳しい説明としては伊藤・林［2006］第4章を参照）。また，現在の連邦準備理事会（FRB）議長バーナンキはインフレ目標論者として知られており，今後はアメリカでもインフレ目標が導入されるかもしれない。インフレ目標による金融政策においては，目標インフレ率（例えば2.5％）またはインフレ率の許容範囲（例えば0～2％や2.5～3.5％）が目標として設定される。インフレ率は消費者物価指数（CPI）によって計算され，総合CPIインフレ率（全品目を考慮）またはコアCPIインフレ率（外的要因によって価格が変動する品目を除外）が用いられる。インフレ目

10 金融政策・所得政策

【コラム5】 最終目標の多様性

　金融政策において掲げられる最終目標には，インフレ率以外に以下のようなものがある。
　物価水準目標：この方式においては，中央銀行が特定の物価水準（あるいは物価水準推移）を追求する。物価水準目標はインフレ率目標よりも引締め的である。物価水準目標の場合，ある期間に目標達成できないと，次の期間にはデフレによって物価水準を低下させることが求められる。そのため，この方式は実施に移されていない。
　GDPルール目標：一定の名目GDP成長率を追求することが，中央銀行の任務とされる。しかし，名目ＧＤＰ成長率がとる特定の値について，数量効果と価格効果の配分がどのようなものであるか明示されなければ，目標設定しても実質的には意味がない。また，中央銀行にとってみれば，金融政策を通じて名目GDP目標を達成することは困難である。
　名目為替相場目標：この方式においては，中央銀行は，安定的な外国通貨または外国諸通貨のバスケットに自国通貨を釘付け（固定または連動）する。このとき釘付けに利用される通貨が**名目為替相場アンカー**である。中央銀行は，金融政策により自国金利を変化させ，為替相場を目標幅内に維持しようとする。

標は，政府か中央銀行のいずれかによって，または両者の協議によって決定される。

　インフレ目標を公表することにより，金融政策の透明性は高まり，安定性指向の金融政策を推し進めようとする中央銀行の姿勢は鮮明になる。中央銀行がインフレ目標を継続的に達成していくならば，信認資本が蓄積されていく。逆に，目標が達成されないときには，中央銀行は，なぜ目標が達成できなかったか，今後の目標達成のために何をしようとしているか等について説明責任（アカウンタビリティ）を負わされる。

　インフレ目標による金融政策は，インフレ問題への適切な対処のために考案された。注意すべき点は，上記のようにインフレ目標の数値（点または幅）が正になっていることである。インフレ目標が正の値をとる理由には，以下の3つがある。

　第1に，インフレ目標による金融政策においては，デフレの回避も追求され

る。インフレ目標がマイナスの値をとっている場合，インフレ目標を達成すると同時に，今度は経済が急速にデフレ過程へ追い込まれるかもしれない。そのような不安から，インフレ目標はプラスの値によって定義されている。NAIRU 曲線（図9.1）で言えば，曲線の横軸よりも下の部分の（負の）傾きが非常に急であるとき，特にこの点が重要である。NAIRU 曲線がそのような形状であるとき，インフレ目標がゼロ以下になることは許されない。

　第2に，金融政策の自由度の問題がある。インフレ率が高くなれば，それに対応して貨幣市場の名目金利も高くなるから，景気拡張的な金融政策の自由度が大きくなる。1990 年代末以降の日本ではデフレ脱却を目的として，「ゼロ金利政策」が採用されてきた。これは，正のインフレ率を実現できないままに金利引下げの余地を汲み尽くしたことによって生じた新しい（現在のところ例外的な）事態である。正のインフレ率が実現されないということは，そのこと自体が，金融緩和政策の実施可能性を制限する。

　第3に，インフレ過程のメカニズムからすれば，景気拡張にともなってインフレが発生するとき，恐れるべきは賃金物価スパイラルへの移行なのであって，景気拡張とそれにともなう投資増加による需要インフレを抑えつけるべきではない（8.3参照）。賃金物価スパイラルへの移行は，その時点の歴史的・具体的な諸条件に左右されるのであって，インフレ目標（点または幅）を中心に揺れ動く物価水準の変動を過度に厳格に制限すべきではない。

　日本では，デフレ脱却の手段としてインフレ目標の導入が提案されたが，結局それは見送られた。しかし，2001 年3月から 2006 年3月まで量的緩和政策（中央銀行預け金残高を金融政策の操作目標として，その増加を図る）が実施された際に，量的緩和の解除条件として，コア CPI の前年比上昇率が安定的にゼロ％以上になることが掲げられ，インフレ率への強いコミットメントがなされた。これを事実上のインフレ目標と見なす向きもあるが，以下の2つの理由からそうした見方は不適切であろう。第1に，「ゼロ％以上」という明確な数値が掲げられたとはいえ，達成期間に関する目標が明示されていない。第2に，「ゼロ％以上」のインフレ率を当該年度に達成できなかった理由が説明されるならばインフレ目標の理念に近いものになるが，量的緩和の効果そのものが不明であったので，十分な理由説明がなされようとしていたかどうかは疑問である。

むしろ重要だったのは，「安定的にゼロ％以上」とコミットメントすることにより，金融緩和の確固としたスタンスを民間の経済主体に確信させるという効果であっただろう。インフレ率がプラスに転じた時点で金融緩和を停止するのではなく，それ以降も引き続き金融緩和政策が実施されるであろうことを期待できれば，企業や銀行が投資活動を促進することが容易になる。このような効果に着目するとき，量的緩和政策は**時間軸政策**として性格づけられる（植田 [2005]）。

10.5　所得政策

(1)　所得政策とは何か

費用インフレの決定方程式（7.9式）に示されていたように，物価水準の安定，ひいては経済の安定にとって貨幣賃金率の動向は重要な位置を占める。まず費用インフレの決定方程式から直ちに，生産性と所得分配を不変とするとき，貨幣賃金率の変動は物価水準の変動をもたらすと言える。ただし，貨幣賃金率の変動が物価に対して1回限りの影響しか及ぼさないのであれば，経済の安定を損なうことにはならない。問題は，貨幣賃金率の変動が賃金物価スパイラルを喚起し，物価水準の急激な変動をもたらす事態である。賃金物価スパイラルが発生するとき，貨幣賃金率の上昇は雇用減少をではなくもっぱら物価の上昇を，貨幣賃金率の低下は雇用増加をではなくもっぱら物価の下落をもたらす。

貨幣賃金率（w）＝賃金総額（W）／労働時間（H）であるから，労働時間を一定とすれば，物価の安定は貨幣賃金率水準の硬直性にかかっている。つまり，貨幣賃金率は物価水準の名目アンカー（つまり**貨幣賃金アンカー**）としての役割を果たす。貨幣賃金が名目アンカー機能を果たしていると言えるのは，貨幣賃金率の変化率が「生産性変化＋目標インフレ率」に一致している場合である。例えば，目標インフレ率が2％，生産性上昇率が傾向的に3％であるとき，貨幣賃金率が5％で上昇していれば，貨幣賃金率はアンカー機能を果たしている。貨幣賃金率の上昇率が5％よりも大（小）の状態が一方的に続くとき，インフレ（デフレ）の過程が開始される。つまり，貨幣賃金アンカーの機能停止は，

経済を不安定化させる。

　貨幣賃金アンカーを安定させようとする政策が，**所得政策**である。所得政策の機能は，賃金の交渉・決定に枠づけを与える労働市場関連の諸制度を前提として，生産性上昇と歩調を合わせた貨幣賃金率の変動を，したがってまた物価の安定を促すことにある。所得政策においては，目的達成のために，貨幣賃金率をめぐる労働市場の競争を抑制し，賃金変動をマクロ経済的な安定性の要求に従属させることが追求される。このように所得政策は市場の力に対抗する性質をもつため，必ずしも容易に受け入れられるとは限らない。例えば，所得政策に協力的な労働組合であっても，失業率が大幅に低下する局面においては，貨幣賃金率の大幅引上げを要求せざるをえなくなるかもしれない。なぜなら，労働市場の状況から労働者側のパワーが増しているとき，労働組合が賃金引上げ要求を自粛することは，下部組合員からの支持喪失につながりうるからである。

(2)　景気変動と所得政策

　所得政策は，景気の上昇局面と下降局面とで，その演じる役割が多少異なる。まず，景気上昇局面における所得政策の役割は以下の通りである。

　第1に，所得政策は，景気拡張の中断を回避する効果をもつ。景気上昇局面において，所得政策は，インフレ過程を抑制もしくは緩和する働きをもつ。中央銀行の金融政策も同じ働きをするが，インフレと闘うための金融引締めは，安定恐慌すなわち景気拡張の停止を引き起こす可能性がある。しかし，所得政策の成功によって補完されているとき，そのような金融引締めを行う必要は少なくなるだろう。貨幣賃金アンカーに信頼を置くことができれば，中央銀行は（活発な投資活動の結果である）需要インフレをより容易に受け入れることができ，その結果として，景気拡張の持続性が高まる。

　第2に，所得政策は，失業水準を低下させる効果をもつ。NAIRU曲線に示されるように，雇用の増加（失業の減少）は物価上昇をもたらす（9.2参照）。NAIRUのアプローチをとる中央銀行は，雇用が増加していき失業率がNAIRUに到達しようとする時点で，金融引締め政策を開始し，NAIRU以下への失業率低下を避けようとする。この場合，所得政策が成功すればするほど，

NAIRU は低下するから，長期平均的により低い失業水準を実現することができる。つまり，安定的な貨幣賃金アンカーをもつ経済においては，雇用増加と物価安定との間の目標相反の問題を，相対的に少ない失業の下で解決することができる（不安定な貨幣賃金アンカーをもつ経済においては，逆のことが成り立つ）。

次に，景気下降時において，所得政策の役割は格別に重要である。金融政策には非対称性があるから，景気が下降してデフレ過程が始まるとき，金融緩和政策でこれを阻止することは必ずしも容易ではない（9.1参照）。その場合，デフレ過程を阻止する役割は，主に所得政策に委ねられる。デフレ過程は，失業の増加とともに，貨幣賃金アンカーが機能停止することによって発生する。したがって，失業が増加しているときに，貨幣賃金率の低下を阻止する所得政策の役割が重要になる。この意味で，景気下降時には，デフレを阻止する所得政策の役割が非常に重要になる。

以上のように，貨幣賃金アンカーは，景気上昇時には金融政策を側面から支えるが，景気下降時には無能な金融政策に成り代わって貨幣経済安定化の役割を引き受ける。極端な言い方をすれば，インフレ過程を阻止する責任は中央銀行が負うが，デフレ過程を阻止する責任は労働組合（あるいは労働市場の特殊な諸条件）が負うと言える。

当然のことであるが，失業や賃金物価スパイラルに対して影響を及ぼすのは，所得政策だけではない。国によって異なる，労働市場の構造的・制度的諸条件や人口学的・社会経済的な諸要因もまた，失業の水準や賃金物価スパイラルの進行に影響を及ぼす。

(3) 賃金形成メカニズムと所得政策

賃金の交渉・決定のメカニズム（**賃金形成メカニズム**）は，国によって多様である。この多様性は，以下の諸側面に関して確認することができる。第1に，国によって労使関係には好し悪しがある。労使関係が協力的であるか対立的であるかによって，賃金形成メカニズムは異なる。第2に，国により労働組合の組織化は多様であり，それとともに賃金交渉がなされるレベルが異なる。すなわち，職業別・企業別・産業別のどのレベルで賃金交渉がなされるか，あるいは地方・中央のどのレベルで賃金交渉がなされるか，という側面がある。第3

表 10.1　賃金形成メカニズムの特徴

	労使関係	労組の競合	労組の組織	賃金交渉のレベル	賃金決定の波及
日本	協力的	非競合的	企業別組合	企業	少数大企業の決定が全体に波及
ドイツ	協力的	非競合的	部門別組合	部門かつ地域	一定部門の地域的決定が全体に波及
イギリス	対立的	競合的	職業別組合	企業または部門	波及効果は乏しい

に，労働組合の競合性の違いによって賃金形成メカニズムは異なる。これは，部門ごとまたは企業ごとに1つの労働組合があるか，それとも1つの部門または企業の中で異なる労働組合が競合しているかという側面である。

　表10.1は，以上の3側面から，第2次世界大戦後の高度成長期における日本・ドイツ・イギリスの賃金形成メカニズムを対比したものである（詳しくはHeine/Herr［2003］S. 531 f. 参照）。日本についてだけ少し説明を加えておこう。まず，日本においては，企業レベルでの賃金交渉が支配的であるとはいえ，労働組合が非競合的であることによって，少数の大企業における賃金妥結がすべての部門・企業における賃金妥結に影響を与える仕組み（いわゆる春闘方式）になっていた。こうして，マクロ経済レベルにおいて統一的な賃金変動が実現されるメカニズムが作用してきた。次に，こうしたメカニズムの下で，協力的な労使関係が貨幣賃金アンカーの安定を実現してきた。協力的な労使関係の背後には広範な雇用保障（いわゆる終身雇用）があり，これ自体は，労働力の移動性を制約し，したがって賃金物価スパイラルを促進する要因である。しかし，生産性上昇との同一歩調による貨幣賃金率の引上げを実現しようとする労使の協力が強かったため，1970年代半ば以降の日本ではインフレの抑制が実現されてきた。

　日本のように，企業別の労働組合が企業レベルで賃金交渉を行う場合，組合側は雇用確保という誘因から，厳格な賃金節度を受け入れる。このような誘因の構造はインフレ過程の阻止には有効であるが，不況期には賃金の硬直性を喪失させて（すなわち下方への伸縮性を強めて），デフレ過程の加速を招く危険がある。このような不都合を避けるためには，貨幣賃金アンカーの重要性をインフレ過程に関してだけでなくデフレ過程に関しても認識した上で，労使が貨幣賃金の安定を明示的な目的に掲げて賃金交渉を行うことが必要である。貨幣賃金

の安定が損なわれれば，経済全体（したがって労使双方）に悪影響が及ぶことは明らかである。一方で，景気上昇期には，生産性上昇率を超える賃金上昇はインフレを加速し，結局は金融引締めとそれによる安定恐慌を招き寄せる。他方，景気下降期には，生産性上昇率の減速を上回る賃金低下はデフレ過程をもたらす。こうした帰結を労使双方が予想して行動するならば，貨幣賃金アンカーの安定が達せられよう。このときの労使（労働組合と経営者団体）は，マクロ経済関係にとって合理的な行動を追求するという意味で，**マクロ的主体**であると言える。現実には，このような行動がとられるには，労使それぞれの側で集権的な組織化が進むことが前提となるだろう。そうした労使の集権的組織の下でなされる中央レベルでの賃金交渉においては，双方がマクロ経済的帰結に注意を払いながら賃金変動を管理することが可能になる。

　政府の介入の下に，直接に国のレベルで行われる所得政策もある。つまり，経営者団体・労働組合・政府の3者が，明示的または暗黙の「社会契約」を締結し，マクロ経済的帰結に配慮して賃金変動を決定・提示しようとするものである。いっそう進んだ集権化をともなうので，このような方式の所得政策は，一見すると，最も効率的であるように見える。しかし，以下2点に注意が必要である。第1に，このような方式も，労使の組織化が脆弱であれば，効果は上がらない。経営者団体・労働組合の統率力が弱ければ，傘下の諸組織に「社会契約」の成果を与え続けることはできない。第2に，この方式においては，賃金以外に雇用や政策も同時に交渉の対象となるだろうから，賃金交渉が全体の交渉の中で取引材料として使われる恐れがある（交渉の政治化）。この場合，貨幣経済の安定にとっての所得政策の重要性に関する交渉当事者たちの意識が希薄なものになりかねない。

　最後に，広い意味での所得政策には以下のようなものが含まれる。まず，デフレ過程を阻止するための方策としては，法定最低賃金や社会保障がある。次に，インフレ的な賃金物価スパイラルを抑制するための方策としては，法定の賃金引上げ上限や，賃金上昇税が考えられる。後者は，政治的に不人気な措置であり，概して導入困難である。

11 財政政策

　第3〜10章の考察においては，中央銀行・銀行・企業・家計の4つの部門のみが考察されてきた。本章では，新たに第5の部門として政府を考察対象にする。政府は，財政収支の諸項目（図1.1参照）を操作することを通じて，財市場における総需要の動向に影響を与えることができる。このような政府の経済活動は**財政政策**と呼ばれる。

　総需要への財政政策の影響経路は，財政収支の項目に応じて様々あるが，ここでは以下のものを考慮する。第1に，政府は，財・サービスの購入（政府需要）を増減させることによって，直接的に総需要に影響を及ぼすことができる。第2に，政府は，税や移転（社会保障給付等）の体系を変更することによって，家計の可処分所得を変化させることができる。第3に，政府は，税体系の特殊な構造（加速的減価償却等）や補助金を通じて，投資需要に影響を与えることができる。後2者における総需要への影響は，間接的なものである。

　財政政策を実施する結果として，政府部門の貨幣フローには不均衡が発生しうる。ある年度において支出（流出フロー）が収入（流入フロー）を上回るとき，**財政赤字**が発生し，政府の資産ポジションは悪化する。逆に，ある年度において支出が収入を下回るとき，**財政黒字**が発生し，政府の資産ポジションは好転する。現在，ほとんどの国では，大方の年度において財政赤字になっている。財政赤字が発生するとき，2つの対処方法がある。1つは，政府保有の資産を売却して，赤字を埋め合わせることである。ただし，この方法は，①売却可能な政府資産は限られている，②国民が支払った税で購った資産を赤字埋め合わせのために売却することには政治的抵抗がある，という2点で限界がある。もう1つの方法は，赤字額だけの借入れを行う，つまり公債を発行することである。この方法をとるとき，政府は，債務残高の増加という問題への対処を迫られる。将来の安定した税収（つまり財政黒字）が見込まれれば，政府はそれによ

って債務を返済していけるので,問題は発生しない。しかし,将来の財政黒字が確保されないときには借り替えを行わねばならず,新たな赤字のための借入れと合わせて政府債務は累積していく。こうなると,政府の返済能力に対する信頼が低下し,政府の債務管理は困難に直面する。最終的には,政府債務返済のための増税や政府資産の売却に頼らなければならなくなるかもしれない。

　財市場の総需要に正の影響を及ぼそうとする財政政策を**拡張的財政政策**,逆に負の影響を及ぼそうとする財政政策を**引締め的財政政策**という。以下では,まず11.1〜3において,拡張的財政政策とその効果について考察する(引締め的財政政策については逆の内容を考えればよいので考察を省略)。考察にあたっては,財市場における「純粋な数量効果」(物価水準は不変)を仮定する。これは景気循環の恐慌局面に対応している(8.3参照)。11.4では拡張的財政政策の失敗について,11.5では政府債務の問題について考察する。

11.1　財政政策の効果(所得税不在のケース)

(1)　財市場の均衡

　政府需要を除く総(集計的)需要は,$X_D = I_a + C$,または$X_D = I_a + C_a + cY$(6.4式)で与えられる。政府部門を考慮に入れるとき,総需要の内訳を2点において修正しなければならない。第1に,需要項目に政府需要が加わる。政府需要は経常所得(Y)に依存しないもの(自立的需要項目)とし,これをZ_aで表す。第2に,税と移転を考慮することにより,家計の消費源泉は国民所得(Y)ではなく可処分所得(DPI)になる。この2点を考慮するとき,総需要の式は以下のようになる:

$$X_D = I_a + C_a + Z_a + c \cdot DPI \tag{11.1}$$

可処分所得は,国民所得(Y)から国民経済の税総額を差し引き,政府の移転支払いを加えたものである。税総額をT,移転支払いをTRとし,また総需要の自立的諸項目の合計をD_a($= I_a + C_a + Z_a$)とするとき,総需要の式は次のように書き換えられる:

11 財 政 政 策

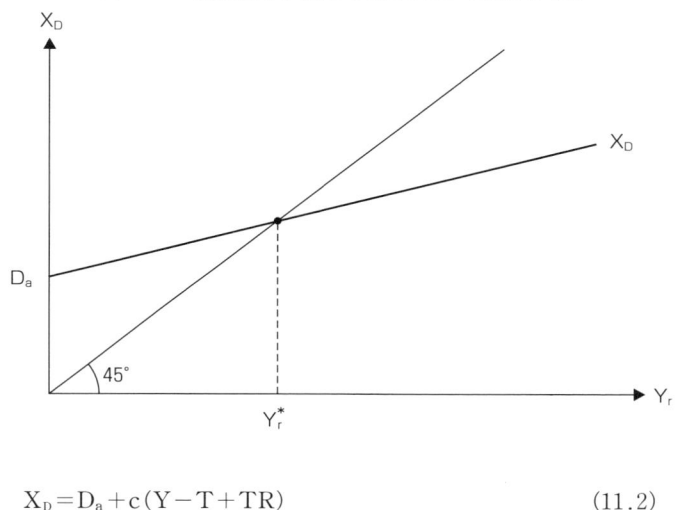

図11.1 政府部門を考慮に入れたときの財市場均衡

$$X_D = D_a + c(Y - T + TR) \quad (11.2)$$

ここでの税は，所得に左右されないもの（人頭税や土地税）とする。

「純粋な数量効果」を仮定するので，Y（名目国民所得）は Y_r（実質国民所得）に等しく，財市場の均衡は $X_D = Y_r$ によって与えられる。このときの均衡所得（Y_r^*）は以下のように求められる：

$$Y_r^* = \frac{1}{1-c}(D_a - c \cdot T + c \cdot TR)$$

図11.1は財市場の均衡を表したものである。

(2) 財政刺激の様々な乗数

拡張的財政政策には様々な方法があり，その効果は方法によって異なる。以下，方法別に拡張的財政政策の効果を考察していくことにする。

ケース1：借入れ資金に基づく政府需要の増加

政府需要の増加（ΔZ_a）は，総需要関数を上にシフトさせる。図11.2には，このときの影響が，総需要関数の上へのシフト（$X_{D1} \to X_{D2}$）による生産量（ま

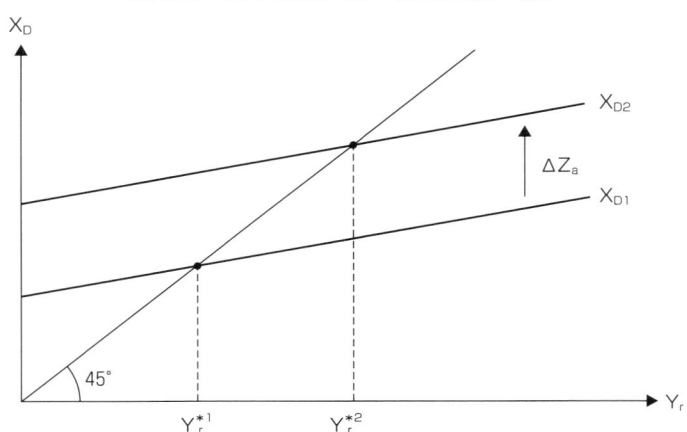

図 11.2　借入れ資金に基づく政府需要の増加

たは実質所得）の増加（$Y_r^{*1} \to Y_r^{*2}$）として示されている。政府需要の効果には財市場乗数の論理（6.3参照）が働き，生産量（実質所得）の増加は次の大きさになる（限界消費性向 c は不変とする）：

$$\Delta Y_r = \frac{1}{1-c} \cdot \Delta Z_a$$

乗数 $1/(1-c)$ は，消費需要の自立的要素または投資需要が増加したときの乗数（6.5式）と同じである。例えば，消費性向が 0.8 のとき，政府需要が 20 億円増加すると，財政刺激による生産量（実質所得）の増加は 100 億円である。

ケース 2：移転支払いの増加または減税

このケースでは，政府は直接に需要を増加させるのではなく，家計の可処分所得を増加させることによって間接的に需要を増加させる。可処分所得が増加するとき，増加分（ΔDPI）の全額が総需要の増加になるのではなく，限界消費性向を乗じた額（$c \cdot \Delta DPI$）しか総需要は増加しない。これは，家計が所得の一部を貯蓄に回すことによる。このとき，生産量（実質所得）の増加は，以下の大きさになる：

$$\Delta Y_r = \frac{c}{1-c} \cdot \Delta DPI$$

乗数は $c/(1-c)$ であり，ケース1のときよりも小さい．例えば，限界消費性向が0.8のとき，20億円の移転支払増または減税がなされるとすれば，生産量（実質所得）の増加は80億円である．

ケース3：増税に基づく政府需要の増加

政府需要の影響による生産量（実質所得）の増加が $\{1/(1-c)\}\Delta Z_a$，増税の影響による生産量（実質所得）の減少が $\{c/(1-c)\}\Delta DPI$ だから，全体の効果は次のようになる：

$$\Delta Y_r = \frac{1}{1-c} \cdot \Delta Z_a - \frac{c}{1-c} \cdot \Delta DPI \tag{11.3}$$

政府支出増加のための資金を増税によって調達するものとすると，$\Delta Z_a = \Delta DPI$ である．このことを考慮して11.3式を書き換えると：

$$\Delta Y_r = \frac{1-c}{1-c} \cdot \Delta Z_a \qquad \therefore \ \Delta Y_r = \Delta Z_a$$

このように，政府支出増加をすべて増税で賄うとき，乗数は1になる（**ハーベルモの均衡予算定理**）．例えば，20億円の政府需要増加がすべて増税で資金調達されるとき，その効果は20億円の生産量（実質所得）増加である．

ケース4：補助金による投資の刺激

補助金には，利息補助金，投資奨励金，減価償却減税，価格補助金など様々な形態がある．例えば，投資奨励金は，助成を受けた企業・部門または地域における生産資本の期待収益率を高める．これにより，国民経済全体の生産資本の平均的な期待収益率も上昇する．図11.3に示されているように，この場合，他の条件を一定とすれば，信用需要関数は右へシフトする（$L_{D1} \to L_{D2}$）．その結果，均衡信用量は増加し（$L^{*1} \to L^{*2}$），それとともに均衡投資量も増加する．

図 11.3 投資奨励金の効果

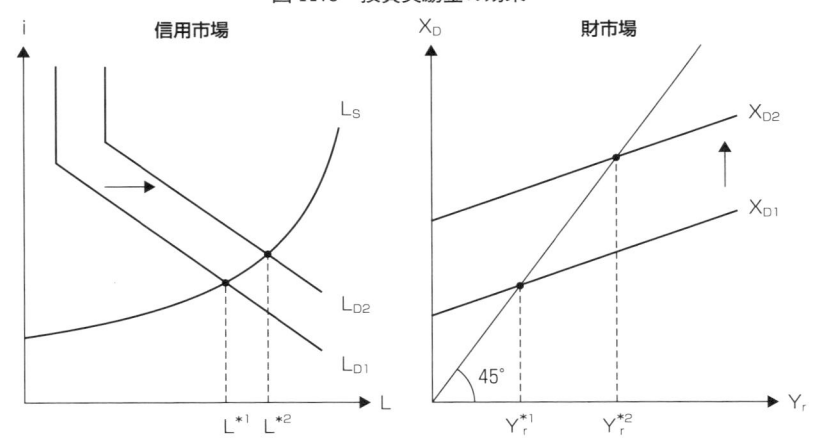

投資の増加を ΔI で表すとき，投資奨励金の効果は，ΔI に通常の財市場乗数 $m = 1/(1-c)$ を乗じたものとなる：

$$\Delta Y_r = \frac{1}{1-c} \cdot \Delta I$$

図 11.3 の右の図はこの効果を示したものである。条件によっては，投資奨励金は経済の総投資量を増加させない。すなわち，助成を受ける企業・部門・地域における投資の増加が，助成を受けない企業・部門・地域で実行されえたであろう投資を犠牲にして実現される場合がそれである。これは，補助金による**クラウディング・アウト効果**（排除の効果）である。このような補助金を正統化するには，特別な理由（地域振興等）を持ち出さなければならない。

(3) 財政政策の社会的・長期的影響

以上のように財政政策の実施には様々な方法があるが，いずれにも共通している前提は，「景気循環の下降局面において，政府は経済安定のための拡張的財政政策を行うべきだ」という考え方である。生産が収縮しているとき，家計や企業は需要をいっそう低下させる。この行動は個別的には合理的であるが，景気の累積的後退という有害な帰結をもたらす点において社会的に不合理である（**合成の誤謬**）。この過程を阻止することを政府の責務と見なすというのが，

ケインズ主義的な財政政策の考え方である。この点の効果に関する限り，追加的な政府需要の内容が社会にとって望ましい需要構造を表しているかどうかは，差し当たり問題外である。ケインズ主義的な財政政策の目的は，軍事支出の増加等によっても達せられる。

　財政政策は短期的な景気政策として実施されるが，その長期的な影響も考慮しなければならない。政府需要で言えば，その中身は消費的支出と投資的支出に区別される。投資的支出にはインフラストラクチャー建設や研究開発投資等があり，これらは国民経済の長期的な生産条件を改善する効果をもつ。支出の構成（消費的支出か投資的支出か）は短期的な効果の違いをもたらさないので，遊休能力が存在する景気下降局面においてはあまり重視されない。しかし，長期的に見た場合，支出の構成は重要な影響を及ぼす。例えば，追加的な政府需要における消費的支出／投資的支出の割合が経済の平均よりも消費に偏っている場合，経済全体の需要に占める消費の割合は上昇する（社会の**強制消費**）。この場合，長期的な生産能力の拡大は実現されず，長期的に見たときの国民経済の雇用能力は負の影響を被る。また，国民経済における生産・消費の構造がどのようなものであるかによって，支出の構成の違いが，生産資本の期待収益率に対して異なる効果をもつかもしれない。

11.2　財政政策の効果（所得税を想定するケース）

　前節では税支払いは所得から独立であると想定した（11.2式）が，本節では，より現実的に所得税を想定して，拡張的財政政策の効果を考察する。所得税が想定されるケースでは，財政政策が生産・所得に影響を及ぼし，それがまた税収にはね返るという過程が展開される。ここでは，政府需要の増加による拡張的財政政策（前節のケース1）の効果のみを考察する。

　単純化のために，所得税は1種類しかなく，非累進的であるとする。税率を t，課税ベース（単純に国民所得とする）を Y とするとき，税総額は $T=tY$ となる。政府の移転支払いを無視するならば，可処分所得（DPI）は国民所得から税総額を差し引いたものになる。$DPI=Y-tY$ を11.1式に代入することにより，以下の総需要関数が得られる：

図11.4 所得税を考慮するときの総需要関数

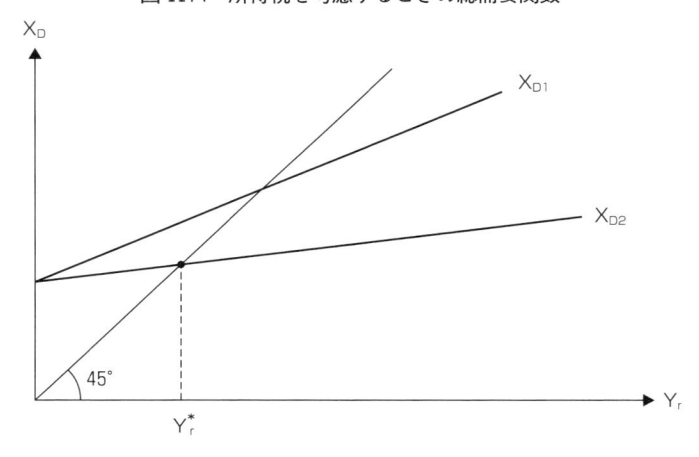

$$X_D = D_a + c(1-t)Y \quad (11.4)$$

11.2式と比べればわかるが，所得税を考慮する場合には，所得から独立な税支払いのみを想定するときよりも，総需要関数の傾きは小さくなる。所得税を考慮しないときの総需要関数を X_{D1}，所得税を考慮するときの総需要関数を X_{D2} として図示すると，図11.4のようになる。

均衡生産量（均衡実質所得）を求めておこう。「純粋な数量効果」の想定より $Y = Y_r$ であることを考慮し，11.4式を財市場均衡条件（$X_D = Y_r$）に代入して整理すると，均衡生産量は次式によって求められる：

$$Y_r^* = \frac{1}{1-c(1-t)} \cdot D_a$$

見られるように，所得税を考慮したときの財市場乗数は，$1/\{1-c(1-t)\}$ である。前節のケース1のときと同じように，限界消費性向が0.8のとき，借入れ資金に基づいて政府需要が20億円増加するとしよう。所得税率（t）が20％のとき，他の条件を一定とすれば，均衡生産量は約55.6億円となる。前節のケース1ではこれは100億円であった。つまり，所得税の存在が乗数を低下させ，政府需要増加の効果を弱めたのである。このような結果は，所得増加の一部が，貯蓄される以外に，政府に譲渡されることによる。したがって，

所得税率の低下は，財市場乗数の上昇，つまり経済に対する拡張的効果をもたらす。所得税率が低下するとき，総需要関数は上方にシフトし，その結果として均衡生産量は増加する。

所得税を考慮すると，政府需要増加（前節のケース1）の効果だけでなく，他の方法による財政政策（前節のケース2～4，すなわち移転支払い増加・減税，増税に基づく政府需要の増加，補助金）の効果も低下する。このような結果になるのは，所得税を考慮するとき財市場乗数が低下することによる。

11.3　自動安定化装置と自己金融効果

(1)　自動安定化装置としての財政

所得税についての考察の延長線上で，景気の**自動安定化装置**（ビルトイン・スタビライザー）としての財政の効果について説明しておこう。引き続き1種類だけの非累進的な所得税（$T=tY$）を想定し，また政府支出は景気変動に左右されず固定された大きさ（Z_a）であるとする。

景気の下降局面においては，名目生産量（所得）が減少し，課税ベースは縮小する。与えられた税率の下では，これは税収の減少を意味する（景気の上昇局面ではこれと逆のことが起きる）。税収がこのような動きをするとき，財政収支の変化はどのようになるだろうか。3通りの所得水準 Y_1, Y_2, Y_3 を考え，$Y_1<Y_2<Y_3$ であるとしよう。そして，所得が Y_2 のとき，$Z_a=tY_2$，つまり財政が均衡するとしよう。この場合，所得が Y_1 のとき $Z_a>tY_1$ すなわち財政赤字が発生し，所得が Y_3 のとき $Z_a<tY_3$ すなわち財政黒字が発生する。

以上のように，税率と支出を一定とするとき，財政収支は所得の増加とともに内生的に赤字→均衡→黒字となる。この結果，民間経済の需要が減少する景気の下降局面には，財政赤字が総需要を押し上げ，逆に総需要が増加する景気の上昇局面には，財政黒字が総需要を抑制する。このようにして，財政は総需要を自動的に安定化させる働きをする。また，同じメカニズムによって，景気循環を均して見たときに財政の均衡が達成されている。

景気循環とともに内生的に生じる財政の赤字化または黒字化に対して，これ

を意図的に生じさせない方針（**均衡財政主義**）で臨むとどのような結果になるか。まず，景気の下降局面において財政を健全化しようとして，支出を切り詰めるか税率を引き上げるかするとしよう。この場合，いずれの措置も総需要にはマイナスの効果をもたらし，景気収縮をいっそう強める。生産量の減少は課税ベースの縮小を意味するので，税収もいっそう減少する。次に，景気の上昇局面において，税収増加に合わせて政府支出が増加するとしよう。この場合，需要がますます増加し，景気過熱や需要インフレが促される。このように，均衡財政主義による財政運営は，景気循環の振幅を拡大させる。このような財政政策は**順循環的な財政政策**（プロサイクリカル）と呼ばれる。順循環的な財政政策は，市場システムの機能を阻害する。

(2) 財政政策の自己金融効果

借入れ資金に基づく政府需要の増加のケースにおいて，拡張的財政政策それ自体は財政赤字をもたらす傾向をもつ。しかし，財政政策の結果として所得の増加が引き起こされるならば，税収が増加して，むしろ財政赤字は削減されることになる。これを，財政政策の**自己金融効果**と呼ぶ。では，この効果によって，拡張的財政政策は財政赤字を出さずにすむのであろうか。この点を考察しておこう。

政府支出の増加（ΔZ_a）に対応して，税収がΔTだけ増加するとしよう。両者の差し引きが，財政赤字BD（$=\Delta Z_a - \Delta T$）である。さらに，ΔTは所得の増加（ΔY）に税率（t）をかけたものだから，財政赤字は$BD = \Delta Z_a - t \cdot \Delta Y$と表される。所得税を考慮したときの財市場乗数が$1/\{1-c(1-t)\}$であることを考慮して，$\Delta Y$の部分を書き換えると，以下の式が得られる：

$$BD = \Delta Z_a - \frac{t \cdot \Delta Z_a}{1 - c(1-t)}$$

$A = 1 - c(1-t)$とおいて，整理すると：

$$BD = \frac{A - t}{A} \cdot \Delta Z_a$$

政府需要の増加が財政赤字をもたらすかどうかは，(A−t)／Aの大きさによって決まる。税率と限界消費性向が1より小さい正値をとるとすれば，Aは負にはなることはなく，(A−t)／Aは常に1より小さくなる。この考察から，以下の3点が確認される：

①借入れに基づく政府需要の増加は財政赤字の拡大を引き起こす。
②自己金融効果が作用するので，追加的な財政赤字は政府需要の増加よりも小さい。
③税率が高ければ高いほど，追加的な財政赤字は小さくなる。

例えば，所得税率20％，限界消費性向0.8のとき，政府需要が20億円増加するとすれば，財政赤字は約8.9億円しか増加しない。これが自己金融効果である。ただし，逆に政府需要が20億円減少する場合，財政赤字の削減は約8.9億円にとどまる。このことは，景気の下降局面において内生的に発生する財政赤字を除去しようとすれば大幅な支出削減が必要になることを，つまり，景気の下降局面における均衡財政主義の実行が経済に破壊的な影響を及ぼすことを含意している。

11.4 拡張的財政政策の失敗

1950・60年代の「誰もがケインジアンであった」時代には，「賢明な財政政策を行えば完全雇用の実現は可能である」という見方が支配的であった。しかし，今日から振り返ってみると，それは幻想であった。財政政策は，遊休生産能力と失業が存在する景気の下降局面において，確かに重要な安定化機能を果たす。しかし，そうした条件が存在しない他の景気局面においては，財政政策は効果を発揮しない。拡張的財政政策の失敗を引き起こす要因としては，様々な指摘がなされてきた。ここでは，借入れ資金に基づく政府需要増加のケースを取り上げ，3つの要因について考察しておきたい（詳しくはHeine/Herr[2003] S.556-560参照）。

(1) 物価水準‐クラウディング・アウト

国民経済の一部または全体において生産能力が完全利用に近づいている中で

拡張的な財政政策が行われるとき，この効果が生じる。いま生産能力が完全利用状態にあり，したがって「純粋な価格効果」が作用するとしよう。

まず，拡張的財政政策の価格効果を，物価水準の決定方程式（7.2参照）によって表しておこう。財政政策の自己金融効果（前節参照）を考慮しないものとすれば，政府需要の増加額は純借入額に，したがってまた財政赤字（BD）に対応する。財市場が均衡しているとき，民間の総貯蓄（S）は純投資（I）と財政赤字（BD）の和に等しい。また総貯蓄（S）は家計貯蓄（S_H）と企業の未分配利潤（Q_q）からなるので，$I+BD=S_H+Q_q$ が成り立つ。これを Q_q について解き（$Q_q=I+BD-S_H$）7.2式に代入することにより，**財政赤字を考慮した物価水準の決定方程式**が得られる：

$$P=\frac{Y_H}{Y_r}+\frac{I+BD-S_H}{Y_r} \qquad (11.5)$$

財政赤字は，需要インフレの1要因として右辺第2項に織り込まれている。

生産能力完全利用の下では，拡張的財政政策（BDの増加）は純粋な価格効果（Y_r が不変でPが上昇）をもたらす。このときの財市場への効果は，図7.2における総需要関数の X_{D5} から X_{D6} への移動によるものと同じである。生産能力の限界にぶつかった後の経済においては財市場均衡曲線が垂直になるため，拡張的財政政策を実行しても，生産量（実質所得）の増加は達成されず，需要インフレを生み出すだけに終わってしまう。財政赤字が大きくなればなるほど，需要インフレはますます大幅なものになる。また，生産能力完全利用の下では，失業率が NAIRU を上回っていても，拡張的財政政策によって雇用増加を実現することはできない。既に失業率が低く NAIRU に接近している場合，雇用拡大は経済政策の目標とはならず，またなおも拡張的財政政策を実施しようとすると賃金物価スパイラルを招く危険がある。

以上のように，能力完全利用の下では，拡張的財政政策は生産（所得）も雇用も増加させることができない。しかしそれだけにとどまらない。物価上昇によって民間の需要が市場から締め出される効果，すなわち**物価水準 - クラウディング・アウト**が起きる。物価上昇により投資需要が名目では一定でも実質では減少するから，まず（民間）投資需要が締め出される。また，実質所得が低

下すること（家計の強制貯蓄，7.2 参照）によって，（民間）消費需要が締め出される。

(2) 金利 - クラウディング・アウト

借入れ資金に基づく拡張的財政政策が実施されると，財政赤字の大きさだけ信用需要関数が右にシフトするので，信用市場の均衡金利は上昇する。その結果，民間の信用需要は金利上昇前と比べて減少する。こうして民間の投資が締め出される現象を，**金利 - クラウディング・アウト**という。

金利 - クラウディング・アウトを避けるために実施されるのが，財政政策と金融政策の**政策間協調**である。拡張的財政政策によって信用需要関数が右にシフトするとき，金融緩和政策によって信用供給関数を下にシフトさせるならば，均衡金利の上昇は生じず，クラウディング・アウトも生じない。よって，生産能力の遊休と失業を引き起こす景気下降に対処するには，金融緩和政策と拡張的財政政策の組み合わせ（ポリシー・ミックス）は適切な方策と言える。しかし，拡張的財政政策が財市場における価格効果を引き起こすようになると，政策間の協調は困難に直面する。なぜなら，中央銀行が貨幣システムの侵食回避という使命に忠実であろうとすれば，最終的には順応的（アコモデーティブ）な金融政策を放棄せざるをえないからである。金融引締め政策による信用市場金利の上昇は，拡張的財政政策の需要刺激効果を打ち消す。強い独立性をもつ中央銀行であれば，投資需要が抑制されるまで金利上昇を追求するから，金融引締め政策の効果は拡張的財政政策の効果を上回るであろう。場合によっては，拡張的財政政策が継続する中で，安定恐慌が発生するかもしれない。

では，借入れ資金に基づく政府需要増加が継続していき，多大な財政赤字が発生し続けるときに，中央銀行が順応的（アコモデーティブ）な金融政策を続けていくとどうなるか。この場合，膨れ上がる財政赤字が無制限に資金調達（ファイナンス）され，やがて経済は不安定な状況に至り，最終的にはハイパーインフレに陥る。ほとんどのハイパーインフレは，中央銀行が独立性を欠き，金融政策が財政赤字の資金調達に動員されるときに発生している。既に説明したように，いったんハイパーインフレに突入してしまうと，金融政策によってインフレ過程を止めることは不可能になる（9.1 参照）。

付け加えておけば，インフレが加速するときには，以下2つの内生的メカニズムによって財政赤字もまた加速する。①法定の貨幣が果たす役割が低下し，経済活動は（非法定の）より安定した貨幣媒体（外貨，貴金属等）によって遂行されるので，課税ベースが縮小する。②課税対象活動の発生時点から納税時点までの間の時間経過（徴税ラグ）によって，実質税収入が減少し，実質財政赤字が増加する（オリベラ・タンジ効果）。

(3) 期待 - クラウディング・アウト

遊休生産能力と失業が存在するとき，政府需要増加による拡張的財政政策が実施されるとしよう。経済諸主体が「拡張的財政政策は経済の安定化に寄与する」と期待する場合，拡張的財政政策は投資意欲にプラスに作用するだろう。しかし，拡張的財政政策が実施される中で，経済諸主体が「短期的・一時的な活況」や「インフレの発生可能性」しか期待（予想）しないとき，拡張的財政政策は投資意欲を刺激しない。将来において中央銀行が金融引締め政策を実施する可能性まで考慮した場合には，拡張的財政政策はむしろ負の期待効果しか与えない。このような負の期待から民間投資が低下してしまうことを，**期待 - クラウディング・アウト**という。期待 - クラウディング・アウトが発生するかどうかは，景気拡張によって数量効果が働く可能性を規定する経済的諸条件（生産能力の余裕，失業率等）のほかに，中央銀行や労働組合の態度とその背後にある政治的・社会的諸条件，専門家や政策担当者による予想等によって左右される。

11.5　政府債務の問題

(1)　政府債務比率の影響要因

財政赤字が継続すると，政府の資産ポジションは悪化し，政府は正の純債務を抱えるようになる。政府の純債務残高が大きくなることは，経済を不安定化させる要因になる（本節後述）。通常，政府の債務の状態を判断する指標としては，純債務の絶対的水準よりもむしろ，国内総生産（GDP）に対する純債務

の比率が重視される。これは，国の規模や経済力が異なれば，絶対額での同じ純債務残高が異なる意味をもつからである。GDP に対する純債務の比率を，以下では**政府債務比率**と呼ぶ。ちなみに日本の政府債務比率（一般政府）は 2007 年現在 177.6％であり，先進国の中では最悪の数字である。

　以下では，政府債務比率に影響を与える要因について考察する。

　まず，政府の純債務残高への影響要因について考えてみよう。政府の純債務残高は，過去の財政赤字が累積したものである。したがって，ある期間における純債務残高の変化は，その期間における財政収支に対応している。その期間において，財政収支が赤字であれば純債務残高は増加し，逆に財政収支が黒字であれば純債務残高は減少する。記号を使って表しておこう。期初における政府の純債務残高を B_t，期末（＝次期の期初）におけるそれを B_{t+1} で表すとき，ある期間（t 期）における純債務残高の変化は $\Delta B_t = B_{t+1} - B_t$ と表される。

　財政収支から公債の利払い費を差し引いた額を，**プライマリー・バランス**（PB）と言う。プライマリー・バランスとは，公共サービスのための政府支出と税収との関係を示す基礎的収支のことであり，財政赤字問題を解決するにはこの部分の黒字化を図ることがまず重要とされている。日本政府は，一般会計のプライマリー・バランスを 2011 年までに黒字化することを公約している。財政収支は，プライマリー・バランスと公債利払いの和であり，公債利払いを $i \cdot B_t$（i は公債金利であり，信用市場金利に等しいものとする）で表すとき，財政収支は $PB + i \cdot B_t$ と表される。したがって，純債務残高の変化は $\Delta B_t = PB + i \cdot B_t$ と表される。これの年々の累積が政府の純債務残高を形成していく。以上より，ある時点における政府の純債務残高は，プライマリー・バランス，金利，過去に形成された債務の大きさによって決まる。過去に形成された債務の大きさは現在時点では変更不可能であるから，プライマリー・バランスと金利が純債務残高の動向を決定する変数であると言える。

　次に，政府債務比率について考えよう。ある期間（t 期）における名目 GDP を Y_t で表すとき，政府債務比率（β_t）は，$\beta_t = B_t / Y_t$ と定義される。したがって政府債務比率の変化（$\Delta \beta_t$）は，$\Delta \beta_t = (B_{t+1}/Y_{t+1}) - (B_t/Y_t)$ と表される。右辺の分母にある名目 GDP（Y）は実質所得（Y_r）に物価水準（P）を乗じたものであるから，$\Delta \beta_t$ は，実質成長率とインフレ率による影響

を受ける。右辺の分子の部分について言えば，$B_{t+1}=B_t+\Delta B_t$ であるから，$\Delta \beta_t$ は，純債務残高とその変化による影響を受ける。このうち純債務残高はプライマリー・バランスと金利に左右される（上述）。なお，純債務残高の場合同様，プライマリー・バランスにおいても，その絶対額にはあまり意味がなく，むしろGDPに対するその比率が重要である。

要約して言えば，政府債務比率の変化は，実質成長率，インフレ率，金利，プライマリー・バランスの対GDP比率，という諸変数の相互作用によって決定される。例えば，実質成長率が低く，金利が相対的に高く，インフレ率が低い場合，政府債務比率の上昇は相対的に大幅なものになる傾向がある。これは，要するに，実質金利が実質成長率を上回るケースである。このような傾向が顕著である場合，政府債務比率の上昇を抑制するためには，GDPに対する比率においてプライマリー・バランスを大幅に改善しなければならない。すなわち，大幅な増税のための税制改革や，支出削減のための財政構造改革が必要となってくる。こうした方策が実行できないままに政府債務比率の上昇が続くとき，最終的には，公債利払いの増加から政府債務比率が上昇するという**債務の罠**に陥ることになる。利払いのための借入れ（**ポンツィ金融**）が行われるようになると，債務は累積的に拡大し，ついには公債利払いが国民経済の総所得を上回るに至る。政府債務比率の上昇が一般に懸念されるのは，このような事態を恐れるからである。

(2) 政府債務の拡大が経済に及ぼす影響

最後に，政府債務の拡大が経済に対してどのような影響を及ぼすか，いくつかの側面について見ておきたい。

実質債務負担の軽減

歴史の中では，政府債務が拡大するとき，債務負担を直接に軽減するための2通りの方策が講じられてきた。その1つはインフレによる債務軽減である。政府は中央銀行と相通じてインフレ（またはハイパーインフレ）の発生を促し，公債の金利をこれに調整しないでおくことにより，債務負担を軽減する。歴史上よく見られるのは，戦時の政府債務が戦後のハイパーインフレによって消滅

するというケースである。もう1つの方策は通貨改革である。通貨改革がなされると，新通貨で価値が表示される賃金・税・賃借料のようなフローの額に比べて，旧通貨で価値が表示される債務残高や貨幣資産の価値が著しく低下する。したがって，通貨改革がなされれば，政府予算の規模に比べて債務残高の価値は低下する。インフレも通貨改革も，大規模な資産の再分配を引き起こす。すなわち，いずれの場合も，生産資本や有形資産の所有者が利益を得る一方，その分だけ貨幣資産の保有者は損失を被る。

公債利払いを通じた所得再分配

　インフレや通貨改革を利用する上記の方策はあくまで例外的なものであり，基本的には政府債務の利子は税収によって支払われねばならない。他方，政府債務の利子を受け取るのは公債保有者（対政府債権者）である。一般に，納税者の集団と公債保有者の集団とは一致しておらず，後者の集団は前者の集団の部分集合になっている。そこで例えば，公債保有者が高所得階層に属していて，税が全所得階層によって応分に負担されている場合，政府債務の利払いを通じて「下から上への」分配変更が起きる。外国に対する政府債務がある場合には，このような関係は国際的な広がりをもつ。

将来世代の負担

　政府債務は将来世代への負担を意味するのかどうかは，よく問題にされるが，はっきりした答えを出すことは難しい。借入れに基づく政府需要の増加が民間投資需要をクラウディング・アウトする場合，将来世代に遺される資本ストックが減少し，政府債務のみが増えるかもしれない。これは明らかに後の世代にとっての負担を意味する。しかし，こうした財政刺激がクラウディング・アウトを引き起こさない場合には，資本ストックの減少は生じず，将来世代の負担は必ずしも増えない。あるいは，財政政策が成功して民間の投資活動が活発化する場合には，むしろ将来世代が資本ストックの増加による利益を享受するかもしれない。なぜなら，資本ストックが増加し，所得水準が高まれば，利払いの負担に応じうるだけの高い実質所得が確保されるからである。ただし，前項で述べたように，過去の財政赤字による政府債務が現在の所得再分配をもたら

すという問題はいずれにしても発生するのであり，所得再分配という問題を遺すこと自体が将来世代にとって負担と見なされるかもしれない。

政府債務がもたらす経済の不安定性

　最後に，政府債務比率の上昇が経済に与える動態的な影響について説明しておこう。政府債務比率が上昇していくとき，国民経済は次のような不安定性に見舞われることになる。

①インフレが激しくなると中央銀行は金融引締め政策を実施するが，このとき，大きな純債務残高をもつ政府は利子負担が大幅に増加する。このことは，政府の資産ポジションの累積的悪化につながりかねない。

②金融引締め政策は，生産量の減少を通じて課税ベースの縮小をもたらす可能性がある。これと同時に政府債務の増加も進行する場合，財政赤字の爆発的増加が生じる恐れがある。

③税制改革や財政構造改革による財政赤字の速やかな縮小に成功しない場合，政府債務比率の急上昇が起きうる（前項参照）。

④財政赤字が膨れ上がり公債の市中消化が困難になると，ついには中央銀行への公債売却（発券銀行信用）に頼らざるをえなくなる。この場合，金融引締め政策が無効になるなど，中央銀行の金融政策は制約を受ける。

⑤債務比率が高い政府は，偶然的な経済的ショック（自然災害等）による税収減または支出増によって，債務の罠（前項参照）に陥る危険性が高い。

12　市場システムの国際的側面

　前章までの考察対象は，いわゆる**閉鎖経済**，すなわち国際的関係から切り離された1国の市場システムであった。1国の市場システムを分離して考察することにより，市場システムを貨幣経済としてとらえる見方が提示されたのである。本章では，市場システムの国際的側面を考慮して，貨幣経済アプローチを拡張しておきたい。

　「市場システムの国際的側面」とは，**開放経済**という言葉に含意されていること，すなわち資本・財・労働力が国境を越えて移動することを指す。貨幣経済アプローチは，こうした国際フローを単なる交換の地理的拡大として見るのではなく，異なる国民通貨同士の関係が取引に介入する点で国内フローとは全く異質のものとして見る。よって，貨幣経済アプローチにおいては，複数の国民通貨が存在し，したがってまた外国為替市場（以下「為替市場」）や外国為替相場（以下「為替相場」）が存在することによって市場システムの機能がどのような影響を受けるかが重要な考察課題となる。

　以下では，まず，複数の国民通貨の存在を考慮に入れるとき，資産市場における経済諸主体の選択はどのようなものであるかを考察する（12.1）。次に，市場間の階層性（2.2参照）という視点を国際フローに適用することによって，資本フローと財フローとの階層性について明らかにする（12.2）。その後，市場システムの国際的側面を考慮に入れるとき，財市場における数量効果と価格効果はどのようなものであるかを考察する（12.3～4）。最後に，貨幣経済アプローチを国際通貨制度の分析に応用するための糸口として，覇権的通貨システムと複数通貨本位の概念について説明する（12.5）。

12.1　複数通貨と資産市場

(1)　通貨プレミアム

通貨プレミアムとは何か

　本書においては，経済諸主体がどのような資産選択を行うかを考察してきた。例えば，家計は対企業信用・預金・貨幣保有・有形資産という4種類の資産の間で選択を行うことにより，ポートフォリオの最適化を図る（4.1参照）。以下では複数の国民通貨の存在を考慮に入れ，経済諸主体の資産選択には資産の通貨建に関する選択も含まれるものとする。**資産通貨建の選択**とは，貨幣や預金の場合であれば「どの国民通貨を保有するか」の選択を意味し，対企業信用の場合であれば「どの国民通貨建で価値表示される証券を保有するか」の選択を意味する。どの通貨建の資産を選択するか，円建なのかドル建なのか，はたまたユーロ建（ここでは域内単一通貨であるユーロも国民通貨と見なす）なのかによって，資産保有者が獲得する利益には違いが生じる。一般に資産保有がもたらす利益は，資産増殖と資産保全の2種類である。これは資産の通貨建を選択する場合も同様であり，資産保有者は，ある通貨建の資産に関して，他の通貨に対する相対的な資産増殖性と資産保全性を評価した上で，保有の有無または多寡を決定する。相対的な資産増殖性を表すのは，各国間の金利や配当利回りという金銭的価値増殖率の格差であり，また相対的な資産保全性を表すのは，**通貨プレミアム**という非金銭的価値増殖率の格差である。このうち，金利や配当利回りの相違による資産通貨建の選択は，資産種類間の選択と同じ論理に従う。資産通貨建の選択に固有なのは，通貨プレミアムによる選択の方である。以下，通貨プレミアムについて説明を加えておきたい。

　通貨プレミアムとは，資産保全の目的から見たとき，ある国民通貨の保有が他の国民通貨の保有と比較してどれだけ有利・不利かを主観的に評価したものである。通貨プレミアムが相対的に高く評価される通貨は，資産保有のための需要が相対的に大きいので，中長期的な為替相場が安定もしくは上昇する傾向をもつ。この場合，為替相場は各国間の金利格差も反映する（後述の金利平価説

についての説明を参照）ことからすれば，通貨プレミアムの上昇がストレートに為替相場の上昇につながるわけではない。つまり，通貨プレミアムは，金利格差で決まる部分を除いた為替相場を決定する。

通貨プレミアムの諸要素

　通貨プレミアムに織り込まれる主な要素には，以下のようなものがある。

　第1に，当該通貨の**安定性**に関する評価がある。通貨の安定性には，対内的な安定性である国内物価の安定性と，対外的な安定性である為替相場の安定性とがある。「安定性が高い」と言えるには，現時点で安定的であるだけでなく，将来にわたって安定が予想されることが必要である。通貨の対内的・対外的安定性に関する経済諸主体の一般的・主観的な信頼が厚ければ厚いほど，すなわち通貨の評判が高ければ高いほど，通貨の安定性に対する期待は高まる。この点で重要な位置を占めるのが，金融政策を通じて自国通貨の対内的・対外的安定性を維持しようとする中央銀行の意思・能力である。中央銀行の意思・能力が信頼に足るものであれば，通貨の安定性も期待される。したがって，中央銀行の行動に影響を与える制度的・政治的・社会的な諸条件についての評価，金融政策と他の経済政策との首尾一貫性についての評価，そして中央銀行の過去の実績についての評価（信認資本）が通貨プレミアムには織り込まれる。

　第2の要素は，通貨の**可処分性**に関する評価である。資本取引や支払取引の規制によって制度的に通貨の交換性が制約されているとき，または制約が予想されるとき，通貨プレミアムは低下する。たとえ為替相場が安定的であったとしても，可処分性の制約が予想される通貨建の資産は敬遠される。

　第3の要素は，**通貨空間**の大きさである。通貨空間とは，通貨が機能する空間のことである。特に，ある国民通貨の機能が国境を越えた広がりをもつとき，その国民通貨は**国際通貨空間**をもつと言う。通貨空間は，貨幣諸機能のそれぞれ（価値標準，支払手段，価値貯蔵手段）について定義されるが，通貨プレミアムを考える上で重要なのは価値貯蔵手段としての通貨空間である。すなわち，ある国民通貨が国際的価値貯蔵機能におけるシェアを拡大させ，その通貨発行国に厚み（depth）のある国際資本市場が形成されるようになると，その国民通貨の通貨プレミアムは大きくなる。これは，厚みのある国際資本市場をもつ国

表 12.1　通貨階層

	資産保全性	国内的諸機能	国際的諸機能
上位通貨	最高	完全に果たす	果たす
中位通貨	高い	完全に果たす	果たさない
下位通貨	低い	部分的にしか果たさない	果たさない

の通貨の為替相場は，一時的な経済的ショックによる攪乱や偶然的な資本市場の変動から影響を被りにくくなるからである。

　以上3つのほかに，通貨プレミアムに織り込まれる特殊な要素がある。1つは，ドル（米国ドル）に見られるものであり，アメリカの政治的・軍事的安定がドルの通貨プレミアムを高めている。これは，ドルが資産投資にとっての**セーフ・ヘブン**（安全な避難先）と見なされるためである。もう1つは，スイスフランに見られるものであり，無記名銀行口座や銀行の守秘的態度がスイスフランの通貨プレミアムを高めている。

通貨階層

　以上のように，通貨プレミアムの評価においては，中央銀行・政府の政策方針やそれを取り巻く制度的・政治的条件，それにまた発行国の一般的な経済的・政治的・軍事的な状況が考慮される。こうした**カントリー評価**が各国民通貨についてなされる結果として，諸国民通貨の間には，通貨プレミアムの高低による序列づけ，すなわち**通貨階層**（通貨ヒエラルキー）が形成される。ところで，通貨プレミアムは通貨の相対的な資産保全性を表し（本節上述），かつ高い資産保全性は貨幣諸機能遂行の前提である。よって，通貨プレミアムの高低は，国際的貨幣諸機能をめぐる国民通貨間の競争（**通貨間競争**）の行方を左右することになる。この点を考慮することにより，通貨階層は3つのレベルに区分される（表12.1）。

　上位のレベルに位置するのは，資産保全性が最も高い国民通貨であり，国内的諸機能はもちろん国際的諸機能も果たし，**国際準備通貨**（国際的な価値貯蔵手段）として利用される。現在で言えば，ドル・ユーロ・円などがこのレベルにある。中位のレベルに位置するのは，資産保全性が高く国内的諸機能は完全に

果たすが，国際的諸機能を果たすには至らない国民通貨である．下位のレベルに位置するのは，資産保全性が非常に低く，国際的諸機能を果たさないばかりか，国内においても部分的な貨幣諸機能しか果たさない通貨である．下位レベルの国においては，外国貨幣が，信用市場関連の諸機能を中心とする一部の国内貨幣諸機能を代替している．このような侵食が進んだ国内通貨システムを，**並行通貨制**（9.1 参照）という．

(2) 通貨間選択

通貨建が異なる複数の資産を保有する経済主体は，通貨別のポートフォリオ管理を行わねばならない．資産種類別のポートフォリオ管理（4.1 参照）におけるのと同様，通貨別のポートフォリオ管理においても，資産集中の不確実性効果が主観的に評価される．したがって，ある通貨建の資産保有が増加するとき，それとともにポートフォリオ全体の不確実性水準は上昇し，限界通貨プレミアムは低下する．横軸にその通貨建の資産保有額を，縦軸に限界通貨プレミアムをとった座標において，ある通貨の限界通貨プレミアム曲線を描くならば（図示は略），通貨保有額の増加とともに低下していく曲線となる．

通常は，ある個別の経済主体における，自国通貨と外国通貨それぞれの限界通貨プレミアム曲線を描くならば，自国通貨の曲線の方が外国通貨の曲線よりも高い位置にくるだろう．また，通常は，外国通貨の限界通貨プレミアム曲線においては，外国通貨建の資産保有が増えるにつれて，限界通貨プレミアムは急速に低下していき，ついには負の値をとるだろう．これは，1つの外国通貨建へ資産が集中するとき，その通貨建の資産に関する不確実性の評価が急激に悪化することを意味する．このことは，複数の外国通貨へ投資を多様化させることが有利であることを説明する．他方，自国通貨の限界通貨プレミアムは，資産保有が増えても，相対的に緩慢にしか低下しない．ただし，自国通貨の資産保全性が非常に低い国においては，自国通貨の限界通貨プレミアム曲線は，ある資産保有額を超えると急激に低下して，外国通貨の限界通貨プレミアム曲線を下回ることがある．これは，取引現金の部分だけを自国通貨建で保有しておき，その他の価値貯蔵手段には資産保全性の高い外国通貨建を選択するようになるからである．

(3) 為替市場の均衡

資産保有者が通貨間選択を行う結果として，通貨間での価値増殖率の均等化がもたらされる。実際にこの均等化が実現される場所は**為替市場**であり，そこで形成される**為替相場**は通貨という資産（または通貨別資産）の相対価格である。この意味で為替市場は資産市場であると言える。以下では，為替市場の均衡について考察する。なお，ここで問題にするのは，資産保有者の主観的なカントリー評価を反映する為替相場の長期的水準であり，投機的な資本移動によって生じる短期的な為替相場の変動は無視するものとする。

世界経済が「自国」と「外国」の2国からなるものとし，まずは，通貨プレミアムを無視するものとして，為替市場の均衡を表してみよう。為替相場（現物相場）を e，予想為替相場（先物相場）を e_f とする。金利は2つの国においてそれぞれ単一であるとし，自国金利を i，外国金利を i_A とする。このとき，以下の関係が成り立つ。

$$\frac{1+i}{1+i_A} = \frac{e_f}{e} \tag{12.1}$$

為替相場の予想変化率（先物相場／現物相場で表される）は自国と外国の金利（正確には「1＋金利」）の比に等しくなっており，この関係によって為替相場が決定されるとする考え方を**金利平価説**という。つまり，現在（すなわち現実の）為替相場，自国金利，外国金利が与えられるときに算出される予想為替相場が均衡為替相場であるとされる。

次に，通貨プレミアムを考慮する。自国通貨のプレミアムを l，外国通貨のプレミアムを l_A とするとき，均衡条件（12.1式）は次のように書き換えられる。

$$\frac{1+i}{1+i_A} \cdot \frac{1+l}{1+l_A} = \frac{e_f}{e} \tag{12.2}$$

この式は2通りの目的で利用することができる。1つの目的は，資産保有者のミクロ的行動を説明することである。この場合，為替相場の予想と通貨プレミ

アムの評価は，個別の資産保有者によって行われる。例えば，最初に均衡が達成されていたが，いま外国通貨の通貨プレミアムの上昇と，それによる自国通貨の切下がり（減価）が予想されるようになったとしよう。資産保有者は自国通貨建から外国通貨建へ資産を移し変えるから，個別的な資産保有における自国通貨の限界通貨プレミアムは上昇していき，結局は新しいポートフォリオ均衡が達成されるだろう。もう1つの目的は，マクロ経済的な説明への利用である。この場合，為替相場の予想と通貨プレミアムの評価は，資産保有者たちの間で集団的・一般的に形成される。金利・通貨プレミアムそれぞれに変化があったとき，予想為替相場すなわち均衡為替相場が変化する。例えば，外国金利の上昇，外国の通貨プレミアムの上昇は，それぞれ他の条件を一定とするとき，予想為替相場の低下をもたらす。そして自国から外国への資本移動が生じ，現実の為替相場は予想為替相場に等しくなるまで低下していく。

　12.2式はまた，為替相場の固定または安定のために金融政策がどのように動員されるのかを説明するのに役立つ。中央銀行が固定相場（中心相場と変動幅）を公表し，その維持を公約しているとしよう。この場合，12.2式からわかるように，外国金利，外国の通貨プレミアム，自国の通貨プレミアムが与えられたとき，中央銀行は為替相場を不変に保つように自国金利を変動させなければならない。例えば，外国金利を一定とし，外国の通貨プレミアムが自国の通貨プレミアムに比べて相対的に上昇するとき，自国通貨の切下げ期待が発生するので，中央銀行は自国金利を上昇させるべく金融引締め政策を実施せねばならない。金融引締め政策を実行できなければ，外国通貨（外貨）売り自国通貨（邦貨）買いの為替市場介入に頼って固定相場を維持しようとするか，固定相場を放棄するしかない。政府または中央銀行の外貨準備が不十分であるのに固定相場を維持しようとするならば，遅かれ早かれ固定相場の改定か変動相場への移行を迫られる。いずれにせよ，経済諸主体は大幅な自国通貨切下げを予想し，自国の通貨プレミアムは負になるだろう。この段階に至って金融引締め政策を実施する場合，自国金利の上昇は大幅なものにならざるをえず，国内経済は深刻な打撃を被る。

　固定相場制の下でだけでなく，変動相場においても為替相場を安定させるために自国金利の管理が必要となるから，程度の差はあれ以上の説明は変動相場

の場合にも妥当する．一般的に言えば，通貨間の資本移動を安定させ，為替相場の固定化を図るためには，通貨プレミアムが高い通貨には相対的に低い自国金利が，通貨プレミアムが低い通貨には相対的に高い自国金利が必要となる．

12.2　市場間の階層性と国際フロー

(1)　国際収支の諸項目

　市場間の階層性は，国内貨幣経済にだけでなく，国際貨幣経済にも見いだされる．すなわち，財市場に対する資産市場の支配が，国際貨幣経済においては，「国際資本フローが経常収支を決定する」という関係において見いだされる．

　この点の説明に先立って，国際収支の諸項目について簡単に説明しておきたい．まず**国際収支**とは，一定の期間（ここでは1年を考える）内に経済空間（ここでは国を考える）において生じた貨幣フローの流出入を，その原因となった経済活動の種類別に示したものである．正値で表される貨幣フローの流入は国際収支の黒字要因に，負値で表される貨幣フローの流出は国際収支の赤字要因になる．ここでは国際収支を大まかに，経常収支，資本取引収支（以下「資本収支」），外貨準備収支の3収支からなるものとして説明する．

　まず，**経常収支**（CB）は，貿易収支と所得収支の和である．貿易収支（TB）は，1年間に1国において実現された財・サービスの（粗）輸出額から（粗）輸入額を差し引いたもの，すなわち純輸出を表す．所得収支（YB）は，1年間に所得（賃金・元利金支払い・配当等）が国境を越えて流出入した結果を表し，外国からの所得流入から外国への所得流出を差し引いたものである．次に，**資本収支**（KB）は，投資資金（直接投資・ポートフォリオ投資・預金・貸出し等）の流出入を表し，外国から自国への資本フローである（粗）資本輸入から自国から外国への資本フローである（粗）資本輸出を差し引いたものである．最後に，**外貨準備収支**（FB）は，中央銀行または政府の外貨準備残高の増減を表し，外貨購入（外貨準備の積み増し）から外貨売却（外貨準備の取り崩し）を差し引いたものである．

　3つの収支の間には以下の関係が成り立つ．

12 市場システムの国際的側面

$$CB+KB+FB=0 \qquad (12.3)$$

すなわち，経常収支赤字には，純資本輸入（資本収支黒字）および／または外貨準備増加（外貨準備収支黒字）が対応し，経常収支黒字には純資本輸出および／または外貨準備減少が対応する。前者を経常収支赤字のファイナンス，後者を経常収支黒字のファイナンスと呼び，両者を総称して**経常収支ファイナンス**と呼ぶ。

(2) 経常収支に対する資本フローの支配

　貨幣経済アプローチにおいては，経常収支の黒字・赤字およびその大きさが，技術水準や自然資源の賦存状況等の実物的要因によって決まるとは考えない。なぜなら，国際的経常取引にも貨幣的な予算制約（2.1 参照）が作用すると考えるからである。例えば，A国は数多くの種類の財を外国から輸入しようとするが，それを支払う能力がないとする。この場合，A国に対する外国（債権国）の信用供与意欲によって，A国の輸入は制約される。これは，資産をもたない家計が借金なしには支出超過を実現できないのと同じ論理である。借金が可能かどうかは家計自身には随意に決定できないが，それと同じようにA国も随意に借入れを行うことはできない。往々にして国際関係においてはこうした金融（ファイナンス）の側面が無視されがちだが，国際取引においても「債務者が債権者を支配する」ことはできず，やはり「債権者が債務者を支配する」。つまり，経常収支の黒字や赤字を発生するのは，それに対応する純国際資本フロー（外貨準備増減もこれに含める）がある場合に限られる。

　例を挙げておこう。世界経済が2国からなり，経常収支と純資本フローの均等が達成されているとする。このとき外貨準備増減はゼロである。いま，外生的な要因によって自国通貨の通貨プレミアムが上昇して，資本輸入が引き起こされるとしよう。資本輸入は自国通貨の為替相場上昇をもたらすので，自国の輸入業者は割安になった商品の輸入を増やし，自国の輸出業者は不利になった輸出を減らす。その結果は経常収支の赤字である。この例においては，自国の純資本輸入は自国に経常収支赤字をもたらし，外国の資本輸出は外国の経常収

支黒字をもたらす。ここに，資本フローによる経常収支の支配が見いだされる。

　固定相場の場合，一見すると，財フローは資本フローから独立であるように見える。上の例と同じ最初の状態から出発するとし，いま，自国の物価が上昇し，外国の物価が不変にとどまるとしよう。自国通貨の為替相場は割高になるので，輸入が増加し輸出が減少し，その結果，経常収支は赤字になる。この場合，一見すると，経常収支赤字に対応する資本フローは存在しない。しかし，経常収支赤字は必ずファイナンスが必要なのであり，実際には固定相場を維持するための政策によってファイナンスが実現されている。すなわち，第1に，為替市場介入によって政府または中央銀行の外貨準備が取り崩され，これが外国の資本輸出の代わりになる。この方法は，外貨準備額という限界がある。第2に，中央銀行が金融引締め政策を通じて自国金利を上昇させ，外国資本を引き寄せる方法がある。この方法は，自国の通貨プレミアムによって制約される。通貨プレミアムが低ければ，高金利によっても資本輸入を誘導できない，あるいは国内経済が絶えられないほどの高金利によってしか資本輸入を誘導できないかもしれない。

12.3　貿易と成長

(1)　所得と貿易収支

　本節では，外国との貿易が成長・雇用に及ぼす影響を考察する。貿易は1国の財市場における総需要に影響を与える。輸出は，1国の総需要と——数量効果を通じて——生産量（実質所得）を増加させる需要源泉である。輸入は，輸入品が国産品を代替して国産品需要を収縮させる限りにおいて，生産量（実質所得）の減少要因となる。本節の考察においては，国内の財市場には数量効果のみが作用するものとし，物価変動と為替相場変動は捨象する。また単純化のために，所得収支は均衡しているものとする。したがって，経常収支は貿易収支のみからなり，国民所得は国内純生産に一致するものとする。

　輸出は世界市場において外生的に与えられているものとし，これを EX_a で表す。これに対して，輸入は自国の生産（所得）水準の変化とともに変動する

ものとする。これは，家計が所得の一部を必ず輸入財の購入に当て，所得増加とともに輸入財の総額が増えることによる。このことを考慮し，限界輸入性向を c_{IM} で表すとき，輸入総額（IM）を決定する**輸入関数**が得られる：

$$IM = IM_a + c_{IM} \cdot Y \tag{12.4}$$

すなわち，輸入は，所得依存的な要素（$c_{IM} \cdot Y$）と自立的な要素（IM_a）からなる。自立的輸入は，例えば国内投資需要の一定割合である。限界輸入性向（c_{IM}）が高い経済は，「**対外経済依存度が高い**」と言われる。ここでは，単純化のために限界輸入性向は一定と想定し，$0 < c_{IM} < 1$ の値をとるものとする。輸入関数の形状は消費関数と同様のものとなる（図示は省略）。

貿易収支（TB）は，輸出総額（EX_a）から輸入総額（IM）を差し引いたものだから，$TB = EX_a - IM$ である。12.4式を考慮するとき，貿易収支は次のように所得の関数として表される：

$$TB = EX_a - (IM_a + c_{IM} \cdot Y) \tag{12.5}$$

すなわち，自国の生産（または所得）が小さ（大き）ければ，貿易収支は黒字（赤字）になる傾向がある。この関係は経済政策上の問題を含意している。すなわち，ここでの想定（物価・為替相場の不変）の下で，自国が外国よりも急速に経済成長を遂げるとき，経常収支の赤字が発生する。しかし，経常収支赤字のファイナンスという要求は，経済成長という要求としばしば衝突する。例えば，経常収支赤字に対応する資本輸入を自動的に確保できないとき，中央銀行は，金利上昇によって資本輸入を誘導しようとする。しかしその結果，国内投資が大きく落ち込むかもしれない。これにより経常収支赤字は削減されるが，国内成長は犠牲にされる。

(2) 輸出と経済成長

財市場の総需要関数（6.4式）に，新たな需要源泉として輸出（EX_a）を追加し，また国内需要を減らす要因として輸入（IM）を追加することにより，**市場システムの国際的側面を考慮に入れた総需要関数**が得られる：

図 12.1 総需要に対する輸出の影響

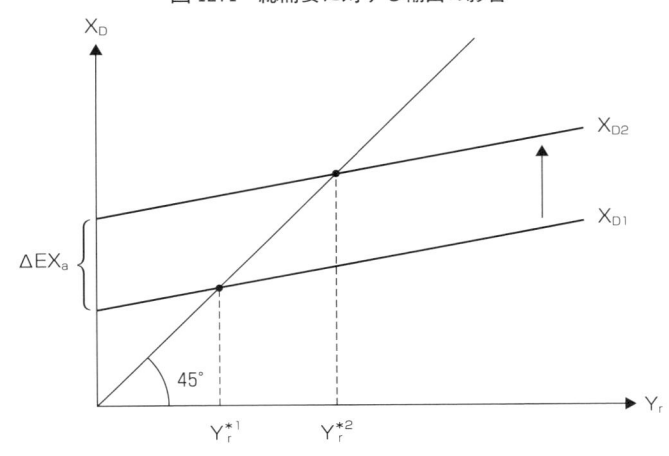

$$X_D = I_a + C_a + cY + EX_a - IM \tag{12.6}$$

12.4 式により輸入の項を書き換えれば，以下のようになる。

$$X_D = I_a + C_a + c \cdot Y + EX_a - (IM_a + c_{IM} \cdot Y) \tag{12.7}$$

ここで，自立的な輸入（IM_a）を，純投資のうちの輸入投資財による部分であるとしよう。すると，$I_a - IM_a$ は国産投資財への需要を表すことになる。純投資需要（I）に占める国産投資財需要のシェアを a で表すならば，$I_a - IM_a = a \cdot I_a$ である。このことを考慮して，12.7 式を次のように書き換えておく：

$$X_D = a \cdot I_a + C_a + EX_a + (c - c_{IM})Y \tag{12.8}$$

図 12.1 には，2 つの総需要関数が描かれている。需要関数 X_{D1} は 12.8 式を表したものであり，縦軸の切片が（$a \cdot I_a + C_a + EX_a$），傾きが（$c - c_{IM}$）である。均衡生産量（均衡実質所得）は Y_r^{*1} である。いま（自立的）輸出が ΔEX_a だけ増加するとしよう。このときの総需要関数が X_{D2} であり，均衡実質所得は Y_r^{*2} に増加する。

均衡生産量（均衡実質所得）に影響を与える要因をまとめておこう。まず，自立的投資が増加するとき，国産投資財のシェアが増大するとき，自立的消費

が増加するとき，そして輸出が増加するとき，均衡生産量（均衡実質所得）は増加する。次に，輸入性向の影響がある。輸入を考慮に入れると，輸入を考慮しないときよりも財市場乗数は低下し，$1/(1-c+c_{IM})$ となる。輸入性向が上昇すると，財市場乗数は低下し，それゆえ均衡生産量（均衡実質所得）は減少する。

(3) 輸出変化の経済的効果

12.5式により，輸出が変化するときの貿易収支への影響を考察しておこう。貿易収支の変化は，輸出の変化から輸入の変化を差し引いたものだが，自立的な輸入要素は変化しない（$\Delta IM_a = 0$）ので貿易収支の変化を決定する式は次のようになる：

$$\Delta TB = \Delta EX_a - c_{IM} \cdot \Delta Y$$

財市場乗数は $1/(1-c+c_{IM})$ なので，次の関係が得られる：

$$\therefore \Delta TB = \frac{1-c}{1-c+c_{IM}} \cdot \Delta EX_a \qquad (12.9)$$

分数の部分は正になるから，輸出の増加とともに，貿易収支は改善していく。限界輸入性向が小さいほど，改善のスピードは速くなる。

12.9式は，本節(1)で指摘した経済政策上の問題に解決の手がかりを与える。最初に貿易収支が均衡しているとき，自国が経済政策によって投資活動を刺激し，国内の所得拡大に成功するとしよう。その結果は貿易収支赤字である。ところが，2国からなる世界経済において，自国の貿易収支赤字は，外国の貿易収支黒字である。つまり自国の国内景気刺激策は，外国の輸出も刺激する。外国が輸出需要増加の効果によって所得を拡大すると，今度は自国の輸出機会が拡大する。12.9式の関係に従えば，これにより貿易収支は改善される。このようにしてすべての国（ここでは2国）が同時に成長し，互いに輸出成果を享受することができれば，対外不均衡の問題は回避されると考えられる。この点に注目して，1970年代に**景気の機関車**（12.5も参照）論のアイデアが提出された。これは，卓越した経済力をもつ国が率先して景気刺激的な経済政策を実施

することにより，世界経済の全体的な成長過程を推進しようという提案である。当時，このアイデアはアメリカ政府や国際機関に広まり，多くの経済学者によっても支持された（黒田［2005］第4章参照）。

12.4　貨幣経済の安定性と為替相場

(1)　物価水準の決定方程式

本節では，対外経済関係を考慮するときの，財市場の価格効果について考察する。前節とは異なり，物価および為替相場の変化が考慮に入れられる。

物価水準の決定方程式（7.6式）を修正しておこう。まず，第1項の費用要因に，輸入投資財の費用を加える。総投入要素に占める輸入投入要素のシェアをa，輸入物価水準をP_{IM}とすれば，第1項は$\{(1-a)\cdot Y_H + a\cdot P_{IM}\}/Y_r$と修正される。さらに，輸入物価水準は為替相場（$e$）に外国物価（$P_A$）を乗じたものであるから，これは$\{(1-a)\cdot Y_H + a\cdot e\cdot P_A\}/Y_r$と書き換えられる。為替相場（$e$）は外国通貨建とし，為替相場の上昇（下落）が$e$の低下（上昇）によって表される。次に，第2項の需要要因は，経常収支（CB）の影響を考慮して，$(I+CB-S_H)/Y_r$と修正する。以上から，**対外要因を考慮に入れた物価水準の決定方程式**は，次式のように表される：

$$P = \frac{(1-a)\cdot Y_H + a\cdot e\cdot P_A}{Y_r} + \frac{I+CB-S_H}{Y_r} \qquad (12.10)$$

この式から，対外要因が物価に及ぼす影響について述べることができる。インフレ的な影響について述べれば，まず，自国通貨が切り下がるとき，外国物価水準が上昇するとき，そして輸入投入要素のシェアが拡大するとき，費用インフレが発生する。次に，（純）投資＋経常収支が家計貯蓄を上回るとき，需要インフレが発生する。

(2)　通貨切下げ‐インフレのスパイラル

12.10式が示すように，為替相場の下落（eの上昇）は，インフレ要因であ

る。他方，為替相場の下落は輸出財の国際的な価格競争力を高めるから，為替相場の下落を積極的に追求する**通貨政策**がしばしば実施される。以下では，為替相場が下落するケースを中心に，為替相場の変動が経済に与える効果について考察する。

まず，輸出財の価格競争力に関係する為替相場とは，名目為替相場（e）ではなく，**実質為替相場**（e_r）であることに注意が必要である。為替相場をe，自国と外国の物価水準をそれぞれP，P_Aとするとき，実質為替相場は次の式で定義される。

$$e_r = e \cdot \frac{P_A}{P} \qquad (12.11)$$

例えば，2国（引き続き世界経済は2国からなるとする）の物価水準が不変のとき，自国の為替相場が上昇すれば，価格競争力は低下する。また例えば，両国が固定相場制を採用しているときに，相対的に自国の物価水準が高くなれば，やはり価格競争力は低下する。

以下，為替相場下落すなわち**通貨切下げ**の効果について考えてみたい。中央銀行は自国の輸出企業が利益を上げられるよう，通貨政策を追求しているとする。中央銀行は金融緩和政策を実施し，自国金利の引下げを図る。その狙いは，資本輸出を刺激し，自国通貨の切下げを引き起こすことにある。しかし，自国通貨の切下げは，半面において輸入財の高騰を通じて物価水準の上昇をもたらす要因でもある（12.10式）。自国の物価水準が高くなれば価格競争力は低下する（12.11式）。そこで，中央銀行はさらなる通貨切下げを引き起こそうとする。これを繰り返していくと，この国の経済は，切下げ→インフレ→切下げ→……という累積的な悪循環に陥る。これが**通貨切下げ‐インフレのスパイラル**である。

この場合，通貨切下げによる物価上昇が引き金となって賃金物価スパイラルが開始されるならば，物価上昇は急激なものとなる。なぜなら，通貨切下げ‐インフレのスパイラルが，賃金物価スパイラルと絡み合いながら進行するからである。既にインフレ傾向が見られる国においては，通貨政策はこのような二重のスパイラルを引き起こす危険性が大きい。逆に言えば，通貨政策が奏効す

るのは，通貨切下げとそれによる物価上昇にもかかわらず，賃金物価スパイラルが回避される場合である。したがって，賃金物価スパイラルの発生を妨げるあるいは遅らせる要因（9.2～3参照）は，同時に通貨政策成功の要因でもある。

　二重のスパイラル（通貨切下げ‐インフレのスパイラルと賃金物価スパイラル）が進行するとき，その国の通貨プレミアムは急低下し，場合によっては大幅なマイナスになる。その結果，自国通貨建の資産への需要は減少し，**不安定な資本輸出**が起きる。これによる為替相場の下落と物価上昇は極端に大幅なものになる可能性があり，最終的に貨幣システムの侵食（9.1参照）を招きかねない。1国レベルでの考察においては，インフレ時の家計の資産選択として有形資産への逃避を想定した（4.1参照）が，外国通貨建の資産への逃避はそれ以上にインフレ過程に対して強い影響を与える。

　為替相場と物価との以上のような関係からして，（名目）為替相場の動向は，中央銀行への信認に直接的な影響を及ぼす。物価安定の実現を任務とする中央銀行は，為替相場の安定に努めねばならない。そのため，二重のスパイラルから不安定な資本輸出が発生するとき，中央銀行は，為替相場を安定させる目的で金融引締め政策を実施する。金融引締め政策によって自国金利が上昇すれば，自国通貨建資産からの逃避が抑制され，資本輸入が誘導される。金融引締め政策はこうした**金利誘導**によって為替相場の安定に寄与するとともに，他方で安定恐慌を引き起こす。ただし安定恐慌は，需要デフレによる物価安定と輸入需要の減少を引き起こすことを通じて，為替相場の安定に寄与する。このように，為替相場の安定は，実体経済上のコストをともないながら達成される。

　通貨切下げとインフレの悪循環の対極をなすのが，通貨切上げと安定性の好循環である。例えば，中央銀行が金融引締め政策を行うとする。金利誘導によって資本輸入が増加すれば，自国通貨は切り上がる。したがって，12.10式より，直接に物価の安定または低下が促される。貨幣賃金率を一定とすれば，このとき実質賃金率は上昇するので，賃金の伸びには抑制が課される。こうして物価安定が確立することにより，自国通貨は切上げ基調を獲得する。ただし，この好循環が**通貨切上げ危機**に転じることもある。通貨プレミアムが急激に上昇している国は，相対的に低い金利の下でも自国通貨が切上げ基調をもつ。自国通貨の切上げが輸出財の価格競争力を弱めるならば，経常収支赤字の傾向が

引き起こされ，そのことが国内成長の低下につながる場合がある。

(3) 安定化から成長へ

　通貨切下げ–インフレのスパイラルに陥った国の中央銀行は，為替相場を安定化させるための金融引締め政策を実施せざるをえなくなる（前項参照）。しかし，その結果として物価と為替相場が安定化するとしても，家計や銀行が自国通貨建の資産保有を増やそうとしなかったり，あるいは企業家が投資実行の意欲を起こさないことがある。これは，経済環境が現時点では好ましいとしても，先行きの不確実性が高いことによる。このようなケースにおいて，将来時点で獲得される情報によって不確実性水準が低下する可能性があるとき，経済諸主体にとっては待機（wait and see）を選択することが合理的な行動となる。このときの待機の利益を主観的に評価したものが，**待機プレミアム**である。物価と為替相場が安定しても投資が進まないとき，待機プレミアムの上昇がその原因であるかもしれない。

　企業家の投資決定に関して，待機プレミアムの影響を説明しておこう。待機プレミアムを l_W，生産資本の期待収益率を r，借入金利を i とするとき，投資プロジェクトが実行されるための条件は，$r \geq i + l_W$ である。つまり，投資を誘導するには，生産資産の期待収益率が，金利をカバーするだけでなく，待機プレミアムもカバーしなければならない。十分に多数の投資家が $r < i + l_W$ という評価をしているとき，国民経済が安定した成長局面に移行することはかなり難しくなる。投資家および企業家の待機モードを切り替えることが，成長局面への移行の前提となる。

12.5　覇権的通貨システムと複数通貨本位

　最後に，本書で提示してきた諸概念を用いることによって，国際通貨制度について大まかな説明をしておこう。以下，覇権的通貨システムと複数通貨本位について順に解説した上で，それを踏まえて最後に国際通貨制度改革の方向性について展望する。

(1) 覇権的通貨システム

覇権的通貨システムとは何か

　覇権的通貨システム（またはヘゲモニー的通貨システム）は，ただ１つの基軸通貨が存在するときの国際通貨システムである。**基軸通貨**とは，国際的機能を果たす諸国民通貨の中でも，経済諸主体によって最高の通貨プレミアムをもつものと評価されている通貨のことである。基軸通貨が揺るぎない地位を占めていることが，覇権的通貨システムの特徴である。歴史上，基軸通貨の機能を引き受けてきたのは，世界経済の中で経済力が卓越しているだけでなく，政治的・軍事的にも支配的な国の通貨である。具体的には，19世紀のイギリスポンドを基軸通貨とする国際金本位制と，第２次世界大戦後の米国ドルを基軸通貨とするブレトンウッズ体制の２つが，歴史上存在した覇権的通貨システムである。発行国の経済的・政治的・軍事的な覇権が安定しているとき，基軸通貨は卓越した地位を獲得して，覇権的通貨システムが出現する。これは，基軸通貨がもつ高い通貨プレミアムには，経済的要因に還元できない要素が織り込まれているためである。覇権的通貨システムは，基軸通貨国，他の安定した通貨国（経済力において基軸通貨国にキャッチアップしている国を含む），不安定な通貨国からなる通貨階層（通貨ヒエラルキー）をもち，この通貨階層は安定的である。

基軸通貨国が享受する利益

　基軸通貨国が享受する利益についてまとめておこう。

　第１に，基軸通貨が**国際的貨幣諸機能**を引き受けることによってもたらされる利益がある。基軸通貨は，以下のような国際レベルの貨幣諸機能を引き受ける（貨幣の諸機能については2.3参照）。

- 国際的な信用・売買契約のための価値標準として，国際的に重要な商品・原料のための価値標準として機能する。
- 国際的な信用・売買契約における支払手段として機能する。
- 国際的な価値貯蔵手段として機能する。基軸通貨は，国際的経済主体によって，取引現金および予備現金としてだけでなく，一般に資産としても保有される。民間諸主体は自国通貨建の資産に加えて基軸通貨建の資産を保

有することがあるし，中央銀行・政府は外貨準備を基軸通貨で保有する。

このうち，基軸通貨が国際的な価値貯蔵手段（準備通貨）として機能することから，基軸通貨国は，他の諸国には見られない資本輸入の要因を獲得する。これに基づいて，基軸通貨国は，大規模な資本輸出を行うことができ，国際資本フローの回転台としての役割を引き受ける。これを基軸通貨国の**国際的銀行機能**という。基軸通貨国は，短期的な資本輸入を大量に行い（特に取引現金・予備現金としての基軸通貨建資産の保有），大規模な長期的資本輸出を行うから，銀行と同じく**期間変換機能**（短期借り長期貸し）を果たす。基軸通貨国は国際的銀行としての機能を果たすことを通じて，他の諸国がもたない利潤機会・雇用機会を獲得する。

第2に，基軸通貨国は，金利誘導による国際資本フローの管理を比較的容易に行うことができる。自国通貨の切下げ傾向がインフレ過程を刺激するとき，中央銀行は為替相場安定のために金融引締め政策を実施する。基軸通貨国の場合，このときに必要となる金利上昇は，通貨階層の中位・下位の諸国と違い，自国経済の成長を破壊するほど大幅なものでなくてすむ。また，基軸通貨は最高の通貨プレミアムを享受しているので，基軸通貨国は世界経済全体の金利動向を管理することができる。言わば，基軸通貨国の中央銀行は「世界の中央銀行」として機能する。このことが可能になるのは，他の諸国が基軸通貨国の金利を下回れば，資本流出を免れないからである。非基軸通貨国もまた自国金利を上昇させることはできるが，そのことが世界経済に及ぼす影響はあまり大きくない。

第3に，基軸通貨国は，最も容易に対外純債務を形成することができる。ある時点での一国の対外純債務（ストック）は，過去の経常収支赤字（フロー）が積み上がったものである。一般的には，正の対外純債務を負う国は，以下の諸理由によって，為替相場の防衛が困難になる。

①純債務国は，事前に確定した貨幣流出に直面する。
②世界経済が高金利傾向にあるとき純貨幣流出が増加するので，債務国通貨は弱体化する。
③経済諸主体のカントリー評価において債務形成はマイナス要因である。

したがって，純債務国は為替相場防衛のために，相対的に高い自国金利を維持

しなければならない。しかしこれは国内投資の抑圧を招くから，純債務国はいずれにしても債務削減に努めなければならない。ところが基軸通貨国は，国際的銀行の機能を果たす中で，資本輸入を盛んに行い，経常収支赤字を出し，したがってまた純債務を形成する傾向がある。これは，基軸通貨国の場合，以下の諸理由から，純債務を形成することが容易だからである。
　①基軸通貨国の通貨プレミアムは高いので，債務の利払いが相対的に少なくてすむ。
　②資本輸入の金利弾力性が高いので，金利誘導による為替相場の管理が容易である。
　③金利水準とは独立に一定の純資本輸入を確保することができる。
　第4に，基軸通貨が国際信用の価値標準として機能することによる利益がある。これにより，基軸通貨国は巨額の債務を負っていても，為替リスクに苦しめられずにすむ。為替リスクを負うのは債権国の側である。それに対して，外国通貨建の純債務を形成している非基軸通貨国の場合，自国通貨が急速に切り下がるとき，外国からの資本流入がなければ，支払不能に追い込まれる。非基軸通貨国はこうした危険に対して配慮を怠ることができない。

基軸通貨国と世界経済の安定

　世界経済の中で基軸通貨国が果たす特殊な役割について説明しておこう。
　まず，国際収支の仕組みによって，ある国が経常収支黒字を出すことができるのは，他の国が経常収支赤字を出している場合だけである。この仕組みの中では，基軸通貨国の経常収支赤字が，世界経済に対して一定の機能を果たす。すなわち，基軸通貨国の経常収支が赤字のとき，他の諸国は，輸出先を確保し経常収支黒字を実現する機会を得る。ただし，同じ仕組みによってまた，基軸通貨国と通貨階層中位諸国が同時に黒字を追求する場合には，経常収支赤字は通貨階層下位諸国に集中する。このとき下位諸国は，周期的に通貨危機・支払不能・過剰債務などの困難に直面する。
　次に，基軸通貨国は世界経済安定のために特殊な行動をとらなければならない。1国経済に関して説明してきたように，貨幣経済が自動的に安定へと向かうことはない。同じことは世界経済についても言えるが，世界経済には，国民

経済に見られた安定性推進のための制度（中央銀行・団体交渉等）や政策手段（金融政策・財政政策・所得政策）は存在しない。そこで基軸通貨国が，以下のような安定化の行動をとらなければならない。

　国際的な最後の貸し手としての機能：通貨危機・流動性危機から支払い不能になった国が世界経済から脱落すると，当該国自身だけでなく国際的資本市場も破局の危険（**システミック・リスク**）にさらされる。このとき，国際流動性を自国通貨で供給できる唯一の国である基軸通貨国が，国際的な最後の貸し手として行動しなければならない。

　国際的な最後の買い手としての機能：世界経済の危機を回避するためには，支払い困難に陥った国に輸出の可能性を確保させることが重要になる。基軸通貨国をはじめとする安定した先進諸国は，国際的な最後の買い手として行動し，自国市場を開放して支払い困難国に輸出機会を提供しなければならない。

　世界景気の機関車としての機能：世界経済の成長率は，基軸通貨国の経済政策に大きく左右される。基軸通貨国は他の先進諸国とともに，物価安定・高成長を達成し，輸入の吸引力によってその他の国々の経済成長を刺激することによって，世界景気の機関車となることができる。

　基軸通貨国がこのような安定化行動をとる保証はなく，基軸通貨国が自らの地位を搾取したり，安定化機能を拒否したりすることもある。例えば，基軸通貨国が一方的に景気を刺激し続けたり，インフレと安定恐慌を繰り返したりするとき，世界経済の成長は抑制されるだろう。しかし，覇権的通貨システムにおいては，基軸通貨国は覇権国（ヘゲモン）としての地位を維持しようとするので，世界経済安定化の行動をとる誘因をもつ。絶大な経済力をもち世界経済安定の機能を単独で引き受けうる唯一の国である基軸通貨国がその機能を果たさなければ，基軸通貨国は覇権国（ヘゲモン）としての正統性を失うことになる。

　基軸通貨国の行動によって支払い困難国の安定が実現されることは，為替相場の安定にも寄与するだろう。また，覇権的通貨システムにおいては，経済強国の間での資本フローの安定が期待されるし，基軸通貨国が経済政策の世界的なイニシアチブをとる可能性が高くなる。こうして，覇権的通貨システムにおいては，相対的に安定した固定相場が出現する可能性は高くなる。

(2) 複数通貨本位

複数通貨本位の下では，複数の準備通貨が基軸通貨の地位をめぐって相争っていて不断に基軸通貨が入れ替わる。つまり，国際的貨幣諸機能を引き受ける支配的な通貨は存在せず，準備諸通貨（準備通貨機能を果たす国民諸通貨）の間で**通貨間競争**が顕在化する。基軸通貨ポンドの衰退が明瞭になった1920〜30年代，基軸通貨ドルの衰退が明瞭になった1970年代以降は，国際通貨システムは複数通貨本位である。

複数通貨本位においては，卓越した通貨プレミアム水準をもつ国民通貨は存在せず，それゆえ同じレベルにある諸通貨（現時点におけるドル，ユーロ，円等）が国際的資産保有の対象となる。覇権的通貨システムにおいては，国際資産を別の通貨に移し替えるときのハードルは非常に高く，基軸通貨がインフレ的な侵食傾向にさらされるときにのみ，ハードルは越えられる。これに対して複数通貨本位の下では，このハードルが低い。経済諸主体は，カントリー評価に際して，準備通貨国の動向を綿密に観察し，評価を変更したときには資産を1つの準備通貨建から他の準備通貨建へと，あるいは準備通貨建から非準備通貨建へと移し替える。したがって，複数通貨本位の下では，不安定なポートフォリオ組み替えが生じる可能性が，準備通貨国 – 非準備通貨国間だけでなく，準備通貨国間においても顕著に高まる。

覇権的通貨システムと比べて，複数通貨本位の下では，安定化機能の担い手を見いだすことは困難になる。その理由としては，①単独で国際的な最後の貸し手としての機能を果たせるだけの卓越した能力をもつ国が存在しない，②安定化機能を引き受ける国の地位が低下する可能性がある，などが挙げられる。

複数通貨本位の下での世界経済は，総じて引締め基調である。これは，どの準備通貨国も，自国通貨の通貨プレミアムを高水準に維持し，さらには引き上げようとする経済政策を推し進めるからである。このような行動がとられるのは，単に準備通貨の間での自国通貨の地位を引き上げようとするためだけではなく，確実性を高めるという意図にもよっている。準備通貨間の競争の中では，自国貨幣への信頼が相対的に低下するだけでも，激しいポートフォリオ組み替えが起き，安定恐慌を余儀なくされる危険がある。このような状況の下では，

準備通貨国の1つが世界景気の機関車機能を引き受けることはありそうにない。逆に，極端な場合には競争的な切上げが起きることがある。**通貨切上げ競争**は経済政策の引締め競争によって行われるから，世界経済の成長過程は抑圧され，デフレ・リスクが発生する。

　為替相場レジーム（固定相場か変動相場か）について言えば，複数通貨本位の下では，世界的な固定相場制を確立することは難しい。これは，国際的資産保有者によるポートフォリオの組み替えによって，準備通貨間の為替相場が安定しにくくなるためである。ただし，複数通貨本位の下では，しばしば，通貨階層の中位・下位諸国は自国通貨の為替相場を準備通貨の1つやSDR（IMF特別引出し権）さらにはバスケット通貨に対して釘付け（固定ないし連動）することがある。その重要な目的としては，外国からの資本導入を促進することのほかに，名目為替相場アンカー（コラム5参照）を利用して自国通貨システムの安定を図ることが挙げられる。

(3)　国際通貨制度改革への含意

　現行の国際通貨制度は，複数通貨本位の下での，資本取引の規制緩和と為替相場の伸縮によって性格づけられる。1990年代に新興市場諸国を「21世紀型の通貨危機」が襲い，その再発防止のために**新しい国際金融アーキテクチャー**を構築しようという機運が高まった。本節での抽象度の高い議論から，国際金融制度改革についてどのようなことが語れるだろうか（以下，詳しくはHerr/Hubner［2005］第6章参照）。議論の前提は次のようなことである。

- ブレトンウッズ体制におけるアメリカのような卓越した覇権国は現在存在しないから，複数通貨本位を前提として改革を考えねばならない。
- その下で「改革」と呼べるものは，資本取引の規制か為替相場の固定化のいずれかまたは両方を実現することを意味する。

　以上の条件の下で，改革の選択肢は，①資本取引の自由と為替相場の固定，②資本取引の規制と為替相場の固定，③資本取引の規制と為替相場の伸縮，の3つの組み合わせになる。

　①は，第1次世界大戦以前の国際金本位制の複数通貨本位版である。固定相場制が成り立つには固定相場維持についての高い信頼性が必要であり，各国が

対外優位の政策を進めることによってこの信頼性は確保される。卓越した覇権国が不在の下では，主要国間の協力により固定相場制を創設しなければならない。また，協力が信頼されるには制度化が要求される。超国家的制度に関するケインズの提案（「清算同盟」「バンコール」）が注目を集めているのは，この文脈においてである。①の選択肢においては，不安定な資本フローに対処するために，場合によっては国際資本取引への一時的な介入もありうる。ただし，国際資本市場が発展し，実体経済的要因に基礎をもたない資本フローが大量に出現すれば，各国は資本移動規制を導入せざるをえなくなるだろう。

②は覇権なきブレトンウッズ体制，③は「購買力平価の世界」の現実化として性格づけられる。②は固定相場制であるが，資本移動が規制されるので，各国が国内指向の経済政策を進める余地が大きくなり，経済政策の対外優位は信頼性の要因として重要でなくなる。③においては，資本移動が規制されることによって，財市場の取引通貨需要を反映した為替相場（購買力平価）が形成される。ただし，国内のインフレ過程により通貨システムが侵食されるときには，資本移動規制の下でも資本逃避を抑えることは困難になり，為替相場は財市場の動向を反映しなくなる。

以上の選択肢はいずれも「非現実的」な印象を与える。各国による自国通貨の一方的な釘付けや地域的な固定相場制は別として，世界レベルでの固定相場制は1973年以降存在していない。資本移動規制は，1980年代以降のグローバル化の流れに反する。また，世界市場の制度的枠組みの形成においてアメリカが卓越した影響力をもっている現状において，固定相場や資本移動規制といった議論はタブー視されている。少なくとも現在までのところ，アメリカは現行の国際通貨制度から不安定な影響をあまり受けておらず，むしろ例えば為替変動による対外債務負担の軽減化などの利益を得ている。しかし，国際的に活動する銀行・投資ファンド・企業などには，将来の計算可能性を高める固定相場の機能へのニーズがある。長期的には，複数通貨本位の下で，固定相場へのニーズから協力や資本移動規制が進められる可能性は排除できない。

参 考 文 献

Aglietta, M. [1995] *Macroéeconomie financière*. La Découverte. (坂口明義訳『成長に反する金融システム』新評論，1998 年)
浅野栄一 [2005]『ケインズの経済思考革命』勁草書房。
Cagan, P. [1956] The Monetary Dynamics of Hyperinflation. In: *Studies in the Quantity of Money*. (ed.) M. Friedman. University of Chicago Press.
Davidson, P. [1994] *Post Keynesian Macroeconomic Theory: A Foundation for Succesful Economic Policies for the Twenty-first Century*. Edward Elgar. (渡辺良夫・小山庄三訳『ポスト・ケインズ派のマクロ経済学』多賀出版，1997 年)
原正彦 [1994]『ケインズ経済学の再構築』東洋経済新報社。
Heine, M./Herr, H. [2003] *Volkswirtschaftslehre. Paradigmenorientierte Einführung in die Micro- und Macroökonomie*. 3., völlig überarbeitete und erweiterte Auflage. R. Oldenbourg Verlag.
Herr, H. [1992] *Geld, Währungswettbewerb und Währungssysteme. Theoretische und historische Analyse der internationalen Geldwirtschaft*. Campus Verlag. (坂口明義訳『国際通貨の政治経済学』多賀出版，1996 年)
Herr, H./Hubner, K. [2005] *Währung und Unsicherheit in der globalen Ökonomie. Eine geldvirtschaftliche Theorie der Globalisierung*. Edition Sigma.
伊東光晴 [2006]『現代に生きるケインズ』岩波新書。
伊藤隆敏・林伴子 [2006]『インフレ目標と金融政策』東洋経済新報社。
Keynes, J. M. [1930] *A Treatise on Money*. 2 vols. Republished in Collected Writings of John Maynard Keynes, as vols. 5 and 6. Macmillan. (小泉明・長澤惟恭訳『貨幣論』，ケインズ全集第 5・6 巻，東洋経済新報社，1978-1980 年)
Keynes, J. M. [1936] *The General Theory of Employment, Interest and Money*. Republished in Collected Writings of John Maynard Keynes, as vols. 7. Macmillan. (塩野谷祐一訳『雇用・利子および貨幣の一般理論』，ケインズ全集第 7 巻，東洋経済新報社，1983 年)
黒田東彦 [2005]『財政金融政策の成功と失敗』日本評論社。
坂口明義 [2001]『現代貨幣論の構造』多賀出版。
滝川好夫 [2004]『やさしい金融システム論』日本評論社。
植田和男 [2005]『ゼロ金利との闘い』日本経済新聞社。

あ と が き

　「はじめに」で，学問の基礎理論が時代とともに変遷していくことを述べた。その際に理由としてあげたのは，研究者たちが基礎理論を改良していくということであった。しかし経済学の場合，実はそれ以外に，研究対象である市場システムそれ自体が変容を遂げるという事情が加わる。時代の流れの中で経済理論に対して次々に新たな要求が課されるのは，そのためである。例えば，バブル景気とその後の不況の中で，わが国では，「銀行を考慮に入れた経済理論」を求める声が高まった。また，日本版ビッグバンが推し進められ，金融システムを銀行中心から市場中心へと転換させようとする動きが起きると，今度は，銀行機能の再編を含む「市場型間接金融」の理論的解明が求められるようになった。

　このような文脈の中では，本書における貨幣経済の考察は「時代の要求」を軽んじているように見えるかもしれない。本書で明示的に扱われている金融機関は銀行（商業銀行）のみであるし，本書の主要部分（第3～11章）の考察は一貫して一国経済の枠組みの下でなされている。現実はと言うと，銀行の機能は再編（アンバンドリング）されつつあるし，市場システムのグローバル化が進んでいる。一見すると，「現実との非対応」によって本書の議論は取るに足らない（トリヴィアル）ものであるかのようである。だがもちろん筆者はそうは考えていない。本書は現状分析の書ではなく，基礎理論の書である。経済理論において提示されるのは，市場システムが安定的に機能（ワーク）するための条件である。本書では，貨幣経済としての市場システムの安定性の条件（貨幣経済の安定性条件）を明確に説明するために，敢えてシンプルかつ抽象的な枠組みにおいて考察を行った。

　「シンプル」で「抽象的」とは言え，本書において考察対象として想定している市場システムは資本主義一般ではない。中央銀行制度（第3章での資産市場の考察）や団体交渉制度（第10章での所得政策の考察）を想定している点から明

らかなように，本書の考察対象として想定しているのは，20世紀に入ってから特に第2次世界大戦後の市場システムである。管理通貨制度への移行（金本位制廃棄と中央銀行制度確立）という資産市場の条件変化の下で，第2次世界大戦後の先進諸国は，生産・所得・雇用の安定的な拡大（高度経済成長）とともに，貨幣経済特有の不確実性であるインフレ・デフレ・景気変動を経験してきた。こうした経験から，貨幣経済が安定的に機能する条件に関する重要な諸知見が得られてきたのである。

現在は市場システムがグローバル化を遂げてきているが，グローバルな貨幣経済を分析する場合でも有意義な参照基準となるのはやはり，「グローバル化以前」のつまり閉鎖経済の枠組みにおいて描き出される貨幣経済の姿である。閉鎖経済を仮定した一国の貨幣経済の考察から，貨幣経済における経済諸主体の首尾一貫した相互作用はどのようなものなのか，また不確実性による市場システムの阻害を回避するための政策的・制度的諸条件はどのようなものなのかがまず知られる。こうした知識を踏まえることにより，グローバルな貨幣経済の特色，特にそこに欠けているもの（単一通貨の存在，国際的な中央銀行，国際的な労使の団体交渉制度等）が何なのかを理解することができる。市場システムのグローバル化と時を同じくして発生するようになった投機バブルや通貨金融危機の問題性を言い表すためには，このような思考のプロセスが要求されよう。

本書における貨幣経済の考察が現在の経済の分析に役立ちうるとすれば，それは，「管理通貨制度への移行を経た後の市場システム」の下にあるという点では，高度経済成長期の経済もグローバル化時代の経済も変わりがないからである。現在すなわちグローバル化の時代は，管理通貨制度への移行が切り拓いた地平の上で，市場システムが新たな可能性を模索している時代であると言える。その中で，経済諸主体および政府の行動を規定する制度やルールは大きく改変されつつあるし，今後も一層の改変を遂げていくであろう。そうした制度やルールの変更については，特定利害（例えば特定の業界）の立場からもその是非を論じることができる。しかし，少なくとも経済学を学んだ者には，やはり公共的な立場からの議論もできなければならないだろう。すなわち，「どのような制度やルールの在り方が市場システムの機能安定に寄与するのか」という議論である。筆者が願うのは，そのような議論をするときに，本書から得た知

あとがき

識を活用してもらうことである。

　最後に，本書の執筆経緯について述べておきたい。本書執筆のきっかけは，ナカニシヤ出版の酒井敏行氏から金融論の教科書執筆を勧められたことにある。いくつかアイデアはあったのだが，結局，2006・2007両年度に筆者が担当している経済学部の専門課目「金融論」において本書のような内容を講義しながら，講義ノートを文章化していくという方法で教科書を作成することにした。酒井氏には，完成を辛抱強く待っていただいただけでなく，できあがった原稿の全文を検討していただき，表現を明確化するための詳細なコメントを頂戴した。この場を借りて感謝申し上げたい。

2008年2月

坂　口　明　義

索　　引

あ

アニマル・スピリッツ　31
IS-LM　7
厚みのある国際資本市場　199
安定性の文化　169
インフラストラクチャー　185
インフレ，インフレーション　108
　　――過程　117, 128, 139, 143, 157, 161, 169, 175
　　――景気　138
　　――耐性　28
　　――のファイナンス　114
　　――補償　128
　　――目標　170
　　ギャロッピング（疾走する）――　144
　　需要――　111, 139, 210
　　所得――　111
　　賃金――　111, 138
　　費用――　111, 112, 138, 210
SDR　219
M2　42
　　――乗数　87
欧州中央銀行（ECB）　48
オリベラ・タンジ効果　192

か

買いオペ／売りオペ　46
外貨準備収支（FB）　204
外生的貨幣供給（外生説）　50, 168
価格競争力　211
価格効果　89
　　純粋な――　109, 120
価格－数量効果　118
確信の状態　77
家計の貯蓄関数　101

過剰債務　216
可処分所得　16
加速的減価償却　179
価値増殖　24
価値増殖率
　　期待――　74
　　限界的な非金銭的――　61
　　総――　61
　　非金銭的――　61
寡婦の壺　116
貨幣
　　――ヴェール観　26
　　――価値　36
　　――還流　74
　　――機能の代替／分散　37
　　――供給量　42
　　――錯覚　154
　　――市場　7, 45
　　――市場説　35
　　――商品説　36
　　――数量説　114, 145, 154
　　――増殖　26
　　――創造　35
　　――賃金アンカー　173
　　――の価値の基本方程式　109
　　――のサービス機能　32
　　――の受領性　35
　　――法制説　35
　　――量　41
　　貸付手段としての――　34
　　価値貯蔵手段としての――　34
　　価値標準としての――　33
　　購買手段としての――　34
　　債務返済手段としての――　34
　　支払手段としての――　34
貨幣経済　3

——アプローチ　3,23
　　——学　3
貨幣資産　44
　　——乗数　87
為替市場　197,202
　　——介入　203
貨幣システム　5
　　——の侵食　130,139,145
貨幣保有
　　——の確実性　63
　　——の利便性　32,63
為替相場　197,202
　　——レジーム　219
　　実質——　211
間接交換　25
完全雇用　156,189
カントリー評価　200,215
期間変換機能　215
企業間信用　150
企業者賃金　45
企業者利得　44
基軸通貨　214
　　——国　214
技術の切り替え　158
希少性　26
規制　29
客観的確率　30
期間変換　44
期待-クラウディング・アウト　192
キャッシュフロー・バランス（CFB）
　　149
キャッシュフロー問題　149
キャッシュレス　37
恐慌　139
　　安定——　125
　　金融——　148
　　世界——　148
強制消費　185
強制貯蓄　116
協力　29
均衡　8
銀行券　40

均衡財政主義　188
銀行システム　6
銀行の総信用供給関数　55
金本位制　41
金融革新　169
金融緩和政策　163,211
金融政策　46
　　——の最終目標　168
　　——の操作目標　168
　　——の中間目標　168
　　——の非対称性　164
　　裁量的——　167
　　順応的な——　164
金融引締め政策　139,141,156,162,196,
　　212
金利
　　——-クラウディング・アウト　191
　　——政策　161
　　——調節　47
　　——平価説　198
　　——誘導　212,215
　　実質／名目——　128
　　指導——　47
　　ゼロ——　172
　　リファイナンス——　51,68,114,
　　131,139,161
クラウディング・アウト効果　184
軍事支出　185
景気下降　140
景気循環　136
景気の機関車　209
　　世界——　217
景気変動　136
経済システム　11
経常収支（CB）　204
　　——赤字のファイナンス　205
　　——黒字のファイナンス　205
　　——ファイナンス　205
契約　29
ケインズ，J. M.　4,23,33,65,76,77,
　　89,92,93,95,139,141,142
ケインズ革命　157

索　引

ケインズ主義　30,100,115,158,185
　　貨幣的――　23
ケインズ派，ケインジアン　4,7,189
　　――パラダイム　8,23,101
ｋ％ルール　88,168
限界消費性向　94
　　――の逓減　95
限界生産力　125
減価償却　14
研究開発投資　185
現在価値　74
現物相場　202
公開市場操作　46
交換経済アプローチ　23
交換方程式　114
恒常所得仮説　93
更新投資　13
合成の誤謬　184
公定歩合　48
購買力平価　220
合理的期待　30
　　ケインズ主義的な――　30
　　新古典派的な――　30
国際貨幣経済　204
国際金本位制　214
国際金融アーキテクチャー　219
国際資本フロー　215
国際収支　204
国際準備通貨　200
国際通貨制度　213
国際的貨幣諸機能　214
国際的銀行機能　215
国内純生産（NDP）　14
　　市場価格ベースの／要素費用ベースの
　　　――　14
　　名目／実質――　107
国内総生産（GDP）　13
　　市場価格ベースの――　13
国民経済　11
　　――計算　12
国民所得　15
国民総生産（GNP）　15

国民通貨　197
固定相場　203,211,219
固定的家計費　93
古典派　4
コンステレーション（布置状況）　140

さ

最後の貸し手　50
　　国際的な――　217
財市場　27,124
　　――均衡曲線　91
　　――乗数　97
　　――の均衡　90,180
　　――の需要不足　163
　　――の諸機能　146
　　――の総需要関数　96
財政赤字　179,196
財政黒字　179
財政構造改革　194
財政政策　179
　　拡張的――　180
　　順循環的な――　188
　　引締め的――　180
最低準備　40,68
　　――率　48
最低賃金　177
債務の罠　194
先物市場　29
先物相場　202
３面等価の原則　18
時間軸政策　173
自己金融効果　188
資産
　　――市場　27,39,124,127
　　――ストック　39
　　――増殖性　198
　　――通貨建の選択　198
　　――の多様化　60
　　――バブル　6,39
　　――ポジション　20
　　――保全性　43
　　――保全プレミアム　33,64

229

市場間の階層性　8, 26
市場システムの安定性条件　126
市場システムの機能条件　50
市場パワー　138
失業　157, 163
　　──均衡　157
　　非自発的／自発的──　157
失業率　150
　　インフレを加速させない──　→
　　　NAIRU
　　自然──　153
実質現金残高　35
自動安定化装置（ビルトイン・スタビライ
　　ザー）　187
資本
　　──移動規制　220
　　──係数　123, 158
　　──収支（KB）　204
　　──集約度　114
　　──循環の一般的定式　23
　　──の限界効率　33, 76
社会契約　177
社会保障　93, 177
集計変数　11
終身雇用　176
主観的確率　31
主要金融操作　47
純資産　20
純投資　13, 20
春闘方式　176
シュンペーター，J.　141
準レント　116
乗数
　　──過程　99
　　──効果　97
　　財市場──　97
常設ファシリティ　48
譲渡性預金証書（CD）　42
消費関数　94
消費需要
　　──の客観的要因　92
　　──の主観的要因　93

消費税　113
商品バスケット　108
情報費用　68
職業訓練政策　152
職業紹介システム　152
所得
　　──形成過程　99
　　──税　185
　　──政策　174
　　──分配　124
自立的需要　96
新興市場諸国　219
新古典派　4, 30, 88, 101, 154, 156
信認　167
　　──資本　167, 199
信用供給関数
　　家計部門の総──　66
　　銀行部門の最終的な総──　71
　　個別家計の──　66
　　個別銀行の──　53, 70
　　最終的な総──　71
信用供与者　25
信用市場　45
　　──の均衡　83
　　──の諸機能　146
信用手段　146
数量景気　137
数量効果　89, 100
　　純粋な──　89, 119
数量調節　47
数量目標　168
スタグフレーション　140
ストック　12
政策間協調　191
生産過程への貨幣前貸し　24
生産資本　20
　　──の期待収益率　33, 76, 141
清算同盟　220
政治経済学　6
税制改革　194
セーフ・ヘブン　200
総信用供給関数　82

索　引

総需要　95, 120
総需要関数
　　財市場の——　96
　　市場システムの国際的側面を考慮に入れた——　207
総預金供給関数　67
粗投資　20

た
第1次分配　15
対外経済依存度　207
待機　213
　　——プレミアム　213
第2次分配　16
大数の法則　30
単位賃金費用　112
短期借り長期貸し　44
単純再生産　21
団体交渉　156
知識　29
中央銀行　36, 40, 135, 139, 144, 152, 156, 161
　　——預け金　40
　　——貨幣　40
　　——制度　6
　　基軸通貨国の——　215
　　最後の貸し手としての——　50, 145
　　流動性の保証者としての——　49
直接投資　204
賃金
　　——形成メカニズム　175
　　——シェア　123
　　——支払い　24
　　——上昇税　177
　　——節度　138
　　——物価スパイラル　113, 144, 150, 156, 172, 177, 211
　　貨幣／実質——率　117, 125, 150, 154, 173
通貨
　　——階層　200, 214
　　——間競争　200, 218
　　——危機　216
　　——集計量　41
　　——政策　211
　　——の安定性　199
　　——の可処分性　199
　　——プレミアム　198, 215
通貨切上げ
　　——危機　212
　　——競争　219
通貨切下げ　211
　　——-インフレのスパイラル　211
通貨空間　199
　　国際——　199
定期性預金　42
定常状態　21
デフレ，デフレーション　108
　　——過程　117, 128, 147, 175, 177
　　——補償　129
　　——・リスク　219
　　需要——　111, 147, 163
　　所得——　111
　　賃金——　111
　　費用——　111, 147
　　累積的——　143
動学的な分配効果　126
動学的分配方程式　126
動学分析　8
投機現金　34
当座預金　42
投資
　　——関数　81
　　——奨励金　183
　　——ファンド　220
　　企業の——ルール　80
トービンのq　80
独立消費　94
取引現金　34
取引費用　68

な
NAIRU　150, 172, 174
内生的貨幣供給（内生説）　50, 52, 168

231

ナイト，F.　30
21世紀型の通貨危機　219
二重のスパイラル　212
年金制度　93

は
バーナンキ，B.　170
ハーベルモの均衡予算定理　183
ハイパーインフレ　134, 139, 143, 191, 194
　　ドイツの――　146
覇権国　217
覇権的通貨システム　214
派生的需要　96
発券銀行信用　37, 196
バブル景気　77
パラダイム　2
反インフレ政策　125
バンコール　220
比較静学　8, 92
評判　167, 199
不安定な資本輸出　212
フィリップス曲線
　　短期の――　153
不確実性プレミアム　33, 53, 70, 137
不完全雇用均衡　157
複数通貨本位　218
複利　75
普通預金　42
物価指数　106
　　企業――　108
　　消費者――（CPI）　108, 170
　　パーシェ――　106, 108
　　ラスパイレス――　107, 108
物価水準
　　――-クラウンディング・アウト　190
　　――のアンカー　125
　　均衡――　111
物価水準の決定方程式　110
　　財政赤字を考慮した――　190
　　対外要因を考慮に入れた――　210

物々交換　25
プライマリー・バランス（PB）　193
フリードマン，M.　93, 153
ブレトンウッズ体制　214
フロー　12
ブンデスバンク　168
並行通貨　35, 146
閉鎖経済　197
ヘリコプター・マネー　50, 154
ベルリン学派　7, 23
貿易収支（TB）　204
法定支払手段　42
ポートフォリオ　59, 201
　　――組み替え　133, 219
　　――選択　87
　　――投資　204
　　個別家計の――均衡　64, 133
保険　29
　　――会社　30
　　預金――　63
補助金　183
保蔵現金　34
ポリシー・ミックス　191
ポンツィ金融　194

ま
マークアップ価格設定　111
マクロ経済学　11
マクロ経済的予算制約　26
窓口指導　48
マネーサプライ　42, 169
マネタリズム　88, 169
マルク　37
マルクス，K.　4, 23
ミクロ経済学　11
ミンスキー，H.　141
無記名銀行口座　200
無知　31
名目為替相場アンカー　171
モディリアーニ，F.　93
モデル　1

索　引

や
有価証券レポ取引　47
有形資産　44
優良担保再融資ファシリティ　48
豊かな社会　95
輸入関数　207
預金通貨　42
預金取り付け　50
預金ファシリティ　48
予備手段　34

ら
ライフサイクル仮説　93
利子率　45
利潤　44
リスク　30
　——プレミアム　33
　システミック・——　217
リファイナンス　43,68
　——金利　51,68,114,131,139,150,156,161
　個別銀行の——関数　53,69
流動性　39,41
　——危機　49
　——市場　39
　——の度合い　41
　——の保証者　49
　——の罠　165
　——プレミアム　32,63
　——預金　42
　——リスク　44
量的緩和政策　172
履歴効果　121,152
累積過程　8
累積債務危機　169
歴史的時間／論理的時間　29
レンテンマルクの奇跡　147
連邦準備制度（Fed）　168
労働組合　175
労働市場　28,124,147,151
　——の需給　155
　競争的な——　157
ロンバード型貸出制度　48

わ
ワルラス，L.　4
ワルラス均衡　29

【著者紹介】

坂口明義（さかぐち・あきよし）

1959年東京都に生まれる。横浜国立大学経済学部卒業，一橋大学大学院経済学研究科博士課程単位取得退学。東北学院大学経済学部助教授を経て，現在，専修大学経済学部教授。専攻は，経済理論・金融論。著書に，『入門社会経済学［第2版］』（共著，ナカニシヤ出版），『現代貨幣論の構造』（多賀出版）など。訳書に，テレ『社会的事実としての貨幣』（監訳，晃洋書房），コモンズ『制度経済学（中）』（共訳，ナカニシヤ出版），オルレアン『価値の帝国』（藤原書店），アグリエッタ・オルレアン『貨幣主権論』（監訳，藤原書店）など。

貨幣経済学の基礎

2008年4月30日　初版第1刷発行
2022年5月31日　初版第2刷発行

（定価はカヴァーに表示してあります）

著　者　坂口明義
発行者　中西　良
発行所　株式会社ナカニシヤ出版
　　　　〒606-8161 京都市左京区一乗寺木ノ本町15番地
　　　　TEL 075-723-0111
　　　　FAX 075-723-0095
　　　　http://www.nakanishiya.co.jp/

装幀＝白沢　正／印刷＝創栄図書印刷／製本＝兼文堂
© A. Sakaguchi, 2008.
Printed in Japan.
＊乱丁・落丁本はお取り替え致します。
ISBN978-4-7795-0241-5　　C3033

入門社会経済学
——資本主義を理解する——

宇仁宏幸・遠山弘徳・坂口明義・鍋島直樹著

ポスト・ケインズ派からレギュラシオン学派まで、非‐新古典派＝社会経済学の共有する最新の経済理論を体系的に解説。資本主義のダイナミクスを理解するための新しいパラダイムを提示する。 二九四〇円

経済のグローバル化とは何か

ジャック・アダ著／清水耕一・坂口明義訳

中世地中海都市に端を発した経済システムは、二十世紀末、ついに国家の論理を超え、市場と資源をめぐる競争を地球全体に押し広げていった——グローバル化の歴史と未来、理論と諸問題を包括的に解説。 二五二〇円

入門制度経済学

ベルナール・シャバンス著／宇仁宏幸・中原隆幸・斉藤日出治訳

シュモラーや旧制度学派、オーストリア学派などの古典的な制度経済学から、比較制度分析、新制度学派、レギュラシオン理論などの最新の経済理論まで、制度をめぐる経済学の諸潮流をコンパクトに解説する。 二一〇〇円

企業の政治経済学
——コンヴァンシオン理論からの展望——

フランソワ・エイマール－デュヴルネ著／海老塚明ほか訳

企業はなぜ社会の進化に適応し、新しい価値を組み込み、革新をはかりながら存続することができるのか。経済学に政治的な地層を再生させるコンヴァンシオン理論による、新しい企業理論入門。 一八九〇円

表示は二〇〇八年四月現在の税込価格です。